프런트엔드 개발자를 위한
테스트 가이드

A Frontend Web Developer's Guide to Testing

프런트엔드 개발자를 위한 테스트 가이드

1쇄 발행 2023년 7월 7일

지은이 에란 킨스브루너
옮긴이 김완섭
펴낸이 장성두
펴낸곳 주식회사 제이펍

출판신고 2009년 11월 10일 제406-2009-000087호
주소 경기도 파주시 회동길 159 3층 / **전화** 070-8201-9010 / **팩스** 02-6280-0405
홈페이지 www.jpub.kr / **원고투고** submit@jpub.kr / **독자문의** help@jpub.kr / **교재문의** textbook@jpub.kr

소통기획부 김정준, 이상복, 김은미, 송영화, 권유라, 송찬수, 박재인, 배인혜
소통지원부 민지환, 이승환, 김정미, 서세원 / **디자인부** 이민숙, 최병찬

진행 송영화 / **교정·교열** 윤미현 / **내지디자인** 이민숙 / **내지편집** 백지선
용지 에스에이치페이퍼 / **인쇄** 한승문화사 / **제본** 일진제책사

ISBN 979-11-92987-16-3 (93000)
값 28,000원

제이펍은 독자 여러분의 아이디어와 원고를 기다리고 있습니다. 책으로 펴내고자 하는 아이디어나 원고가 있는 분께
서는 책의 간단한 개요와 차례, 구성과 저(역)자 약력 등을 메일(submit@jpub.kr)로 보내주세요.

프런트엔드 개발자를 위한 테스트 가이드

에란 킨스브루너 지음 / 김완섭 옮김

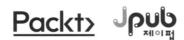

PART I 프런트엔드 웹 테스트 소개

지은이·옮긴이 소개 _____

 지은이 **에란 킨스브루너**Eran Kinsbruner

에란은 베스트셀러 작가이자 발명가이며, 퍼포스 소프트웨어사의 수석 디렉터다. DevOps.com이 선정한 2021년 데브옵스 에반젤리스트 중 한 명이기도 하다. 썬 마이크로시스템즈Sun Microsystems, 뉴스타Nuestart, 텍사스 인스트루먼트Texas Instrument, 제너럴 일렉트릭General Electric 등에서 수년간 개발 및 테스트 업무를 담당했으며, 소프트웨어 개발 및 테스트 커뮤니티에도 활발하게 참여하고 있다. 저서로는《The Digital Quality Handbook(디지털 품질 핸드북)》,《Continuous Testing for DevOps Professionals(DevOps 전문가를 위한 지속적 테스트)》,《Accelerating Software Quality(소프트웨어 품질 가속화)》가 있다.

 옮긴이 **김완섭**jinsilto@gmail.com

약 15년간 일본, 한국, 싱가포르에서 IT 및 GIS/LBS 분야 업무를 담당했다. 일본에서는 일본 정부 기관을 대상으로 한 시스템 통합(SI) 업무를 담당했으며, 야후 재팬으로 직장을 옮겨 야후 맵 개발 담당 시니어 엔지니어로 근무했다. 한국에서는 SK에서 T맵 등 내비게이션 지도 데이터 담당 매니저로 근무했으며, 현재는 싱가포르에서 독일계 회사의 솔루션 아키텍트로 근무하고 있다. 저서로는《나는 도쿄 롯폰기로 출근한다》(삶과지식, 2014)가 있으며, 역서로는《21개의 작고 재미난 파이썬 프로젝트》(2021),《그림으로 공부하는 IT 인프라 구조(개정판)》(이상 제이펍, 2020) 등 40여 종이 있다.

기술 감수자 소개 ───────────────

 브루노 보스하드 Bruno Bosshard

브루노는 호주 시드니에 있는 펩고Pepgo Pty Ltd에서 소프트웨어 품질 담당 매니저 및 테스트 자동화 아키텍트로 근무하고 있다. 테스트 관리 및 기능 테스트, 성능 테스트 등 다양한 경험이 있으며, 유럽 및 중동, 호주 고객사를 대상으로 테스트 전략, 계획, 프로세스 개발 등의 관리적 측면뿐만 아니라, 애자일의 지속적 통합 환경에서 테스트 자동화를 구현하고 개발하는 실무적 측면까지 도움을 주고 있다. 또한, 깊이 있는 개발 경험과 데브옵스 지식을 가진 테스트 자동화 전문가로서 비즈니스에 실질적인 가치를 주기 위해 어떻게 테스트를 자동화해야 하는지 알고 있다.

새 프로젝트를 맡았을 때의 일이다. 새로운 기능을 추가할 때마다 오류가 발생했고 사업 부서에서 오류나 버그 때문에 나에게 컴플레인을 해왔다. 문제는 개발자들이 이미 다른 백로그에 투입돼 있어서 테스트 코드를 추가하거나 수정할 여유가 없었다는 것이다. 요구한 기능들은 충실히 추가되고 있었지만, 품질은 점점 떨어지고 있었다(구체적으로 말하면 단위 테스트는 어느 정도 작성되어 있었지만, 통합 테스트나 전역 테스트는 거의 손을 놓은 상황이었다).

결국 테스트 코드 작성을 위한 개발 인력을 구하지 못해서 혼자서 테스트를 작성하기 시작했다. 그때 사용한 것이 사이프러스였다. 처음은 조금 고생했지만, 어느 정도 로직과 방식을 이해하고 나니 테스트 코드를 작성하고 확인하는 과정이 재미있었다. 전체 흐름을 모두 테스트하는 테스트 코드를 작성함으로써 기능을 추가할 때마다 수동으로 테스트할 필요가 없었다. 명령어 하나로 전체 기능을 자동으로 테스트할 수 있었고, 이를 CI/CD와 연동해서 매일 자동으로 프로그램 오류를 찾을 수 있었다.

이 책을 좀 더 일찍 만났더라면 더 다양한 방법으로 테스트 계획을 수립하고 다양한 툴을 검토했을 거라는 아쉬움이 있다. 개인적으로 프런트엔드 개발자들에게 단비와 같은 책이 되리라 믿고 이 책을 추천한다. 개발자뿐만 아니라 프로젝트 매니저나 아키텍트가 테스트 프레임워크를 선택할 때에도 큰 도움이 될 것이다.

싱가포르에서

김완섭

베타리더 후기 ────────────────

 양성모(현대오토에버)

빠르게 발전하는 웹 기술과 웹 브라우저 사이에서 예전처럼 새 브라우저가 출시되거나 새 기능이 배포될 때마다 개발팀 직원들이 둘러앉아 직접 웹 화면을 테스트하는 것이 이제는 현실적으로 어려운 일이 되었습니다. 이 책에서 소개하는 웹 테스트 프레임워크들을 잘 활용한다면 매번 기도하는 마음으로 운영 배포를 진행하는 개발자분들의 불안감을 상당 부분 덜어낼 수 있으리라 생각합니다.

 이석곤(아이알컴퍼니)

이 책은 끊임없이 진화하는 웹 개발 세계를 탐색하려는 개발자에게 귀중한 통찰력을 제공합니다. 뿐만 아니라 웹 기술이 계속 발전함에 따라 여러 플랫폼에서 앱 품질을 유지하는 데 직면한 문제를 살펴봅니다. 이 책은 최신 웹 기술의 주요 변화를 다루고 이러한 문제를 극복하는 데 도움이 되는 테스트 자동화 프레임워크를 소개합니다. 이번 베타리딩을 통해서 효과적인 웹 테스트를 작성하는 방법에 대해서 배울 수 있었습니다.

 정태일(삼성SDS)

이 책을 통해 웹 애플리케이션 테스트를 자동화하고 테스트 커버리지를 측정하는 데 도움이 되는 주요 프레임워크 및 툴을 빠르게 배우고 적용해볼 수 있었습니다. 단순히 툴에 대한 소개 및 설명의 나열이 아니라, 테스트에 필요한 요소 및 기능별 비교를 통해 대상 애플리케이션에 적합한 테스트 전략을 수립해서 해당 툴을 도입해야 하는 분들에게 이정표를 제시해줍니다.

정현준

단위 테스트 작성에도 시간이 모자란 게 현실이지만, 그렇다고 테스트를 제대로 하지 않으면 현실에서 수많은 버그를 만나게 되고 새로운 기능 개발은 커녕 핫픽스로 정신이 없어집니다. 시간은 부족하고 해야 할 테스트는 많을 때 우리는 더 나은 방법을 배우고 새로운, 혹은 몰랐던 도구의 도움을 받아야 합니다. 오늘도 제품의 수많은 문제로 고통받는 개발자와 QA에게 이 책을 알려주고 싶습니다. 여러분의 시간을 훨씬 효율적으로 사용할 수 있습니다.

황시연(엘로스)

개발자의 테스트에 대한 비중은 시스템의 규모가 커질수록 더 많이 신경 써야 합니다. 만약 테스트하지 않으면 에러나 기능의 결함을 찾는 데 시간이 오래 걸리기 때문입니다. 이 책은 웹 테스트 프레임워크인 셀레늄, 사이프러스, 퍼피티어, 플레이라이트 등에 대해 알려줍니다. 도구 사용법과 웹 테스트에 대한 방법론이 잘 정리돼 있어서 프런트엔드 개발자나 테스터에게 추천합니다.

제이펍은 책에 대한 애정과 기술에 대한 열정이 뜨거운 베타리더의 도움으로
출간되는 모든 IT 전문서에 사전 검증을 시행하고 있습니다.

추천사 _____

에란은 웹과 모바일 애플리케이션의 테스트 전문가이며 그와 함께 일한 지 3년이 넘었다. 에란은 퍼포스Perforce의 자회사인 퍼펙토Perfecto에서 수석 에반젤리스트로 근무하면서 강연과 콘텐츠 제작을 통해 커뮤니티에 기여하고 있다.

웹 애플리케이션이 복잡해지면서 테스트 자동화도 함께 발전하고 있다. 이 책에서 에란은 테스트 자동화 영역을 확장시켜줄 최고의 오픈소스 프레임워크를 선별해서 소개한다.

사이프러스Cypress 테스트 프레임워크의 기여자 중 한 명으로서 한 가지 확실하게 말할 수 있는 것이 있다. 이 책에서 다루고 있는 다양한 테스트 기술, 즉 네트워크 제어 테스트, API 테스트, 기능성 및 접근성 테스트, 시각적 테스트 등을 통해 프런트엔드 웹 개발자로서 많은 것을 배우게 될 것이며, 주요 웹 브라우저에서 기능과 성능 면에서 우수한 앱을 개발할 수 있게 될 것이다.

최고의 자바스크립트 기반 테스트 프레임워크를 사용하게 될 뿐만 아니라, 웹 애플리케이션을 개발할 때 필요한 강력한 테스트 전략을 기초부터 배울 수 있다.

이 책은 초보자뿐만 아니라 베테랑 프런트엔드 웹 개발자들도 볼 수 있으며, 테스트 자동화 구축을 통해 업무를 확장하고 가치를 부여할 수 있도록 완벽하고 유익한 정보를 제공하고 있다.

마지막으로, 이 책은 쉽게 사용할 수 있는 예제 코드와 참고 내용, 그리고 이미지들까지 풍부하게 수록하고 있어서 테스트 실무 업무에 빠르게 적용할 수 있도록 도움을 줄 것이다.

글렙 바무토프 Gleb Bahmutov
머카리 US 기술 선임이사(현)
사이프러스.IO 기술 부사장(전)

스프린트 중에 웹 애플리케이션을 테스트하는 것은 프런트엔드 개발자에게 늘 부담이다. 그리고 이 부담을 덜어주는 것이 바로 모든 브라우저에 공통으로 사용할 수 있는 오픈소스 테스트 자동화 프레임워크다. 이 책은 셀레늄Selenium, 사이프러스Cypress, 퍼피티어Puppeteer, 플레이라이트Playwright 같은 주요 프레임워크를 다룬다. 또한, 웹 테스트의 핵심 개념과 여러 종류의 자동화 프레임워크를 프런트엔드 개발 업무에 어떻게 적용할 수 있는지 배운다. 책 전반에 걸쳐서 각 테스트 자동화 프레임워크가 가진 고유의 기능을 살펴볼 수 있으며, 각각의 장단점과 앱 변경 때문에 초래되는 오류를 사전에 찾아낼 수 있는 테스트 작성 방법도 다룬다.

이 책을 다 읽고 나면 자신의 프로젝트에 가장 적합한 프레임워크를 선택할 수 있게 되며, 기본적인 자바스크립트 기반 테스트 자동화 기능도 구현할 수 있게 될 것이다. 이를 통해 코드 변경 결과를 빠르게 확인할 수 있고 테스트 자동화의 안정성도 높일 수 있을 것이다. 또한, 해당 프레임워크의 오픈소스 커뮤니티가 발전함에 따라 프로젝트 요구사항을 지속적으로 검토하고 변경을 빠르게 수용할 수 있도록 도움을 줄 것이다.

대상 독자

Vue.js나 리액트React 등의 인기 프레임워크를 사용하는 프런트엔드 개발자로서 테스트 자동화의 핵심 개념을 배워서 테스트 기술을 향상시키고 싶다면, 이 책은 여러분을 위한 책이다. 다만, 자바스크립트 및 프런트엔드 개발에 대한 어느 정도의 지식(중급 정도)을 필요로 한다.

책의 구성

1장 **특정 브라우저에 종속되지 않는 테스트 방법론:** 최신 웹 기술과 반응형 또는 프로그레시브형과 같은 애플리케이션의 종류를 다룬다. 웹 개발자에게 영향을 줄 수 있는 주요 동향을 다루고 각 애플리케이션의 종류별 테스트 방식에 대해 살펴본다.

2장 **프런트엔드 웹 개발자가 직면하는 도전 과제:** 최신 기술을 다루는 웹 개발자들이 직면하고 있는 도전 과제와 발생 원인을 살펴본다. 속도와 품질, 그리고 비기능적 문제 등 개발자들을 힘들게 하는 문제들을 논의한다.

3장 **대표적인 테스트 자동화 프레임워크:** 현재 시장을 주도하고 있는 4개의 주요 오픈소스 프레임워크에 대해 살펴보고, 각각의 사용 방법도 소개한다.

4장 **테스트 담당자와 유형별 테스트 자동화 프레임워크의 선택:** 웹 개발과 테스트 시에 등장하는 개발자와 테스트 자동화 엔지니어가 최적의 테스트 자동화 프레임워크를 고를 수 있도록 도움을 준다.

5장 **주요 프런트엔드 웹 개발 프레임워크의 소개:** 웹 개발과 애플리케이션 관점에서 테스트 프레임워크를 살펴보고, 애플리케이션의 종류별로 적합한 테스트 프레임워크의 선택 방법에 대해 다룬다. 그리고 각 애플리케이션을 개발할 때 사용하는 웹 개발 프레임워크에 대해서도 살펴본다.

6장 **웹 애플리케이션을 위한 개발 테스트 전략과 핵심 고려사항:** 품질과 사용자 경험을 지속적으로 만족시킬 수 있는 테스트 전략과 고려해야 할 사항이 무엇인지에 대해 다룬다. 또한, 프런트엔드 개발자가 테스트 전략이 성공했는지 모니터링하고 측정할 수 있는 매트릭스(지표)를 소개한다.

7장 **주요 자바스크립트 기반 테스트 자동화 프레임워크의 핵심 기능:** 웹 애플리케이션이 요구하는 가장 중요한 테스트 기능에 대해 살펴보고, 각 기능별로 적합한 테스트 프레임워크를 추천한다.

8장 **웹 애플리케이션의 테스트 커버리지 측정:** 셀레늄, 사이프러스, 퍼피티어, 플레이라이트와 같은 다양한 테스트 프레임워크에서 코드 범위에 기반한 애플리케이션의 품질 평가 방법에 대해 소개한다.

9장 **셀레늄 프레임워크 사용하기:** 셀레늄 프레임워크의 기술적 특성을 심도 있게 다룬다. CDP 지원이나 상대적 위치 지정자, 시각적 테스트, 클라우드 테스트, 행위 주도 개발 테스트, 그리고 자가 복구 기능 등과 같은 고급 기능에 대해 소개한다.

10장 사이프러스 프레임워크 사용하기: 사이프러스 프레임워크의 기술적 특성을 심도 있게 다룬다. 시간 여행이나 컴포넌트 테스트, 네트워크 제어, API 테스트, 플러그인, 클라우드 테스트 등의 고급 기능에 대해 소개한다.

11장 플레이라이트 프레임워크 사용하기: 플레이라이트 프레임워크의 기술적 특성을 심도 있게 다룬다. API 테스트나 네트워크 제어, 시각적 테스트, 재시도 구조, 검사기, 코드 생성 툴 등의 고급 기능에 대해 소개한다.

12장 퍼피티어 프레임워크 사용하기: 퍼피티어 프레임워크의 기술적 특성을 심도 있게 다룬다. HAR 파일 생성 및 헤드리스 모드 등의 고급 기능에 대해 소개한다. 이 장은 바로 사용할 수 있는 예제 코드를 함께 수록하고 있다.

13장 로코드 테스트 자동화로 코드 기반 테스트 보완하기: 오픈소스 커뮤니티가 다양한 종류의 테스트 프레임워크를 제공하고 있지만, 새로운 지능형 테스트 방식도 등장하고 있다. 이 방식은 기존 프레임워크의 기록 및 되돌리기 기능과 머신러닝 기반의 자가 복구 기능을 합쳐서 테스트 자동화 범위에 추가적인 단계를 제공한다. 이 장에서는 현재 소개돼 있는 툴과 개발 파이프라인에 적용하는 방법, 그리고 장단점에 대해 알아본다.

14장 마치며: 참고서적이나 관련 블로그, 웹사이트 등을 소개하면서 이 책을 마무리한다. 이 책에서 다루지 못한 내용을 스스로 확장할 수 있도록 도움을 준다.

이 책을 읽을 때 도움이 되는 도구

이 책에서 다루는 소프트웨어/하드웨어	필요한 OS(운영체제) 및 도구
사이프러스 프레임워크	윈도우, 맥OS
셀레늄 프레임워크(WebDriver)	비주얼 스튜디오 코드Visual Studio Code
퍼피티어	비주얼 스튜디오 코드
플레이라이트	Node.js
윈도우 파워셸PowerShell	자바 스탠다드 에디션Java Standard Edition
크롬 드라이버, 파이어폭스 드라이버, 엣지 드라이버	윈도우, 맥OS
구글 HAR 분석기 (https://toolbox.googleapps.com/apps/har_analyzer/)	윈도우, 맥OS

만약 전자책을 읽고 있다면 코드를 직접 입력하거나 깃허브 리포지터리Github repository 코드를 활용하도록 하자. 깃허브 링크는 다음 절에서 확인할 수 있다. 책에 있는 코드를 복사해서 사용하다 보면 문제가 발생할 수 있기 때문이다.

예제 코드 등 다운로드

다음 깃허브에서 책의 예제 코드 파일을 받을 수 있다. 이 리포지터리는 항상 최신 코드로 업데이트된다.

- https://github.com/PacktPublishing/A-Frontend-Web-Developers-Guide-to-Testing

또한, 다음 리포지터리를 통해 팩트Packt 출판사가 제공하는 책과 관련된 여러 가지 코드와 동영상도 확인할 수 있다.

- https://github.com/PacktPublishing/

원서에 사용된 컬러 이미지가 포함된 PDF 파일은 다음 링크에서 다운로드할 수 있다.

- https://static.packt-cdn.com/downloads/9781803238319_ColorImages.pdf

프런트엔드 웹 테스트 소개

웹 기술은 최근 수년간 급격하게 발전했다. 반응형과 프로그레시브형 웹 앱이 성숙기에 이르면서 리액트 React 등의 개발자들은 플랫폼(모바일, PC, 또는 둘 다)에 상관없이 지속적으로 앱의 품질을 유지해야 하는 어려움에 직면하고 있다. 1부에서는 최신 웹 기술의 주요 변화와 최고의 웹 앱을 개발할 때 부딪히게 되는 문제들을 다룬다. 그리고 이런 문제들을 해결해 나갈 수 있도록 개발팀에게 도움을 주는 테스트 솔루션을 소개하고 테스트 전략에 영향을 주는 주요 웹 개발 프레임워크의 차이점에 대해서도 살펴본다.

1

특정 브라우저에 종속되지 않는
테스트 방법론

이 장에서는 최신 웹 기술과 반응형, 프로그레시브형을 포함한 웹 애플리케이션 유형에 대해 살펴본다. 특히 웹 개발자에게 영향을 주는 주요 기술 동향과 이와 관련된 다양한 테스트 유형에 대해 다룬다. 이런 웹 기술 관련 동향을 통해 다양한 프레임워크에 기반한 웹 애플리케이션의 기술을 이해할 수 있을 것이다. 반응형 웹과 프로그레시브형 웹, 플러터, 리액트 네이티브 등도 앞으로 소개할 애플리케이션 유형의 일부다. 이 장에서는 주요 애플리케이션의 유형과 각각의 특징, 그리고 서로 어떤 차이가 있는지 알아보며, 이를 통해 프런트엔드 개발자들이 상황에 맞는 적합한 테스트 기술을 선별해서 사용할 수 있도록 도움을 주고자 한다.

이 장에서 다루는 주요 내용은 다음과 같다.

- 웹 개발 환경
- 웹 애플리케이션의 유형
- 웹 애플리케이션별 테스트 유형
- 앱 개발 및 테스트 시 헤드와 헤드리스 브라우저

1.1 웹 개발 환경

웹 개발 환경은 수년 전에 비해 많은 발전을 이루었다. 오늘날 웹 애플리케이션은 특정 웹 브라우저가 갖고 있는 고유한 기능을 활용할 수 있지만, 불과 몇 년 전만 해도 불가능한 일이었다. 특히 위치 정보 서비스나 카메라 기능 등은 모두 스마트폰이나 태블릿, 노트북에 앱으로 설치해야 했지만, 지금

3

은 웹 애플리케이션이 모바일 앱과 거의 유사한 기능을 구현하고 있다.

이런 특성 외에도 현재 웹 개발 환경에서 고려해야 할 중요한 사항이 있다. 바로 웹 개발자들이 익혀야 할 웹 기술들이 계속적으로 변하고 있다는 것이다.

Hackr.io(https://hackr.io/blog/web-development-frameworks) 사이트를 보면 웹 개발자들이 선택할 수 있는 기술의 종류가 다양하다는 것을 알 수 있다. 즉 **Express.js, AngularJS, 리액트**React, **Vue. js, Ember.js** 등과 같은 다양한 기술의 범위 중에서 자신이 개발할 웹 애플리케이션에 가장 적합한 것을 선택하면 된다.

웹 기술이 발전하고 다양한 채널에 사용되면서 보안 취약성 또한 중요한 문제가 되고 있다. HTTP 아카이브(https://httparchive.org/reports/state-of-the-web)에 따르면 검색된 페이지 중 57.4%가 적어도 하나 이상의 취약한 외부 자바스크립트 코드를 가지고 있다.

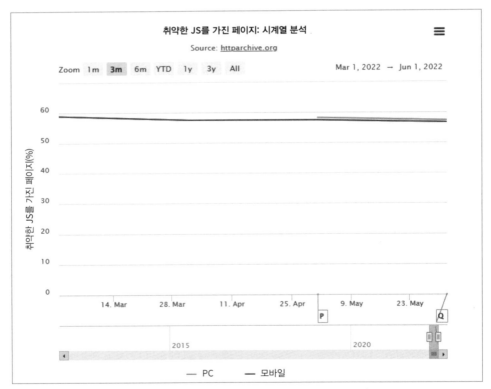

그림 1.1 **취약한 자바스크립트 코드로 작성된 웹페이지**[1]

---

1   https://httparchive.org/reports/state-of-the-web#pctVuln

이런 웹 기술과 브라우저 기능의 발전과 함께 중요도와 인지도 측면에서 크게 달라진 것이 웹 접근성 규칙이다. 웹 애플리케이션 구축을 하기 위한 조직은 PC와 모바일 앱 모두에 접근성 규칙을 엄격하게 적용해야 한다. 만약 규칙을 따르지 않으면, 미국의 경우 미국 장애인법Americans with Disabilities Act, ADA 508조나 웹 콘텐츠 접근성 가이드라인Web Content Accessibility Guidelines, WCAG에 따라 많은 벌금이 부과될 수 있으며 결국 자사 브랜드에 타격을 입게 된다.

오늘날 웹 개발자는 높은 수준의 품질을 유지하기 위해서 지식뿐만 아니라 툴 활용법까지 알고 있어야 하는 등 끊임없이 학습해야 한다. 이는 견고한 앱을 개발하게 함으로써 브랜드에 끼칠 사업적 위험을 미연에 방지해준다. 여기서 사업적 위험이란 품질, 보안, 접근성, 가용성의 관점이고, 서로 다른 화면 크기와 해상도를 가진 장치들에서 동일한 호환성을 보장해야 한다는 의미이다.

현재 웹 개발 환경을 간단하게 살펴보았다. 다음은 다양한 웹 애플리케이션 유형에 대해 살펴보고 각각의 유형이 개발과 테스트 관점에서 어떤 의미를 지니는지 살펴보도록 하겠다.

1.2 웹 애플리케이션의 유형 이해하기

끊임없이 변화하는 디지털 시장에서 웹 애플리케이션을 구축할 때 개발자들은 전통적인 애플리케이션이나 반응형responsive 또는 프로그레시브형progressive 등의 다양한 선택을 할 수 있다. 각 유형별로 장단점이 있으며, 개발 언어나 앱이 실행되는 플랫폼, 적합한 기술 스택 등의 기술적 특성들도 서로 다르다. 예를 들어 **프로그레시브 웹 애플리케이션**progressive web application, PWA은 웹과 모바일에서 모두 실행되는 자바스크립트 기반 애플리케이션이다. 모바일 장치와 브라우저 양쪽에서 테스트해야 하므로 **셀레늄**Selenium이나 **앱피움**Appium 등의 서로 다른 프레임워크를 혼용해서 사용해야 한다.

1.2.1 전통적 웹 애플리케이션

가장 기본적인 웹 애플리케이션은 PC에서 실행되도록 설계 및 개발된 웹 애플리케이션이다. 예를 들면 윈도우 11의 엣지 브라우저나 맥OS상의 사파리 등을 말한다. 스마트폰이나 태블릿에서도 실행되기는 하지만 반응형으로 설계되지는 않는다.

윈도우 PC의 크롬 브라우저로 MSN 웹사이트(https://msn.com)를 열어서 여기저기 클릭하거나 이동해보면 사용하는 데 아무런 문제가 없다. 하지만 브라우저 메뉴에서 **도구 더보기-개발자 도구**를 클릭하거나 F12키를 눌러 나타나는 화면에서 왼쪽 상단의 **기기 툴바 전환** 아이콘을 클릭해 화면 크기를 바꾸면 결과는 달라진다. 이 기능은 개발자나 테스터가 반응형 웹사이트를 테스트할 수 있도록 고안된 것이다. 상단의 **크기** 메뉴에서 iPhone을 선택하면 해당 웹 애플리케이션이 모바일용으로 준비돼 있지 않다는 것을 알 수 있다. 사실 이 사이트의 하단을 보면 안드로이드와 iOS 앱을 다운로드하라는 배너가 보인다.

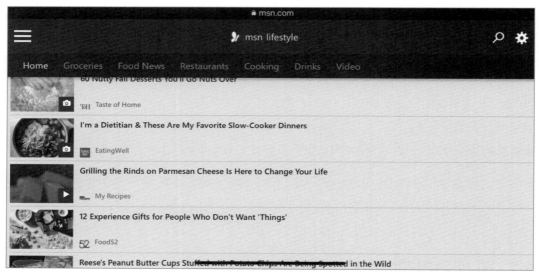

그림 1.2 아이폰13 프로 맥스에서 가로 모드로 본 MSN 웹사이트

이런 웹 애플리케이션은 PC 전용으로 개발 및 테스트된 것으로 모바일 네이티브 앱이나 하이브리드 앱을 별도로 개발해야만 사용자가 모든 장치를 통해 접근할 수 있다.

1.2.2 반응형 웹 애플리케이션

전통적 웹 애플리케이션과 달리 **반응형 웹 애플리케이션**은 대부분의 PC와 모바일의 화면 크기(해상도)에 맞추어 웹이 보여진다. 이런 특성은 웹 개발자가 하나의 코드만을 사용해서 다양한 디지털 채널에 앱을 제공하고, 채널에 상관없이 동일한 사용자 경험을 제공하게 된다. 문제는 말처럼 쉽지만은 않다는 것이다. 반응형 웹은 특수한 개발 기술을 사용해야 하며, 연관성이 가장 높은 콘텐츠를 상단에 표시하도록 콘텐츠 전략도 세워야 한다. 이렇게 모든 화면 크기에서 보여줘야 하는 콘텐츠를 지속적으로 관리, 최적화, 테스트해야 성공적인 사업으로 이끌 수 있다.

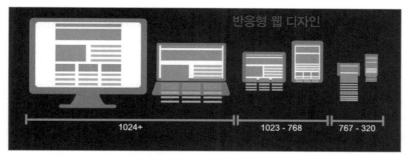

그림 1.3 PC와 노트북, 태블릿, 모바일 폰을 위한 반응형 웹 디자인(무함마드_{Muhammad Rafizeldi}가 처음 만든 그림[2])이다. 이 그림은 CC BY-SA 3.0 라이선스를 통해 사용할 수 있다.[3]

반응형 웹은 개발자와 사용자 모두에게 이점이 있는 훨씬 강력한 애플리케이션 유형이다. 하나의 코드 기반만 관리하면 되고 자동으로 모든 화면 크기 및 해상도로 조절된다는 것은 비용 대비 효율이 매우 높은 소프트웨어 개발 방법이다.

접히는foldable 스마트폰이나 구글 허브, 아마존 에코 등의 가정용 장치처럼 새로운 유형의 플랫폼이 이미 시장에 나와 있는 상태다. 따라서 웹 애플리케이션은 플랫폼 종류에 상관없이 동일한 사용자 경험을 제공하도록 업데이트돼야 한다.

다음은 개발자와 테스트 엔지니어가 지속적으로 실행해야 하는 **반응형 웹 디자인**responsive web design, RWD 테스트 계획을 정리한 것이다.

- 대부분의 PC 브라우저와 OS 버전, 그리고 모바일 장치를 대상으로 한 호환성 테스트
- 다양한 레이아웃과 화면 크기, 해상도, 언어를 대상으로 한 시각적 테스트. 모든 그래픽 요소가 모든 플랫폼에서 적절하게 표시되는지 확인
- 모든 업무 로직과 링크, 폼, 다른 웹 UI에 대한 의존성 등을 처음부터 끝까지 테스트하는 기능 테스트
- 모든 플랫폼에서의 페이지 접근성 테스트
- 클라이언트 측 성능 테스트
- 부하가 적을 때와 많을 때를 모두 고려한 부하 테스트
- 다른 환경 조건, 즉 네트워크, 센서, 이벤트, 위치 기반 이벤트 등등을 고려한 웹과 모바일 테스트

---

2 https://commons.wikimedia.org/wiki/File:Responsive_Web_Design_for_Desktop,_Notebook,_Tablet_and_Mobile_Phone.png

3 https://creativecommons.org/licenses/by-sa/3.0/deed.en

1.2.3 프로그레시브 웹 애플리케이션

프로그레시브 웹 애플리케이션은 가장 발전된 웹 애플리케이션 유형 중 하나로 고유한 특성이 있다. 구글이 처음 개발했으며 애플이나 마이크로소프트, 모질라 등의 브라우저 개발사들도 이 기술을 채택하고 있다. PWA는 반응형 웹 앱 코드를 기반으로 하는 애플리케이션으로 모바일 사용자가 웹 링크를 안드로이드나 iOS 장치에 설치할 수 있게 해준다. 이 방식으로 웹 앱을 마치 네이티브 앱처럼 오프라인으로도 사용할 수 있다. 예를 들면 모바일 OS 기능에 접근해서 주소록이나 카메라, 위치 등과 같은 여러 기능을 사용할 수 있다.

그림 1.4 **모바일 장치에 설치돼 있는 PWA 아이콘들**[4]

PWA는 모바일 iOS나 안드로이드 디바이스는 물론이고 마이크로소프트의 서피스Surface처럼 윈도우 겸용 노트북에도 링크를 사용해 설치할 수 있다. 설치한 후에는 모바일 장치의 홈 화면에서 실행할 수 있으며 **서비스 워커**ServiceWorker 컴포넌트라고 하는 PWA에 내장된 고유의 특성을 활용할 수 있다. 그림 1.4에 있는 **Twitter Lite** 아이콘은 PWA 애플리케이션의 바로가기 아이콘으로, 모바일 장치의 웹 브라우저에서 생성(설치)한 것이다.

[NOTE] **서비스 워커:** 서비스 워커는 사용자 브라우저의 백그라운드에서 실행되는 스크립트다. 웹 개발자가 푸시 알림이나 오프라인 캐시 사용, 모바일 장치 센서 사용, 다양한 네트워크 요청을 처리하는 프록시 등의 기능을 추가할 수 있게 해준다. PWA는 서비스 워커를 활용해 모바일 장치상에서 실행되는 웹 애플리케이션의 기능성을 확장시켜준다.

---

4   그림의 원 제목은 'Progressive web apps on my home screen(내 홈 화면에 있는 프로그레시브 웹 앱)'이며 Jeremy Keith가 만든 것이다. 출처는 https://www.flickr.com/photos/adactio/42535353742이며 CC BY 2.0 라이선스에 근거해서 사용할 수 있다.

PWA는 단일 코드 기반을 사용해 모든 종류의 PC 화면이나 모바일 화면에서 웹 애플리케이션을 실행할 수 있으며, 오프라인 캐시나 푸시 알림, 위치, 카메라, 오디오 등의 센서 사용, 주소록 접근 등을 사용할 수 있게 한다. 이런 특성 때문에 웹 개발자는 모바일 앱 스토어를 거치지 않고 빠르고 쉽게 앱을 배포할 수 있다.

구글 및 다른 브라우저 제조사들은 PWA를 브라우저의 개발자 도구를 사용해 검증할 수 있는 기능을 제공한다. 개발자는 이 툴을 사용해서 MANIFEST.MF라는 파일과 자바스크립트 기반 서비스 워커 스크립트를 생성해 웹 앱에 추가시켜준다. **인스타그램**이나 **리프트**Lyft, **트위터**, **이베이** 등의 많은 기업의 웹 앱이 이미 이 기술을 채택해서 혜택을 누리고 있다(https://www.pwastats.com). PWA의 리더격인 **구글**은 PWA 요구사항을 만족하는지 확인할 수 있는 가이드라인(https://web.dev/progressive-web-apps/)과 체크리스트까지 제공하고 있다.

PWA 테스트 계획은 앞서 본 RWD의 모든 항목을 포함하고 있으며, 다음은 **PWA에만 추가로 적용되는 계획**들이다.

- PWA 매니페스트manifest 파일이 정확한지 검증(홈 URL, 테마theme, 아이콘 등등)
- PWA 앱의 핵심 컴포넌트인 서비스 워커가 제대로 실행되는지 검증(푸시 알림, 캐시 기능 등등)
- 여러 플랫폼 및 네이티브 애플리케이션과 병행해서 PWA 설치 및 기능성 테스트
- 오프라인일 때 별도의 오프라인 페이지를 제공하는지 테스트
- 마우스나 키보드, 스타일러스 펜, 터치 등 다양한 입력 방식을 사용할 수 있는지 테스트
- 위치 서비스, 오디오, 카메라 등 모든 모바일 센서가 제대로 동작하는지 테스트
- 페이스북이나 링크드인 등의 SNS 결합, 외부 API, 분석 서비스 등 외부 서비스에 대한 의존성 테스트
- 보안, 개인 정보, 앱 권한 등이 애플이나 구글이 요구하는 기준에 부합하는지 테스트

여기 열거한 것들은 RWD 테스트[5]에 추가로 PWA 전용 계획을 추가한 것이다.

다음은 PWA 애플리케이션의 일부가 되도록 자바스크립트를 사용해 서비스 워커를 등록하는 코드이다.

```
if ('serviceWorker' in navigator) {
window.addEventListener('load',function(){
navigator.serviceWorker.regisdter('/sw.js').then(function(
  registration) {
```

---

5   옮긴이 반응형 웹 디자인(responsive web design, RWD)은 다양한 화면 크기(PC, 모바일, 태블릿 등)에 맞추어 적절하게 웹 애플리케이션을 표시하는 방식이다.

```
//성공적으로 등록됐다.
console.log('ServiceWorker registration with scope:'
             ,registration.scope);
} function(err){
//등록이 실패했다. ☹
console.log('ServiceWorker registration failed:',err);
});
});
```

웹 개발자가 사용할 수 있는 주요 웹 애플리케이션 유형에 대해 살펴보았다. 다음은 각 애플리케이션 배포 시에 필요한 주요 테스트 유형에 대해 살펴보겠다.

1.3 웹 애플리케이션을 위한 테스트 유형

소프트웨어 테스트에는 다양한 종류가 있다. 기능성 테스트, API 테스트, 통합 테스트, 비기능 테스트, 단위 테스트, 접근성 테스트, 탐색 테스트 등이 있으며 이 장에서는 대략적인 기능성, 비기능성 테스트만 다룬다. API 테스트 및 다른 테스트들은 이 책 후반부에 나오는 테스트 자동화 프레임워크에서 함께 다루도록 한다. 각 테스트 유형은 전통적인 테스트 피라미드 구조로 분류할 수 있으며, 대규모 릴리스를 할 것인지 소규모의 핫픽스 릴리스를 할 것인지에 따라 범위가 달라진다.

이 절에서는 테스트 시에 고려해야 할 주요 사항을 테스트 유형별로 살펴보도록 하겠다. 장치 종류에 상관없이 PC와 모바일OS 모두에서 실행되는 웹 애플리케이션은 최고의 사용자 경험을 제공하기 위해 다양한 각도에서 테스트하는 것이 중요하다.

웹 애플리케이션은 컴포넌트와 UI(프리젠테이션 계층), 데이터베이스, API 게이트웨이를 통해 다른 컴포넌트와 작용하는 마이크로서비스, 서버, 지불, 인증 등의 API, 비즈니스 흐름(비즈니스 계층) 등이 지속적으로 상호작용하는 것이다.

이렇게 다계층 구조로 된 애플리케이션을 테스트하는 것은 쉽지 않으며 특히 애자일 및 데브옵스 환경에서는 더욱 어렵다. 소프트웨어 개발 주기 내에서 여러 담당자가 함께 작업하고 있으며, 이들에 의해 하루에도 몇 번씩 코드를 변경하는 풀 리퀘스트pull request가 이루어진다. 그리고 이 변경 작업들은 적절하게 분류한 다음 테스트해야 한다.

1.3.1 웹 애플리케이션의 기능성 테스트

웹 애플리케이션의 기능성 테스트를 항목별로 살펴보겠다. 기능성 테스트는 테스트 시나리오에 따라 다시 세부 유형으로 나눌 수 있다. 세너티sanity, 회귀regression, 스모크smoke, 통합integration, 그리고 사용자에 의한 사용성usability 테스트 등이 이에 해당한다. 각 테스트의 범위는 **소프트웨어 개발 주기** software development life cycle, SDLC 단계, 소프트웨어 이터레이션iteration 내의 변경, 애플리케이션 오류 이력(안정성과 신뢰성)에 따라 달라진다.

다음은 테스트를 계획할 때 고려하면 좋을 항목들을 분류한 것이다. 다음 테스트 시나리오는 수동 테스트나 자동 테스트와 상관없이 애플리케이션의 전체 기능성을 검증할 수 있게 해주는 기반이 될 것이다.

- 웹사이트의 모든 링크가 제대로 동작하는지 테스트
  - 내비게이션 링크
  - 소셜미디어 링크
  - 메일MailTo 링크
- 등록 폼이나 주문 폼 등 폼과 연계된 페이지 테스트
  - 폼 필드 테스트(긍정값/부정값 입력)
  - 필수 입력 필드 검증
  - 모든 플랫폼(모바일/PC)에서 폼 전송submission 테스트
- 쿠키 관련 정책 테스트
  - 웹 캐시가 정리되면 쿠키도 삭제돼야 한다.
- 웹사이트 내의 전체 사용자 조작을 비즈니스 흐름 관점에서 테스트
  - 모든 내부 링크와 사용자 여정이 동작해야 한다.
  - UI와 레이아웃 테스트
  - 지역화localization 테스트
  - 모든 화면 크기와 해상도를 고려한 웹사이트 호환성 테스트
  - 사용성 및 사용자 경험 테스트

1.3.2 웹 애플리케이션의 비기능성 테스트

수준 높은 웹 애플리케이션을 위해서는 기능성 테스트뿐만 아니라 비기능성 테스트도 실시해야 한다. 결국에는 프로덕션 환경에서 여러분의 애플리케이션이 기능성 때문에 망가지든, 부하 때문에 가용성 문제로 망가지든 그 이유는 중요하지 않다.

지속적 통합continuous integration, CI에 모든 유형의 테스트를 포함시키느냐가 성과가 높은 애자일 팀과 그렇지 못한 팀의 차이를 만든다. 그리고 이 테스트 유형에는 코드가 변경될 때마다 자동으로 실시되는 기능성, 비기능성 테스트가 포함돼야 한다.

비기능성 테스트에서는 정적이나 동적 보안 테스트, 성능 및 부하 테스트, 접근성 테스트를 고려해야 한다. 팀에 따라서는 접근성을 기능성 테스트로 보는 경우도 있지만, 분류에 상관없이 실시하는 것이 중요하다. 그리고 가능한 한 많은 유형의 테스트를 하는 것이 높은 품질의 웹 애플리케이션을 만들어준다. 물론 테스트를 모두 통과한다는 것이 전제 조건이다.

보안 테스트

보안 테스트에서는 다음을 확인해야 한다.

- 허가된 사용자만 보안성이 요구되는 페이지에 접근할 수 있는지
- 적절한 권한 및 인증 없이 제한된 파일을 다운로드할 수 없는지
- 사용자 비활성 세션을 자동으로 종료하는지
- SSL 인증서를 사용해서 특정 웹사이트를 암호화된 SSL 페이지로 리다이렉트 하는지
- 업계에서 검증된 보안 테스트 방식(OWSP Top 10, CWE, CERT 등)을 채택하고 있는지
- SAST와 DAST를 고려한 JSLint 등의 코드 품질을 표준으로 사용하고 있는지(https://www.jslint.com/)

성능 및 부하 테스트

성능 및 부하 테스트에서는 다음을 확인해야 한다.

- 다양한 네트워크 상태를 고려해 웹 및 모바일 앱의 응답 시간이 목표한 범위 또는 벤치마크 범위에 있는지
- 평상시(단일 사용자 성능)와 피크일 때(수백만 명의 가상 사용자)를 가정해서 애플리케이션이 정상적으로 부하를 처리할 수 있는지
- 평상시 부하를 피크 타임까지 끌어올렸을 때 어느 정도까지 애플리케이션이 견딜 수 있는지(스트레스 테스트)
- 웹사이트가 망가지거나 가용성에 문제가 있을 때 어떻게 복구되는지

접근성 테스트

접근성 테스트에서는 다음을 확인해야 한다.

- 가장 일반적으로 사용되는 접근성 규칙(WCAG, ADA, 508, 캐나다에 있다면 ACA)을 적용하고 있는지
- 여러 플랫폼과 언어(웹 및 모바일 모두)상에서 테스트
- 테스트 자동화를 위해 접근성 ID(웹 요소)가 적절하게 부여됐는지

앞서 언급한 것처럼 탐색 테스트와 기능성, 비기능성 테스트에 대한 테스트 자동화는 모든 조직의 테스트 계획에 포함돼야 한다. 또한, 최근의 애플리케이션 변경이나 프로덕션에서 발생하는 오류, 새로운 OS 버전이나 모바일 장치 등에 의한 플랫폼 변경, 업계에서 발생하는 접근성 및 새로운 보안 규칙의 변화 등 모든 변화를 지속적으로 반영해야 한다.

이 책의 후반부에서는 이 절에서 언급한 대부분의 테스트 유형을 구체적인 예와 툴을 사용해 설명한다. 웹 애플리케이션에 적용할 수 있는 주요 테스트 유형을 살펴보았으니 다음 절에서는 개발 및 테스트 단계 전반에 걸쳐 헤드 브라우저와 헤드리스 브라우저가 어떻게 사용되는지 그 차이에 대해 살펴보겠다.

1.4 앱 개발과 테스트를 위한 헤드 및 헤드리스 브라우저 이해하기

웹 개발자 및 테스터가 프레임워크나 언어를 선택할 수 있는 것처럼, 애플리케이션을 브라우저상에 나타낼 때 UI를 표시하는 헤드headed 방식과 UI를 표시하지 않는 헤드리스headless 방식 중 하나를 선택할 수 있다.

> **NOTE** 헤드리스 브라우저: 헤드리스 브라우저는 일반 브라우저와 같지만 런타임 시에 UI를 로딩하지 않는다. 웹 브라우저를 어떻게 사용할지는 개발자와 테스터가 무엇을 목표로 하는지에 달려 있다. 각각의 방식에 대해 좀 더 자세히 살펴보도록 하겠다.

1.4.1 헤드 브라우저와 헤드리스 브라우저 선택하기

헤드리스 브라우저는 브라우저 UI상의 특정 요소element나 동작을 확인할 필요가 없거나, 주 목적이 테스트 코드나 브라우저에서 특정 처리가 단순하게 실행되는지만 확인하는 경우에 아주 유용하다. 헤드리스 브라우저가 비용 대비 효율적인 또 다른 경우는 방대한 테스트 코드를 브라우저 UI를 **표시**하지 않고 실행해야 하는 경우다. UI 브라우저가 일반적으로 사용하는 하드웨어 리소스나 메모리를 절약할 수 있고, 각 브라우저가 HTML 페이지를 표시하기 위해 소비하는 환경 초기화 시간도 줄일

수 있어서 실행 속도가 훨씬 빠르다. 또한, UI 기반의 브라우저 호환 테스트 중이나 나중에 CI의 회귀 빌드regression build의 일부로 대규모 병렬 테스트 시 사용할 수도 있다.

여기서 중요한 것은 개발자 및 테스터가 헤드리스 브라우저 테스트에만 의존할 수 없다는 것이다. 디버깅하기가 힘들고 여러 플랫폼에서 발생하는 실제 사용자 경험을 반영하지 않기 때문이다. 헤드 테스트와 헤드리스 테스트를 함께 실시하도록 계획해야 하며 여러 팀이 테스트를 나누어 실행하는 것이 좋다. 구글, 모질라, 마이크로소프트 등의 주요 브라우저 개발사들은 명령줄 플래그를 사용해 사용자가 헤드리스 옵션을 활성화할 수 있게 하였고, 셀레늄 또는 **퍼피티어**puppeteer 등의 테스트 자동화 프레임워크 내에는 아예 포함돼 있기도 하다.

셀레늄은 브라우저 종류와 상관없이 사용할 수 있는 헤드 및 헤드리스 모드용 예제 코드를 제공한다. 다음은 셀레늄 4 프레임워크를 사용한 설정 예로 크롬 브라우저를 헤드리스 모드로 실행한다 (https://github.com/SeleniumHQ/selenium/blob/trunk/javascript/node/selenium-webdriver/chrome.js#L47).

```
let driver = new Builder()
 .forBrowser('chrome')
 .setChromeOptions(new chrome.Options().headless())
 .build();
```

이 책 후반부에서 셀레늄 프레임워크에 대해 자세히 배우며, 그때 다시 헤드와 헤드리스 모드에 대해 살펴보도록 하겠다. 셀레늄이나 플레이라이트, **사이프러스**Cypress 등 대부분의 테스트 프레임워크는 이 두 가지 방식을 사용해 웹 애플리케이션을 테스트할 수 있다.

개발자 및 테스터는 명령줄 인터페이스에서 여러 브라우저의 사용을 위해 다양한 방식으로 화면 캡처나 원격 디버그 등을 실행할 수 있다. 다음은 마이크로소프트 엣지Edge 브라우저(크로미엄Chromium 기반)를 헤드리스 모드로 실행해 팩트 출판사의 홈페이지 화면을 캡처하는 간단한 명령이다.

```
msedge --headless --disable-gpu –screenshot=c:\[..]\packt.png –
window-size=1280,1696 https://www.packtpub.com/
```

이 명령을 실행하려면 엣지 브라우저가 환경 변수 경로에 포함돼 있어야 한다.

그림 1.5에서 볼 수 있듯이 브라우저가 명령어에 지정한 창 크기로 홈페이지를 캡처한 것을 알 수 있다.

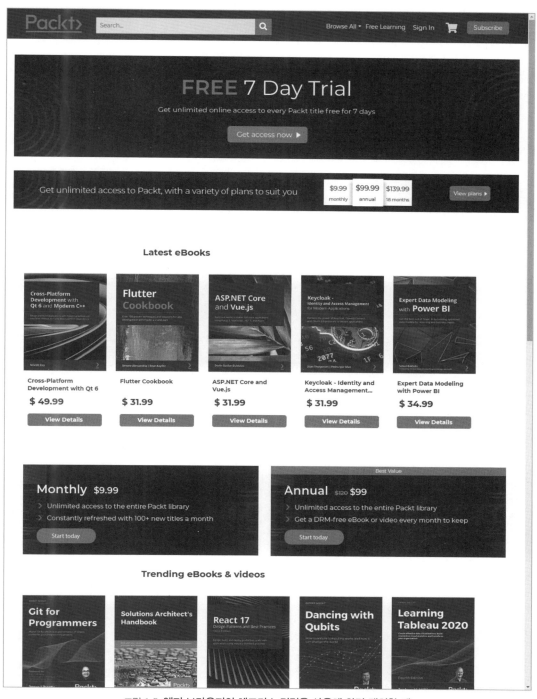

그림 1.5 엣지 브라우저의 헤드리스 명령을 사용해 화면 캡처한 예

1.4.2 헤드리스 브라우저 테스트 프레임워크

빠르면서 비용 대비 효율적이고 사용하기 쉬운 헤드리스 브라우저의 실행 예를 보았다. 이제 크롬 헤드리스 브라우저와 궁합이 좋은 자동화 프레임워크 퍼피티어에 대해 살펴보도록 하겠다(https://developer.chrome.com/docs/puppeteer/). 이 툴은 구글이 개발한 노드 라이브러리이며 높은 수준의 API를 통해 크롬을 헤드리스로 제어할 수 있게 해준다. 크롬 브라우저가 가진 모든 기능을 활용할 수 있으며, 폼 제출이나 사용자 입력은 물론 애플리케이션의 런타임 성능 측정과 같은 헤드리스 기능도 제공한다.

NOTE 마이크로소프트는 퍼피티어를 기반으로 한 **플레이라이트** 프레임워크 개발을 주도하고 있다. 이 책 후반부에서 자세히 살펴보도록 한다.

퍼피티어의 헤드리스 기능을 사용하려면 먼저 npm install 명령을 사용해 설치해야 한다.

```
npm install puppeteer
```

설치되고 있는 동안 자바스크립트와 프레임워크에 포함된 API를 사용해 스크립트를 작성해보자. 다음은 특정 웹사이트에 접속해 화면을 캡처하는 예제 코드이다.

```
const puppeteer = require('puppeteer');
(async() => {
const browser = await puppeteer.launch({headless:false});
// default is true
const page = await browser.newPage();
await page.goto('https://www.packtpub.com');
await page.screenshot({path: 'Packt.png'});
await browser.close();
})();
```

헤드리스 플래그를 false로 설정하면 내장된 크롬 브라우저가 실행된다.

그림 1.6은 코드를 실행해 얻은 스크린숏이다.

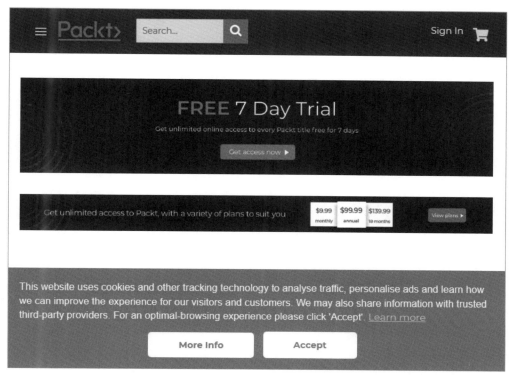

그림 1.6 **퍼피티어 자바스크립트를 헤드 모드로 실행해서 얻은 팩트 출판사의 홈페이지 스크린숏**

이 예제는 퍼피티어의 간단한 사용 예이다. 이 프레임워크는 크롬 개발자 도구가 제공하는 기능을 사용할 수 있으며, 자동화 코드를 사용해서 HTTP 압축 파일HTTP Archive file, HAR을 생성할 수도 있다. 이 HAR 파일을 사용하면 보안, 성능, 웹 트래픽 등을 분석할 수 있다. 셀레늄 4와 사이프러스에서는 **크롬 개발자 도구 프로토콜**Chrome DevTools(or Debugger) Protocol, CDP을 통해 퍼피티어가 가진 몇몇 기능을 사용할 수 있게 해준다.

테스트 자동화 스크립트를 사용해 HAR 파일을 생성하려면 Puppeteer-har 노드 모듈을 설치한 후 자동화 시나리오에 다음 코드를 추가하면 된다.

```
const puppeteerHar = require('puppeteer-har');
const har = new puppeteerHar(page);
await har.start({path: 'results.har'});
await page.goto('https://www.packtpub.com');
await har.stop();
```

이 코드를 앞의 화면 캡처 예제에 추가해 실행하면 팩트 홈페이지를 분석한 results.har 파일이 생성된다. 선호하는 HAR 파일 뷰어를 사용해서 생성된 리소스를 분석할 수 있으며, 구글 크롬의 브라우저 확장 기능으로 HAR 뷰어를 추가해 확인할 수도 있다.[6]

HAR 파일을 보면 페이지 로딩 시간이나 통계, 웹사이트 요청 및 응답 헤더 등을 확인할 수 있다.

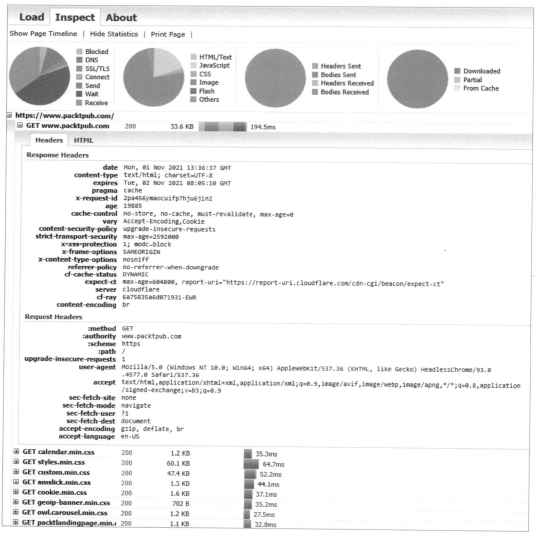

그림 1.7 퍼피티어 스크립트를 사용해 생성한 팩트 홈페이지의 HAR 파일. HAR 파일 뷰어를 사용한 분석 화면이다.

---

6 [옮긴이] 예제 코드를 실행해보고 싶다면, `npm run install Puppeteer-har`을 실행해 모듈을 설치한 후 제공된 예제 코드의 `puppeteer_examples` 폴더로 이동해서 아래 명령어로 `HarPuppeteer.js` 파일을 실행하면 된다. 물론 Node.js가 설치돼 있어야 한다.
`node HarPuppeteer.js`

개발자는 이 분석 데이터를 이용해 웹사이트 성능을 최적화하거나 보안이 취약한 곳을 찾을 수 있다.

앞서 언급했듯이 구글은 웹 애플리케이션을 테스트하고 디버깅할 수 있도록 헤드리스 브라우저 도구를 설계했다. 또한, 헤드리스 모드로 실행 중인 애플리케이션을 디버깅할 수 있도록 원격 디버그 기능을 제공하며, 명령줄에서 수동으로 사용하거나 자바스크립트로 자동화할 수도 있다.

```
--remote-debugging-port=9222 (예제)
```

헤드리스 모드로 테스트할 때 이 명령을 실행하면 헤드 크롬 브라우저로 http://localhost:9222에 접속해 결과를 확인할 수 있다.

1.5 요약

인정받는 웹 애플리케이션을 개발한다는 것이 이전보다 훨씬 어려워졌다. 대규모로 디지털 전환digital transformation이 진행되고, 문제가 생겼을 때 브랜드에 끼치는 실패 비용이 크기 때문이다. 개발 초기 단계에서 모든 테스트 유형을 접목하고, 다양한 방법과 툴, 브라우저 제공 기능 등을 고려하는 것이 웹 애플리케이션을 계획(품질 측면)함에 있어 좋은 출발점이 된다. 그리고 이 계획에는 모든 기능성, 비기능성 테스트를 포함해야 하며, 헤드리스 브라우저 테스트 및 개발자 도구나 HAR 파일 등 이 장에서 언급된 비용과 시간 관련 효율적인 기술들을 고려해야 한다.

이 장을 통해서 최신 웹 개발 환경과 애플리케이션 유형에 대해 살펴보았다. 반응형 웹 애플리케이션과 PWA의 정의, 그리고 각각의 장단점에 대해 살펴보았고 각 유형별로 좋은 품질을 유지하려면 어떻게 해야 하는지 논의했다. 또한, 개발자 및 테스트 엔지니어가 사용할 수 있는 다양한 테스트 유형에 대해 살펴보고 각각에 대해 사례별로 어떻게 접목할 수 있는지 설명했다.

장 후반부에서는 헤드리스 브라우저와 헤드 브라우저를 개발 단계에 접목하는 방법에 대해 생각해보았다. 이를 통해 의견을 빠르게 반영하고, 환경 설정 및 성능, 안정성 등의 문제를 최적화할 수 있으며, 실제 브라우저에서 훨씬 효율적으로 디버깅할 수 있다.

마지막으로 브라우저 호환성을 고려한 테스트에 대해서 생각해보면서 장을 마무리했다. 애플리케이션 환경을 이해하고, 앞으로 개발한 애플리케이션의 테스트 전략을 짜는 데 도움이 될 것이라 믿는다. 다음 장에서는 웹 개발 시 직면하는 주요 문제들과 그 이유에 대해 알아보도록 한다.

CHAPTER 2

프런트엔드 웹 개발자가
직면하는 도전 과제

프런트엔드 웹 개발자에게 주어지는 아주 어려운 과제가 있다. 그것은 바로 웹 앱이 모든 디지털 채널, 즉 모든 웹 브라우저나 모바일에서 성능 및 기능에 아무 문제없이 실행돼야 한다는 것이다. 새로운 웹 브라우저 버전이 매달 배포되고 있는 시대에 수많은 스마트폰 종류와 OS 버전을 지원하는 앱을 만드는 것은 매우 어려운 작업이다. 프런트엔드 웹 개발자는 앱의 품질과 속도뿐만 아니라 안정성 문제와도 끊임없이 씨름해야 한다.

이 장은 최신 앱을 개발하는 웹 개발자들이 직면하는 주요 과제와 근본적인 원인에 대해 살펴본다. 특히 개발자들에게 고통을 주면서 지속적으로 논쟁의 주제가 되고 있는 속도, 품질, 그리고 비기능성 과제들을 중점적으로 다룬다. 이 장을 마칠 때쯤이면 웹 애플리케이션의 품질 관점에서 빠뜨리기 쉬운 문제점들을 기능성 측면, 또는 성능이나 보안과 같은 비기능성 측면에서 이해하게 될 것이다.

이 장에서 다루는 주제는 다음과 같다.

- 웹 개발 시 직면하는 도전 과제
- 웹 개발자들의 대상 플랫폼 선택 문제
- 웹 개발의 비기능성 문제
- 웹 애플리케이션의 규정 문제

2.1 웹 개발 시 직면하는 도전 과제

앞 장에서 강조했듯이 최근 수년간 이루어진 디지털 전환digital transformation이 높은 수준의 웹 애플리케이션 개발에 있어 복잡성을 높이고 있다. 여기서 높은 수준이란 앱이 모든 종류의 웹 브라우저와 모바일 장치, 운영체제, 그리고 다양한 환경 조건과 높은 부하 조건에서 문제없이 실행된다는 것을 의미한다. 그리고 디지털 전환이 증가하면서 보안성 및 접근성이 앱을 출시하기 전에 갖춰야 할 필수 조건이 되고 있다.

모질라와 구글이 공개한 웹 호환성 보고서에서는 시장에 있는 모든 기술과 플랫폼에 **호환되는** 웹 애플리케이션을 개발하는 것이 얼마나 어려운 것인지 보여주고 있다(https://insights.developer. mozilla.org/reports/mdn-browser-compatibility-report-2020.html).

이 보고서가 발견한 핵심 사항 중 하나는 이미 생명이 끝난 MS 인터넷 익스플로러Internet Explorer, IE 11을 포함하는 오래된 브라우저와의 호환성도 유지해야 한다는 것이다. 호환성 문제 다음은 CSS와 관련된 레이아웃 스타일링 문제와 반응형 웹의 뷰포트viewport, 스크롤과 관련된 반응형 레이아웃 및 UI 문제였다.

CSS와 관련된 레이아웃과 스타일링 문제는 CSS의 두 가지 설정, 즉 **플렉스박스**Flexbox와 **그리드** Grid 때문에 발생한다. 이 두 설정을 비교한 것이 웹사이트 https://www.geeksforgeeks.org/ comparison-between-css-grid-css-flexbox/이다.

이 설정은 UI 요소를 웹에 배치할 때 사용하는 것으로 화면 크기나 레이아웃, 플랫폼에 상관없이 UI 위치를 유지시켜준다. 위 사이트를 보면 <style> 블록 설정 방법과 HTML상에 어떻게 보여지는지 비교해서 확인할 수 있다. CSS 구현에 대해서는 자세히 다루지는 않지만, 이 설정이 개발자가 앱을 개발할 때 접하게 되는 문제 중 하나라는 것은 알아두어야 한다. CSS의 sticky(위치 속성) 및 애니메이션 그리드를 모든 브라우저에서 동일하게 유지하는 것이 어렵다는 것을 개발자들은 알고 있어야 한다.

CSS의 sticky 요소는 사용자가 페이지를 스크롤하는 동안 특정 요소가 웹페이지상에 고정되도록 할 때 사용한다. 헤더나 내비게이션 바 또는 다른 웹 요소들도 sticky를 설정해 항상 보이게 할 수 있다. 개발자에게 있어 편리한 기능이지만 웹과 모바일상의 모든 브라우저에 적용되는 것은 아니다.

웹 호환성 보고서에 언급된 또 다른 문제들 중에는 웹 성능 유지 문제, 모바일 사파리Safari 브라우저의 웹 앱 품질 문제, 그리고 1장에서 다룬 브라우저 호환성 테스트 방법론, 즉 PWA 문제 등이 있다.

그림 2.1은 설문 응답자들이 가장 힘든 것이 무엇인지 12가지 중 5개까지 고르게 한 결과를 보여주는 그래프다 즉, 각각의 응답자가 고른 5가지에 대한 평균을 낸 것으로 가장 상위에 있는 것이 IE 브라우

저와 레이아웃 및 스타일링이다.

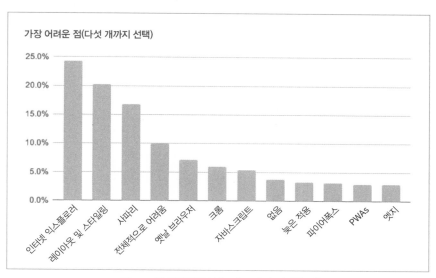

그림 2.1 **웹 개발자들이 느끼는 가장 어려운 점**[1]

자바스크립트는 웹 개발 시 가장 많이 사용되는 언어이지만, 개발자들이 겪는 어려운 문제 중 하나이기도 하다. 왜냐하면 **ECMAScript** 버전에 따라서 호환되지 않는 브라우저도 있으며, 특정 브라우저 버전에서만 문제가 되기도 해서 해당 브라우저 버전에 대한 대응책을 별도로 고민해야 한다.

NOTE ECMAScript: ECMAScript는 다양한 브라우저에서 웹페이지의 호환성을 유지하도록 하는 표준이다. 어떤 의미에서 자바스크립트는 ECMAScript 표준을 최초로 구현한 것이라 볼 수도 있다. 가장 최근에 나온 사양은 ECMAScript 2023이다(https://tc39.es/ecma262/). 웹 개발자는 구현 단계에서 이 표준을 사용해야 한다.

다음은 플랫폼 범위와 관련된 과제에 대해 살펴보도록 한다. 그리고 이 장 후반부에서 보안, 성능, 가용성, 접근성 등의 비기능성 과제에 대해서 알아보겠다.

2.1.1 품질 vs 속도

소프트웨어 개발 과정에서 늘 빠지지 않는 논쟁 거리가 배포 주기 속도와 품질 사이에 어떻게 균형을 맞추느냐이다. 그리고 이 논쟁 때문에 등장한 것이 애자일, 데브옵스, 지속적 테스트로, 이로 인해 배포 속도와 품질 사이의 균형을 맞추어 지속적으로 고객에게 가치를 전달할 수 있게 해준다. 요구되는 속도는 조직에 따라 다르며 애플리케이션의 복잡도 및 배포 범위, 배포 담당 팀의 성숙도에 따라

---

1 출처: MDN Web Doc, 모질라(https://insights.developer.mozilla.org/reports/mdn-browser-compatibility-report-2020.html)

달라진다. 즉, 다양한 요소가 배포 주기(속도)에 영향을 주는 것이다. 반면 앱의 품질은 무한대라고 할 수 있다. 코드를 줄 단위로 모두 테스트할 수 없을 뿐더러 모든 시나리오를 테스트할 수도 없기 때문이다. 따라서 품질 테스트에서는 리스크가 항상 존재한다는 것을 인지해야 한다. 애자일 소프트웨어 개발이 뛰어난 것은 속도와 배포 주기, 그리고 품질 기준 사이의 균형을 적절하게 맞추어 최종 사용자에게 안전한 결과물을 전달하기 때문이다. 테스트 자동화는 개발자가 확신을 갖고 코드 변경을 수행할 수 있도록 코드 퇴행regression이라는 관점에서도 전체적인 품질을 유지하게 해주므로 소프트웨어 개발 속도에 기여하는 핵심 요소라고 할 수 있다.

프로덕트 관리자나 엔지니어는 QA팀과 함께 소프트웨어 이터레이션iteration, 즉 '2주 단위'와 같은 개발 반복 주기를 정하며, 각 이터레이션을 계획할 때는 매우 신중해야 한다. 이때 테스트 자동화 개발과 실행을 위한 작업 시간을 할당해 배포 주기에 맞춤으로써 품질 목표가 최소한의 위험만 유지될 수 있도록 해야 한다.

2.2 웹 개발자들의 대상 플랫폼 선택 문제

개발자가 직면하는 또 다른 과제는 웹과 모바일 운영체제, 그리고 플랫폼에 걸쳐 있는 **개발 범위**다. 구글(https://chromestatus.com/roadmap)과 모질라(https://wiki.mozilla.org/Release_Management/Calendar)는 매달 **일반 공급**General Availability, GA 버전과 베타 버전을 시장에 공개한다. 그리고 이런 배포는 기존 웹 애플리케이션을 망가뜨리는 경우도 많으므로 새 버전이 앱과 호환되는지 늘 확인해야 한다. 오늘날에는 모바일 플랫폼 트래픽이 많으므로 웹 애플리케이션이 여러 iOS 장치와 안드로이드 장치, 그리고 여러 버전의 OS에서 실행되도록 지속적으로 품질을 관리하는 것이 중요하다.

그림 2.2는 2021년 6월부터 2022년 6월까지의 월별 브라우저의 시장 점유율을 보여준다.

구글 크롬이 가장 많이 사용되는 브라우저이지만 매달 배포되므로 문제가 발생할 가능성도 크다. 따라서 개발자와 테스터는 새롭게 출시되는 브라우저와 기능을 늘 주의 깊게 살펴보아야 한다. 큰 시장 점유율을 가지고 있는 애플 사파리 브라우저의 뒤를 이어서 비슷한 정도의 사용률을 가진 5, 6개의 브라우저가 나머지 시장을 점유하고 있다. 이것이 큰 문제로 오페라나 삼성 인터넷도 파이어폭스 및 엣지와 비슷한 시장 점유율을 가지고 있어 어느 정도의 주의가 필요하기 때문이다.

그림 2.3은 시장 점유율을 모바일 플랫폼으로 한정해서 보여주고 있다.[2]

---

2   출처는 앞의 그림과 동일한 스탯카운터이다. https://gs.statcounter.com/browser-market-share/mobile/worldwide

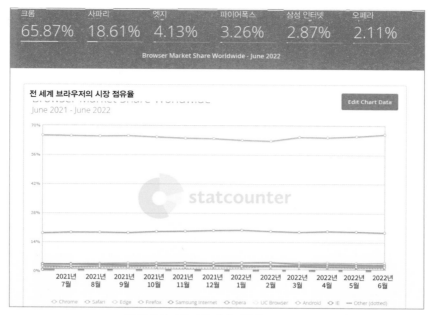

그림 2.2 **전 세계 브라우저의 시장 점유율. 모든 플랫폼 대상**[3]

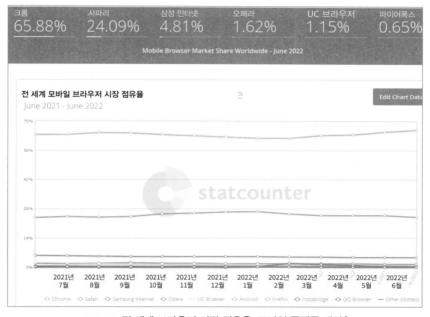

그림 2.3 **전 세계 브라우저 시장 점유율. 모바일 플랫폼 대상**[4]

---

3 출처: Statcounter GlobalStats, `https://gs.statcounter.com/browser-market-share`
4 출처: Statcounter GlobalStats, `https://gs.statcounter.com/browser-market-share/mobile/worldwide`

그림을 보면 구글 크롬이 선두이고 그 다음으로 사파리 웹키트와 삼성 인터넷 브라우저 순으로 점유율이 높은 것을 알 수 있다. 이런 브라우저의 호환성 외에도 안드로이드, 아이폰, 아이패드 등 다양한 장치들로 인해 발생할 수 있는 호환성 오류 등도 모바일 분야가 직면하고 있는 문제다.

스탯카운터StatCounter의 모바일 장치 제조사의 시장 점유율 분석(https://gs.statcounter.com/vendor-market-share/mobile) 결과에 따르면, 애플이 31%를 차지하고 있고 그 뒤를 삼성, 샤오미, 오포 등이 뒤따르고 있다. 이들 중 삼성과 같은 몇몇 제조사는 자사 브라우저를 제공하고 있으며, 이 외에도 크롬, 오페라, 파이어폭스, UC 브라우저 등도 제공한다.[5]

1장 '특정 브라우저에 종속되지 않는 테스트 방법론'에서 소개한 여러 유형의 웹 애플리케이션 중에 반응형 웹 앱을 선택하든 PWA 또는 표준 웹 앱을 선택하든, 다양한 웹 플랫폼과 모바일 장치에서 모두 문제 없이 실행돼야 한다.

이런 복잡한 환경에서 적어도 어느 플랫폼에 집중해야 할지 알기 위해서 정기적으로 웹 트래픽 분석 보고서를 생성해 확인하는 것이 좋다. 웹사이트에 접속하는 사용자가 어떤 사용자 에이전트와 플랫폼을 사용하고, 어느 나라 또는 어느 위치에서 접속하고 있는지 개발자나 테스터가 보고서를 확인할 수 있어야 한다. 지역에 따라서 모바일 및 웹 시장에 대한 다른 점유율을 보이는 것은 이미 알려진 사실로, 어떤 사용자가 웹사이트를 가장 많이 방문하는지 아는 것은 개발 및 테스트 최적화에 매우 중요하다.

그림 2.4와 같은 시장 분석 자료를 보면, 개발자 및 테스터가 나라별 모바일 플랫폼을 분류할 수 있어서 테스트 계획 시 도움이 된다.

표준 웹 및 모바일 플랫폼 외에도 최근에는 **폴더블**foldable이라는 새로운 유형의 모바일 장치가 나와 있다. 이런 장치는 두 가지 레이아웃, 즉 접었을 때와 폈을 때의 레이아웃을 가지며, 브라우저를 포함해서 세 가지 앱을 동시에 실행할 수 있다는 점에서 다른 장치들과 다르다. 따라서 웹 애플리케이션을 개발하고 테스트할 때는 이런 장치도 고려해야 한다. 최근 시장에 부는 또 다른 변화는 플러터Flutter라는 새로운 프레임워크다. 조직에 따라서 플러터 대신 리액트 네이티브React Native를 고려하는 경우도 있다. 플러터 앱은 단일 코드 기반을 사용해 모바일 장치와 PC 브라우저에서 실행되는 여러 바이너리를 생성할 수 있지만, **다트**Dart 언어를 사용해 개발해야 하며 구글이 개발한 고유한 아키텍처를 사용해야 하므로 개발자들이 익숙해지기까지 시간이 걸린다는 문제가 있다.

---

5 [옮긴이] 2023년 자료 기준을 반영하였다.

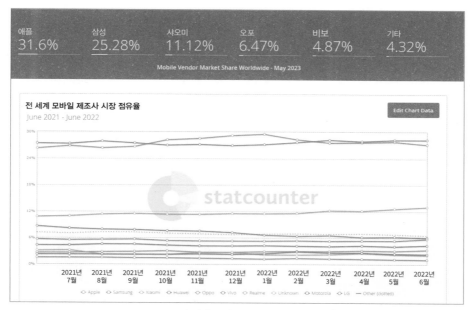

그림 2.4 **전 세계 모바일 제조사 시장 점유율**[6]

NOTE **플러터:** 플러터는 구글의 오픈소스 UI 프레임워크로 단일 코드 기반을 사용해 브라우저 종류에 상관없이 실행되는 앱을 만들 수 있다. 플러터 앱은 모바일 안드로이드와 iOS 바이너리, 그리고 윈도우 및 리눅스용으로 컴파일된다. 플러터 프레임워크는 재사용할 수 있는 다양한 UI 요소, 즉 슬라이더, 버튼, 텍스트 입력 등으로 구성된다. 개발자는 다트라는 프로그래밍 언어를 사용해 플러터 프레임워크 기반의 모바일 애플리케이션을 구축할 수 있다. 플러터 아키텍처는 다음 URL에서 확인할 수 있다.

- https://docs.flutter.dev/resources/architectural-overview

---

6 출처: Statcounter GlobalStats. https://gs.statcounter.com/vendor-market-share/mobile/worldwide/#monthly-202106-202206

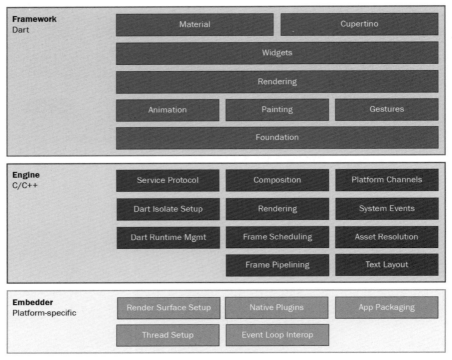

그림 2.5 **플러터 애플리케이션 아키텍처**[7]

앞서 언급한 과제들 외에도 1장에서 강조한 것처럼 뷰, 리액트, 엠버 등의 웹 개발 프레임워크 종류가 늘어나고 있음을 인지하고 있어야 한다. 개발자가 고민해야 할 또 다른 사항은 웹 애플리케이션을 장기적으로 관리하고 발전시킬 수 있는 프레임워크를 선택해야 한다는 것이다. 기술을 제대로 선택하려면 많은 것을 고려해야 한다.

이 장에서 다룬 문제점들을 정리해보면 다음과 같다.

- 오래된 브라우저 지원과 새롭게 유행하는 디지털 플랫폼과의 호환성
- 대상 웹 및 모바일 플랫폼 선별 전략
- 여러 브라우저 버전 및 OS 버전에 적용할 수 있는 스타일 및 레이아웃(CSS 애니메이션 그리드)
- 자바스크립트 및 ECMAScript 브라우저의 호환성
- PWA 및 플러터와 같은 새로운 유형의 웹 애플리케이션이 갖고 있는 복잡성
- 적합한 웹 개발 프레임워크 선택하기

---

7 출처: Flutter.dev 웹사이트

여기까지 기능성 측면의 과제에 대해 살펴보았다. 다음은 웹 개발자들이 직면하고 있는 비기능성 과제에 대해 살펴보도록 하겠다.

2.3 웹 애플리케이션 개발 시 비기능성 문제

웹 개발자는 지금까지 언급한 문제들 외에도 애플리케이션을 항상 높은 성능과 사용 가능한 상태로 유지해야 한다. 또한, 복잡한 접근성 요건을 100% 만족해야 한다. 이 절에서는 웹 애플리케이션에 요구되는 성능과 접근성에 대해 살펴보도록 한다.

2.3.1 성능 문제

수년 동안 업계에서는 모바일이든 PC 브라우저든 웹 애플리케이션을 시작하는 데 3초 이상 걸리면 고객이 다른 웹사이트로 떠난다는 가설이 있다. **라임라이트 네트웍스**Limelight networks가 연구하고 브로드콤Broadcom이 공개한 온라인 문서에는 웹 애플리케이션 사용자가 견딜 수 있는 시간 범위를 보여주고 있다(https://docs.broadcom.com/doc/its-all-about-the-user-experience). 대부분의 사용자는 웹사이트가 보여지기까지 3~5초 이상 기다리길 원하지 않는다. 즉, 이 시간 범위를 초과한다면 사용자는 다른 대체 웹사이트로 이동한다는 의미다.

증가하는 부하와 사용률에 대응할 수 있는 높은 성능의 앱을 만드는 것은 개발자에게 있어 큰 도전 과제다. 개발자는 성능과 가용성을 애플리케이션 설계 과정에 반영해야 하며, 웹 애플리케이션상의 모든 페이지가 빠른 속도로 로딩되도록 최적화 방법을 생각해야 한다. 그리고 이런 최적화 및 설계는 서로 다른 지역 및 네트워크 환경상에서 실행되는 다양한 플랫폼을 고려해야 하며, 최고 사용률 및 기본 사용률도 비교해야 한다. 기업은 데이터 기반의 전략을 바탕으로, 가장 많이 열람했고 다운로드한 콘텐츠를 최상단에 노출해서 **사용자 및 고객 경험**user and customer experience, UX/CX을 개선해야 한다.

이제 성능 테스트와 부하/스트레스 테스트는 하면 좋지만 안 해도 된다거나, 소프트웨어 개발 스프린트에서 제일 마지막에 하는 작업이 아니다. 오히려 스프린트 초기에 실시해야shift-left 하는 작업이다. 서로 동의한 벤치마크나 **주요 성능 지표**key performance indicator, KPI를 기준으로 병목 지점과 성능 문제를 찾아내야 하지만, 이것을 개발 주기의 후반부에 하는 것은 위험성이 높으며 비용도 많이 드는 접근이다. 성능 문제의 근본적인 이유를 찾아서 고치는 것은 개발자에게 있어 시간이 많이 걸리는 작업이다. 따라서 이런 종류의 테스트는 다른 기능성 테스트처럼 중요한 작업으로 간주돼야 한다.

개발자들은 CI와 **지속적 배포**continuous deployment, CD 파이프라인과 완벽하게 결합되는 다양한 성능 테스트 툴을 사용할 수 있으며 이를 통해 정기적으로 애플리케이션의 성능을 확인하고 향상시킬 수 있다. 또한 구글, 마이크로소프트, 모질라, 애플 등의 웹 브라우저 제조사는 브라우저에 개발자 도구를 기본 탑재해서 성능뿐만 아니라 모니터링, 접근성, PWA 규칙 등을 확인할 수 있게 해준다.

2.3.2 접근성 문제

조직과 실무자는 접근성이 비기능성 요건이 아니라 항상 앱이 가진 기능의 일부라고 논쟁하려 할 수도 있다. 접근성 테스트를 어떤 유형의 테스트로 구분하든 상관없이, 마치 성능 테스트와 같은 이런 테스트는 소프트웨어 스프린트의 일부로 포함돼야 하며, 가능한 한 개발 초기 단계에 자동화해야 한다. 웹과 모바일의 접근성은 선택 사항이 아니라 핵심 요건으로 잘못되면 막대한 벌금이 부과될 수도 있으며, 사업 전반에 나쁜 영향을 줄 수도 있다.

미국 장애인법에 따르면(https://getadaaccessible.com/ada-compliance-law-and-penalties/), 접근성(WCAG 규칙, 또는 508)을 불이행할 경우 55,000달러(약 7천만 원), 여기에 추가로 다른 접근성 규칙을 위반하면 2배인 110,000달러(약 1억4천만 원)까지 벌금이 부과된다.

[NOTE] 웹 콘텐츠 접근성 가이드라인(WCAG): WCAG는 장애인이 좀 더 수월하게 웹사이트를 사용할 수 있도록 해주는 권고 사항을 담고 있다. W3C를 바탕으로 하고 있으며 지속적으로 업데이트 및 관리되고 있다. 여기에 담긴 규칙들은 전문적인 지식이 없는 사람을 대상으로 하며, 시각장애, 청각장애, 인지장애 등이 있는 사용자가 아무 문제 없이 웹사이트의 콘텐츠를 사용할 수 있도록 만들어졌다.[8]

WCAG(https://www.w3.org/TR/WCAG21/) 기관은 웹 접근성 관련 요건을 정의하고 지속적으로 업데이트하고 있다. 이를 통해 어떤 장애를 가진 사람이라도 웹 애플리케이션 콘텐츠를 아무런 문제없이 사용할 수 있도록 하고 있다. 또한, 애플리케이션이 플랫폼에 상관없이 동일한 가치를 모든 사용자에게 제공하도록 한다. 개발자는 새로운 필드나 요소를 애플리케이션에 추가할 때마다 접근성이 유지되어야 한다는 것을 늘 명심해야 한다. 즉, 접근성 ID, 툴팁, 화면 읽기를 위한 음성 변환 기능 등 가능한 한 많은 요건을 만족해야 한다. 이런 접근성 요건을 지키기 위해서는 프로덕트 관리자, 연구개발 매니저, 업무 당당자가 스프린트 내에서 일정 시간을 할애해 개발자로 하여금 관련 기능을 구현하고 가이드라인을 준수하도록 하는 것이 중요하다.

한편 소프트웨어 테스터는 자동화된 툴과 다양한 기술을 사용해서 지속적으로 웹 애플리케이션의 접근성을 테스트해야 한다. 접근성을 자동으로 쉽게 테스트해주는 여러 툴이 있으며 그중 하나가 구글 크롬이 내장하고 있는 라이트하우스Lighthouse다. 그림 2.6은 https://msn.com을 대상으로 라이트

---

8 [옮긴이] 우리나라도 WCAG를 바탕으로 한 KWCAG를 정하고 있다. 참고로 우리나라의 경우 장애인차별금지법을 통해 웹 접근성을 규정하고 있으며, 법인이 웹 접근성을 준수하지 않으면 3천만 원 이하의 벌금, 또는 3년 이하 징역에 처할 수 있다.

하우스를 실행한 예를 보여주고 있다. 배경 색상과 앞 화면 색상의 명암 대비가 부족해서 시각 장애가 있는 사용자가 웹사이트의 모든 이미지를 볼 수 없다는 것을 알려주고 있다.

그림 2.6 msn.com 웹사이트를 대상으로 한 구글 라이트하우스의 접근성 스캔

디큐Deque가 개발한 오픈소스인 **엑스**axe(https://www.deque.com/axe/) 프레임워크를 사용하면 웹 접근성 테스트를 무료로 사용할 수 있다. 이 툴을 W3C 셀레늄 프레임워크와 같이 사용하면 기능성 및 접근성을 모두 테스트할 수 있다. 엑스 플러그인은 사이프러스 플러그인 스토어에 등록돼 있으며 이를 사용해서 웹의 기능성 및 접근성을 모두 검증할 수 있는 자바스크립트 테스트 코드를 작성할 수도 있다. 이 책의 후반부에서 셀레늄과 사이프러스가 이 장에서 강조한 문제들을 어떻게 검증할 수 있도록 도와주는지 살펴보도록 한다.

개발자가 테스트 과정에서 직면하는 비기능성 문제들에 대해 살펴보았다. 다음은 규정compliance 문제다.

2.4 웹 애플리케이션의 규정 문제

데이터 침해나 사이버 보안 문제는 웹 및 모바일 애플리케이션 개발자가 직면하는 가장 큰 문제다. 데이터 침해 및 취약성으로부터 웹 애플리케이션을 보호하느냐 못하느냐가 사업의 성공과 실패 여부를 좌우하는 잣대가 되기도 한다. 데이터 침해 및 보안은 언제든지 발생할 수 있는 위험으로 웹 개발자는 초기에 앱 기능성에 대한 보안성을 높여야 한다. 이때 사용하는 것이 **정적 애플리케이션 보안 테스트**Static Application Security Testing, SAST와 **동적 애플리케이션 보안 테스트**Dynamic Application Security Testing, DAST이며 이를 통해 코드의 보안성을 지속적으로 관리할 수 있다.

SAST: SAST는 애플리케이션 소스 코드 및 바이트 코드, 바이너리를 검사하고 분석하는 방법으로 코딩 및 설계에 보안 취약성이 없는지 찾기 위한 것이다. DAST와 달리 SAST는 **화이트박스** 테스트라고도 하는데, 애플리케이션이 실행되지 않은 상태에서 소스 코드를 스캔한다.

DAST: DAST는 **블랙박스** 테스트라고 한다. 컴파일이 완료된 실행 상태의 애플리케이션 코드를 스캔한다. 내부에서 외부 방향의 코드를 테스트하는 SAST, 즉 내부 구조를 알고 있다는 전제와 달리 DAST는 외부에서 내부를 테스트하는 방법이다. 즉, 내부 상태를 블랙박스처럼 모른다는 전제로 테스트한다. DAST 스캔을 실행하려면 개발자가 애플리케이션 컴파일이 완료된 실행 상태로 만들어 둘 필요가 있다.

SAST와 DAST 중 어느 한쪽이 좋거나 나쁘다는 의미는 아니다. 둘 다 소프트웨어 개발 주기의 각기 다른 단계에서 중요한 역할을 하며 다른 가치를 부여한다. 개발자는 정적, 동적 코드 분석 툴을 어느 때보다 적극적으로 도입하고 있으며 웹 앱 전체를 스캔해서 높은 수준의 보안 표준 및 기업 내부 통제(컴플라이언스)를 유지하려고 노력하고 있다.[9]

구글은 데이터 침해에 대한 제한을 강화하고 있으며 GDPR(유럽의 데이터 보호 규정) 요건이 유럽과 북아메리카에서 더 엄격해지고 있다. 개발자는 산업 분야마다 다르게 적용되고 있는 데이터 침해 및 보안 관련된 여러 위험과 규칙을 이해하고 있어야 한다. 예를 들어 헬스케어 분야의 웹 애플리케이션이라면 미국에서는 **건강보험 개인정보 관련 법**Health Insurance Portability and Accountability Act, HIPAA을 따라야 하며, 금융 분야와 지불 관련 웹 애플리케이션이라면 신용카드 데이터 보안 표준Payment Card Industry Data Security Standard, PCI DSS을 따라야 한다.

포레스터forrester 보고서에 따르면(https://www.forrester.com/report/Using-AI-For-Evil/RES143162), 이제 사이버 공격이 AI를 이용해 더 정교한 방법으로 기업을 공격하고 더 큰 영향을 줄 것이라고 보고 있다. 또한, 5G와 사물인터넷IoT이 발달하면서 더 많은 데이터 스트리밍 서비스가 **애플 카플레이**나 **안드로이드 오토**와 같은 자동차 시스템 및 장치들에 의해 사용되고 있다. 이러한 높은 빅데이터 사용과 노출은 기업의 큰 위험 요인이 되고 있다.

개발자와 테스터는 코딩 표준을 정하고 정적 및 동적 코드 분석을 초기 단계에 진행해야 한다. 일반적인 보안 취약성 목록Common Weakness Enumeration, CWE이나 **오픈 웹 애플리케이션 보안 프로젝트**Open Web Application Security Project, OWSASP(https://owasp.org/www-project-top-ten/), 그리고 앞서 언급한 특정 시장에 특화된 보안 규정 등 다양한 보안 규정이 존재하며 이들은 CI/CD 파이프라인과 통합해서 실행돼야 한다.

---

9   올긴이 참고로 역자의 직장에서도 전사적으로 코드 스캔 툴을 도입하고 있다. 모든 애플리케이션 코드가 스캔 대상이며, 스캔을 통해 발견된 보안 취약성을 연말까지 수정하도록 안내하고 있다. 또한, 외부 클라이언트의 경우는 이런 툴이 설치돼 있을 것과 주기적으로 상태를 보고하도록 강제하는 경우도 있다.

그림 2.7은 보안 취약성 동향을 정리한 것으로 시간의 흐름에 따라 애플리케이션의 보안 문제가 달라지고 있는 것을 볼 수 있다.

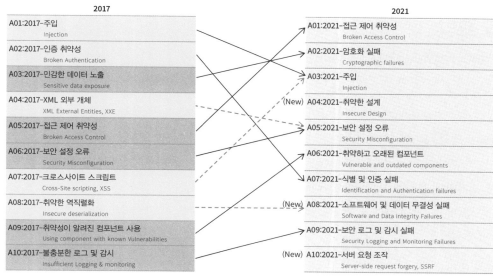

그림 2.7 **OWASP 상위 10 보안 취약점**[10]

이 그림에서 볼 수 있듯이 접근 제어 취약성이 5위에서 1위로 올라섰다. 이런 변화는 애플리케이션 전반에 걸쳐 실제 산업에서 발생하는 사고 수에 근거한 것이다. 사고 수가 많을수록 높은 위험을 가지므로 목록 상단에 위치하는 것이다. **접근 제어 취약성**은 **CWE**의 보안 규칙에도 있는 것으로 보안 테스트 시 확인해야 하는 항목이다. CWE 보안 규칙에는 접근 취약성을 일으키는 여러 사항이 담겨 있다. OWASP 문서에 따르면 공격자가 URL을 수정하도록 허용해서 접근 제어를 우회하거나, 다른 사람의 계정을 확인 및 수정할 수 있도록 허용할 수도 있으며, 또는 로그인하지 않고 특정 사용자로 활동하게 해서 권한을 높이는 등 취약한 접근 제어 문제를 초래할 수 있다.

따라서 웹 애플리케이션 모델의 접근 제어 기능으로 데이터 레코드의 소유권을 강화하거나 웹 서버 디렉터리의 목록 기능을 비활성화해서 파일 메타 데이터나 백업 파일이 웹 루트에 존재하지 않게 해야 한다.

보안, 데이터 침해, 그리고 규정은 큰 도전 과제이자 사업 위험 요소로, 웹 개발자의 목표 및 계획에 포함돼야 한다. 앞서 본 것처럼 보안 위협은 동적이며 분야마다 다르다. 따라서 보안 문제와 관련

---

10 https://owasp.org/www-project-top-ten/

된 취약성을 줄일 수 있도록 개발자를 훈련하고 **시큐어 코드 워리어**Secure Code Warrior(https://www.securecodewarrior.com/) 같은 온라인 교육 툴을 제공하는 것이 매우 중요하다.

2.5 요약

오늘날의 프런트엔드 개발자는 능숙한 자바스크립트 개발 능력뿐만 아니라 웹 애플리케이션이 높은 성능과 보안성을 유지하도록 하기 위해 다양한 분야를 알고 있어야 한다.

이 장에서는 개발자가 직면하는 다양한 문제를 다뤘으며 이 문제들을 단지 인식하는 것이 아니라 소프트웨어 개발 주기의 일부가 되도록 계획하는 것이 중요하다. 이를 위해 먼저 성공하는 웹 애플리케이션을 개발함에 있어 중요한 기능성 문제를 다뤘다. 여기에는 브라우저 호환성과 CSS와 같은 레이아웃, 스타일링 문제가 포함된다. 그리고 비기능성 문제로 넘어가기 전에 자바스크립트 코딩 문제를 다뤘다. 비기능성 문제에는 성능, 접근성, 보안성 등이 포함되며, 웹 개발자는 이런 문제들과 매일 사투해야 한다.

이 장에서 다룬 모든 문제들은 지금 현 시점의 문제라는 것을 기억하자. 보안 위험과 접근성 요건, 그리고 새로운 브라우저와 모바일 플랫폼상의 기능성 문제는 계속 바뀌고 있다. 지속적으로 품질 계획에 이런 문제들을 포함시켜서 애플리케이션의 기능성, 성능, 보안성을 유지해야 한다.

웹 애플리케이션용 품질 계획을 세울 때는 개발자, 테스터, 프로덕트 관리자가 함께 작업해야 하며, 이 장의 초반부에 다룬 모든 사항들이 잘 반영돼 있는지, 그리고 전담 담당자가 있는지 확인하는 것이 중요하다.

다음 장부터는 특정 브라우저에 종속되지 않는 테스트 자동화 프레임워크에 대해 다루기 시작한다. 현재 시장을 주도하고 있는 셀레늄, 사이프러스, 퍼피티어, 플레이라이트가 그 대상이다.

대표적인 테스트 자동화 프레임워크

테스트 자동화 프레임워크와 관련해서 프런트엔드 개발자가 선택할 수 있는 폭은 매우 넓다. 오픈소스 커뮤니티는 기존 기술을 활용하거나 혁신하는 방법으로 테스트 프레임워크를 자동화하고 있으며 이를 통해 테스트 범위를 확장시켜 심도 있는 테스트를 실현하고 있다.

이 장에서는 시장을 선도하고 있는 4개의 주요 오픈소스 프레임워크를 다루며 각각의 사용법도 간단히 살펴보도록 한다. 애플리케이션 코드를 테스트할 수 있는 툴이 다양하므로, 웹 개발자는 주요 프레임워크의 아키텍처와 기본을 이해하고 상황에 맞는 툴을 선택하는 것이 중요하다.

이 장을 읽고 나면 4개의 자바스크립트 기반 오픈소스 테스트 프레임워크의 사용법을 이해하고 기본적인 테스트 시나리오를 웹 브라우저에서 실행할 수 있게 될 것이다.

이 장에서 다루는 주제는 다음과 같다.

- 웹 테스트 시장의 개요
- 셀레늄 프레임워크 시작하기
- 사이프러스 프레임워크 시작하기
- 구글 퍼피티어 프레임워크 시작하기
- 마이크로소프트 플레이라이트 프레임워크 시작하기

3.1 웹 테스트 시장의 개요

웹 테스트 시장은 지속적으로 변하고 있으며 기존 프레임워크의 새로운 버전이 새로운 기술을 기반으로 개발되고 있다. 어떤 오픈소스 기술이 유행하고 있으며 어떤 기술이 하락기에 있는지, 그리고 얼마나 큰 커뮤니티가 형성돼 있는지 알고 싶다면 npm 동향 웹사이트를 보면 된다(https://npmtrends.com/site). 자바스크립트를 지원하는 4개의 주요 테스트 프레임워크를 확인해보면 사이프러스가 선두에 있는 것을 알 수 있다(2022년 8월 시점). 사이프러스는 주간 약 4백만 회 다운로드됐으며, **셀레늄 웹드라이버**Selenium WebDriver는 약 2백5십만 회 다운로드됐다. 주의할 것은 이 자료가 자바스크립트용 프레임워크만 비교하고 있다는 것이다. 셀레늄이나 플레이라이트는 다른 언어도 지원하므로 시장 점유율과 다운로드 횟수가 더 높게 나올 수도 있다. 하지만 여기서는 자바스크립트 테스트에만 집중하도록 하겠다.

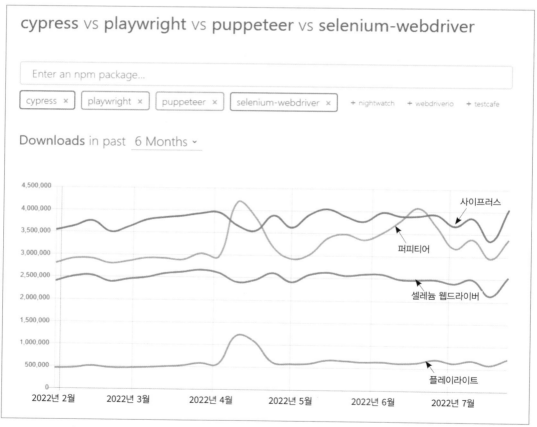

그림 3.1 **npm 동향 웹사이트의 프레임워크 비교. 사이프러스, 플레이라이트, 퍼피티어, 셀레늄**[1]

---

1   https://npmtrends.com/cypress-vs-playwright-vs-puppeteer-vs-selenium-webdriver

프레임워크를 결정할 때 단순히 다운로드 수만 보는 것이 아니라 각 리포지터리의 평가(별표 수), 최종 수정 날짜, 버전 수 등도 참고하는 것이 좋다. 또한 프런트엔드 개발자가 사용할 프레임워크를 결정할 때 단순히 깃허브 상태나 다운로드 수만 보는 것은 아니지만, 이런 정보를 통해 커뮤니티가 어느 정도 성숙됐는지, 그리고 어느 정도 시장이 형성됐는지 알 수 있다. 이런 통계적 정보를 바탕으로 기술 검증Proof of Concept, PoC을 실시해서 요구사항에 맞는 최적의 기술을 선택해야 한다. 7장 '주요 자바 스크립트 기반 테스트 자동화 프레임워크의 핵심 기능'에서 주요 프레임워크를 좀 더 자세히 비교해 보고 상황에 맞는 프레임워크 선택 방법에 대해 살펴보도록 한다.

앞의 통계 정보를 포함해서 이 책에서는 4개의 주요 프레임워크만 다루지만, 시장에는 테스트 용도의 수많은 오픈소스 프레임워크와 상용 툴로 넘쳐나고 있다. 예를 들어 웹드라이버IOWebdriverIO, 테스트카페TestCafe, 나이트워치NightWatch.js 등이 특정 브라우저에 종속되지 않는 테스트 툴이지만 이 책에서는 다루지 않는다.

글렙Gleb Bahmutov이 그의 블로그를 통해 공개한 4가지 프레임워크의 분류를 보면 각 기술이 어떻게 다른지 이해하는 것이 중요한 이유를 알 수 있다(https://glebbahmutov.com/blog/cypress-vs-other-test-runners/).

셀레늄 프레임워크는 웹드라이버 프로토콜을 기반으로 개발됐으며 브라우저 호환 테스트 범위가 넓고 다양한 언어를 지원한다. 하지만 사이프러스에 비해 신뢰도가 떨어지고 테스트 실행 속도도 느리다. 반면 **플레이라이트**와 **퍼피티어**는 **크롬 개발자 도구 프로토콜**Chrome DevTools(or Debugger) Protocol, CDP을 기반으로 하고 있어서 브라우저의 내부 기능을 폭넓게 사용할 수 있고 디버그 기능이 우수하다는 장점이 있다. 사이프러스는 브라우저에서 실행되는 자바스크립트 프레임워크라는 점에서 다른 툴과 다른 아키텍처를 가지고 있다. 따라서 실행 속도가 매우 빠르며 **문서 객체 모델**Document Object Model, DOM 접근을 포함한 디버그 기능이 우수하다. 사이프러스는 테스트 안정성과 정확성으로 유명하며 프레임워크 자체에서 일관성 테스트flakiness test 기능을 지원하다.

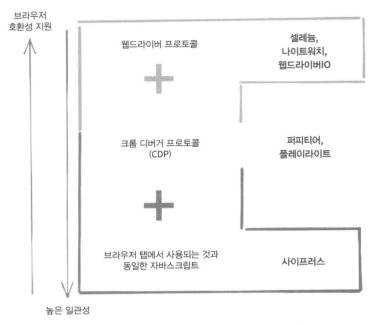

브라우저
호환성 지원

웹드라이버 프로토콜

＋

셀레늄,
나이트워치,
웹드라이버IO

크롬 디버거 프로토콜
(CDP)

퍼피티어,
플레이라이트

＋

브라우저 탭에서 사용되는 것과
동일한 자바스크립트

사이프러스

높은 일관성

그림 3.2 **포괄적인 브라우저 테스트 프레임워크의 분류**[2]

웹 테스트 시장을 개략적으로 분류해보고 각 프레임워크의 아키텍처까지 살펴보았다. 여기서부터는 각 프레임워크를 좀 더 자세히 들여다보고 설치 및 실행 방법에 대해 알아보도록 한다.

3.2 셀레늄 프레임워크 시작하기

셀레늄을 시작하려면 몇 가지 필요한 것이 있다. 프레임워크를 설치해야 하고 테스트를 실행할 브라우저들, 즉 크롬, 파이어폭스, 사파리, 엣지 등의 그리드grid를 설정해야 한다.

셀레늄을 시작하거나 배울 때 주로 사용하게 될 웹사이트가 https://www.selenium.dev/이다. 이 링크를 통해서 관련 드라이버를 다운로드하거나 최신 배포 기록, 문서, 예제 코드 등을 얻을 수 있다. 이 장뿐만 아니라 이 책의 후반부에서도 다루어지는 셀레늄은 다음 컴포넌트로 구성돼 있다.

- **셀레늄 웹드라이버**: 테스트를 위해 다양한 브라우저들을 연동할 때 사용하는 라이브러리 집합이다. 개별 브라우저를 제어하기 위한 코드도 포함돼 있다.
- **셀레늄 그리드**: 여러 종류의 브라우저와 OS 버전을 대상으로 다수의 테스트를 동시에 실행해서 테스트 자동화를 배포하고 확장하는 컴포넌트다.

---

2   출처: 글렙의 블로그. https://glebbahmutov.com/blog/cypress-vs-other-test-runners/

- **셀레늄 IDE**: 브라우저 플러그인을 기반으로 사용자 조작을 기록해 초기 셀레늄 스크립트를 빠르게 생성한다. 코드를 수작업으로 작성하지 않아도 된다.

이 장에서는 셀레늄 웹드라이버와 셀레늄 그리드만 다룬다. 셀레늄 IDE는 초보자를 위한 보급형 브라우저 플러그인으로 한 줄의 코드 작성 없이도 초기 버전의 셀레늄 스크립트를 생성해준다. 스크립트가 생성된 후에는 자신의 IDE(또는 편집기)로 복사해서 수정하거나 보완해서 사용하는 방식이다.

3.2.1 셀레늄 웹드라이브 설치하기

셀레늄 라이브러리를 설치하려면 PC **명령줄**command-line interface(이후 CLI)에서 다음 명령을 실행하면 된다.[3]

```
npm install selenium-webdriver
```

셀레늄 웹드라이버는 W3C 테스트 기술을 사용하고 있어서 W3C 표준을 기반으로 효율적인 네이티브 브라우저를 실행한다. 이를 통해 모든 스크립트를 다양한 브라우저에서 동일한 방식으로 실행할 수 있다.

그림 3.3은 셀레늄 웹사이트에서 제공하는 아키텍처(https://www.selenium.dev/documentation/overview/components/)이다. 웹드라이버 기술에 기반한 테스트 프레임워크가 특정 브라우저의 드라이버, 즉 크롬이나 파이어폭스 드라이버 등을 사용하는 셀레늄 서버를 통해 테스트한다.

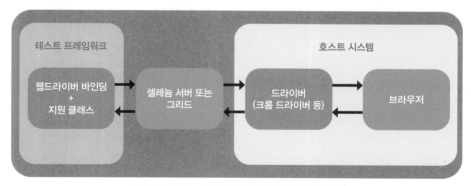

그림 3.3 **셀레늄 웹드라이버 컴포넌트와 아키텍처**[4]

---

3 [옮긴이] 윈도우에서는 명령 프롬프트, 맥OS에서는 터미널을 열어서 실행하면 된다.

4 출처: selenium.dev

이것으로 셀레늄 프레임워크가 로컬 PC에 설치됐다. 다음 단계로 넘어가보자.

관심 있는 브라우저의 웹드라이버를 다운로드해보자. 예를 들면 다음 웹사이트에서 크롬 드라이버를 다운로드할 수 있다.

- https://www.selenium.dev/documentation/webdriver/getting_started/install_drivers/

다운로드한 후 압축을 풀어서 원하는 곳에 복사해두면 된다. 드라이버가 있는 곳의 경로를 PATH로 지정해 CLI에서 쉽게 실행할 수 있게 해두자.

```
Setx PATH "%PATH";c:\users\ekinsbruner\WebDriver\bin"5
```

이것으로 셀레늄 패키지와 브라우저 드라이버 설치를 끝냈다. 다음은 자바스크립트로 작성된 첫 테스트를 만들어보고, 하나 이상의 브라우저를 그리드를 통해 실행할 수 있도록 프로젝트를 확장해보겠다.

윈도우의 명령줄에서 구글 크롬 드라이버를 실행해보자.

```
chromedriver
```

다음과 같은 메시지를 볼 수 있다.

```
"Starting ChromeDriver 104.0.5112.79 on port 9515"
```

버전 번호는 앞의 URL에서 다운로드한 버전에 따라 다르게 표시된다.

크롬 드라이버가 실행되었으니 자바스크립트 셀레늄 시나리오를 원하는 편집기에서 작성해 실행해보자. 비주얼 스튜디오 코드Visual Studio Code나 이클립스Eclipse, 인텔리제이 아이디어IntelliJ Idea 등을 사용하거나 단순한 명령줄 툴을 사용해도 괜찮다. 참고로 PC에 **Node.js**가 설치돼 있어야 한다. 필자는 다음 코드를 GoogleSelenium.js라는 파일로 저장했다.

---

5   옮긴이 예를 들어 C:\code에 복사했다면 명령줄상에서 다음과 같이 실행하면 된다.
     Setx PATH "%PATH";c:\code "

```
const {By,Key,Builder} = require("selenium-webdriver");
require("chromedriver");

async function example(){

    var searchString = "packt publishing";

    //브라우저가 빌드하고 실행될 때까지 대기한다.
    let driver = await new Builder().forBrowser("chrome").build();

    //브라우저에서 http://google.com 사이트를 연다.
    await driver.get("http://google.com");

    //searchString의 값을 전달해서 검색 쿼리를 보낸다.
    await driver.findElement(By.name("q")).sendKeys(searchString,Key.RETURN);

    //페이지 제목을 확인하고 출력한다
    var title = await driver.getTitle();
    console.log('Title is:',title);

    //실행 후에는 항상 브라우저를 닫는 것이 안전하다.
    await driver.quit();

}

example()
```

이 테스트는 크롬 브라우저를 열어서 팩트Packt 출판사를 검색하는 것으로 다음과 같이 간단한 명령을 사용해서 실행할 수 있다.[6]

```
node GoogleSelenium.js
```

제대로 설정했다면 크롬 브라우저가 실행되면서 테스트가 진행되는 것을 볼 수 있다. 메시지 마지막 부분에 다음과 같은 결과가 CLI에 출력된다.

6　옮긴이 크롬 브라우저가 설치된 경우 브라우저 버전과 드라이버 버전이 일치해야 한다. 예를 들어 드라이버가 104이고 브라우저가 103이면 브라우저를 104로 업데이트해야 한다.

```
C:\Users\ekinsbruner\WebDriver>node GoogleSelenium.js

DevTools listening on ws://127.0.0.1:65288/devtools/browser/d36984d8-3089-4f53-989e-20d407458170
Packt | Programming Books, eBooks & Videos for Developers
```

그림 3.4 **자바스크립트를 사용한 첫 셀레늄 테스트**

드라이버가 설치되어 있다면 **모질라 게코드라이버**Mozilla geckodriver를 대상으로 동일한 테스트를 실행할 수 있다.

> **NOTE** Node.js: 위키피디아에 따르면(https://ko.wikipedia.org/wiki/Node.js), Node.js는 오픈소스 백엔드 자바스크립트 런타임 환경으로 다양한 플랫폼을 사용할 수 있으며 자바스크립트 코드를 웹 브라우저 밖에서 실행시킨다. 앞의 예에서도 자바스크립트로 작성된 셀레늄 코드를 브라우저가 아닌 CLI에서 node 명령을 사용해 실행하고 있다.

3.2.2 셀레늄 그리드 실행하기

앞의 코드를 확장해서 셀레늄 그리드를 실행해보도록 하겠다. 그리드 옵션은 단독으로 설정하거나 노드의 허브로 설정할 수 있다. 먼저 단독으로 실행하는 방법이다. 셀레늄 로컬 그리드의 기본 설정에서는 셀레늄 서버가 http://localhost:4444에서 실행되며 개발자가 다운로드한 드라이버의 PATH 위치를 자동으로 인식한다.

selenium-server JAR 파일을 셀레늄 웹사이트에서 다운로드한 후 다음 명령을 통해 서버를 실행할 수 있다.[7]

```
java -jar selenium-server-4.3.0.jar standalone
```

위 명령을 실행하기 전에 테스트하고자 하는 드라이버, 즉 크롬, 게코, 엣지 등이 백그라운드에서 실행되고 있어야 하며, 자바Java가 설치돼 있어야 한다.

성공적으로 실행했다면 다음과 같은 메시지를 CLI에서 볼 수 있다.

```
C:\Users\ekinsbruner>java -jar WebDriver\bin\selenium-server-4.1.0.jar standalone
11:51:32.906 INFO [LoggingOptions.configureLogEncoding] - Using the system default encoding
11:51:32.909 INFO [OpenTelemetryTracer.createTracer] - Using OpenTelemetry for tracing
11:51:34.116 INFO [NodeOptions.getSessionFactories] - Detected 12 available processors
11:51:34.147 INFO [NodeOptions.discoverDrivers] - Discovered 2 driver(s)
11:51:34.162 INFO [NodeOptions.report] - Adding Chrome for {"browserName": "chrome"} 12 times
11:51:34.163 INFO [NodeOptions.report] - Adding Firefox for {"browserName": "firefox"} 12 times
11:51:34.306 INFO [Node.<init>] - Binding additional locator mechanisms: name, id, relative
11:51:34.317 INFO [LocalDistributor.add] - Added node 2d300760-7c2a-4f6a-8cf2-c530e49290ef at http://192.168.1.157:4444. Health check every 120s
11:51:34.317 INFO [GridModel.setAvailability] - Switching node 2d300760-7c2a-4f6a-8cf2-c530e49290ef (uri: http://192.168.1.157:4444) from DOWN to UP
11:51:34.801 INFO [Standalone.execute] - Started Selenium Standalone 4.1.0 (revision 87802e897b): http://192.168.1.157:4444
```

그림 3.5 **셀레늄 그리드 명령줄 실행 결과**

7　[옮긴이] 다운로드한 jar 파일이 있는 곳에서 실행하자.

그리드 명령이 필요한 로컬 드라이버와 함께 성공적으로 실행된 경우, 브라우저로 `localhost:4444`
에 접속하면 다음과 같은 결과를 볼 수 있다.

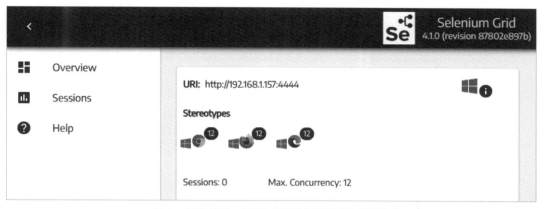

그림 3.6 **로컬 셀레늄 그리드 실행을 브라우저로 확인하기**

브라우저의 **그리드**를 대상으로 코드를 실행하려면 앞의 코드를 수정해서 웹드라이버 URL이 호스트
되고 있는 셀레늄 그리드를 가리키게 해야 한다.

```
let driver = await new Builder()
    .forBrowser("chrome")
    .usingServer("http://localhost:4444/wd/hub")
    .build();
```

그리드를 대상 드라이버로 지정해서 테스트를 다시 실행하면 그림 3.6에 있는 것처럼 해당 그리드에
등록된 브라우저를 대상으로 테스트가 실행된다.

개발자는 더 큰 그리드를 구성해 다수의 셀레늄 테스트(W3C에 근거한)를 동시에 실행하도록 쉽게 설
정할 수 있다(https://w3c.github.io/webdriver/). 또한, 셀레늄은 다양한 기능을 제공하므로 여러 환
경과 복잡한 설정을 고려해서 테스트를 실행하는 것도 가능하다. 지원하는 드라이버 기능을 확인하
고 싶다면 다음 URL을 참고하자.

- https://www.selenium.dev/documentation/webdriver/browsers/

다음은 W3C 문서에서 발췌한 표로 특정 브라우저의 특정 버전을 실행하기 위해서 셀레늄이 사용하
는 웹드라이버의 일반적인 기능을 정리한 것이다(https://w3c.github.io/webdriver/#capabilities).

기능	키	값 유형	설명
브라우저 명칭	browserName	문자열	사용자 에이전트 식별
브라우저 버전	browserVersion	문자열	사용자 에이전트 버전 식별
플랫폼 명칭	platformName	문자열	엔드포인트 노드의 운영체제 식별
위험한 TLS 증명서 허가	acceptInsecureCerts	불리언	세션 시간 동안 인증되지 않거나 자가 인증된 TLS 증명서를 신뢰할지 여부 지정
페이지 로드 전략	pageLoadStrategy	문자열	현재 세션의 페이지 로드 전략 정의
프록시 설정	proxy	JSON 객체	현재 세션의 프록시 설정
윈도우 크기 및 위치	setWindowRect	불리언	원격 지원이 크기 및 위치 수정 명령을 지원할지 여부 지정
세션 타임아웃	timeouts	JSON 객체	특정 세션의 타임아웃 지정
엄격한 파일 상호작용	strictFileInteractability	불리언	현재 세션의 엄격한 파일 상호작용 여부 지정
처리되지 않는 프롬프트 동작	unhandledPromptBehavior	문자열	현재 세션의 사용자 프롬프트 핸들러 정의. 기본값은 핸들러 해제 및 상태 보고dismiss and notify state

그림 3.7 **W3C 웹드라이버 지원 기능**[8]

셀레늄은 다양한 기능을 제공하는 프레임워크로 이 책에서는 자바스크립트만 다루고 있지만, C#, 파이썬, 루비, 자바 등 다양한 언어와 연동되며 시장에 나와 있는 모든 브라우저를 지원한다.

셀레늄 코드를 작성할 때는 입증된 기술을 활용하는 것이 좋다. 예를 들면, **페이지 객체 모델**Page Object Model, POM이나 셀레늄 4에서 소개된 상대 위치 지정자relative locator, 셀레늄이 지원하는 8가지 신뢰할 수 있는 위치 지정자 등이 있다. 이 책 후반부에서 셀레늄 고급 사용법을 다루는데, 그때 이 기술들에 대해 자세히 살펴보도록 하겠다.

> **NOTE** 셀레늄이 지원하는 요소 위치 지정자: 셀레늄은 다음과 같은 요소 유형들을 검색할 수 있다.
> • ID, name, tagName, className, linkText, partialLinkText, xpath, cssSelector
> 예를 들어 테스트 중인 웹사이트의 특정 요소를 검색하고 싶다면 다음 명령을 사용하면 된다.
> • driver.find_elements(By.XPATH, //button)

셀레늄 웹드라이버와 셀레늄 그리드를 간략하게 살펴보았다. 다음은 사이프러스 프레임워크에 대해 살펴보자.

---

8   출처: W3C. https://w3c.github.io/webdriver/#capabilities

3.3 사이프러스 프레임워크 시작하기

이 장의 서두에서도 언급했듯이 사이프러스(https://www.cypress.io/)는 현재 가장 빠르면서 많이 사용하는 자바스크립트 테스트 프레임워크다. 개발자를 위해 설계된 높은 성능의 프레임워크이며 브라우저에서 실행된다. 이 절에서는 사이프러스 테스트의 설치 및 설정, 그리고 실행 방법을 먼저 설명한다. 참고로 사이프러스는 **타입스크립트**TypeScript도 지원하며 큐컴버Cucumber BDD 프레임워크와 함께 실행할 수도 있다.

사이프러스를 시작하려면 다음 명령을 실행해서 사이프러스 노드 패키지를 설치해야 한다.

```
npm install cypress
```

셀레늄 자바스크립트와 마찬가지로 사이프러스도 테스트를 실행하려면 Node.js가 설치돼 있어야 한다. Node.js가 없다면 사이프러스를 설치하기 전에 먼저 설치하도록 하자. 이때 관련 라이브러리도 함께 설치해야 한다.

사이프러스 프레임워크를 설치했다면 인텔리J나 비주얼 스튜디오 코드, 또는 CLI, 젠킨스Jenkins 등을 사용해 테스트를 작성할 수 있다.

CLI에서는 GUI 버전의 사이프러스를 실행해 테스트 디렉터리에 있는 테스트를 실행하거나 사이프러스 프레임워크를 온라인 사이프러스 웹 대시보드와 연결할 수 있다. 사이프러스 GUI는 다음 명령을 통해 실행하면 된다.

```
npx cypress open
```

사이프러스가 문제 없이 설치됐다면 다음과 같은 사이프러스 GUI 화면을 볼 수 있다.[9]

---

9 [옮긴이] 혹시 It looks like you are running the Cypress binary directly 오류가 뜬다면, 다음 명령을 실행해서 사이프러스를 재설치해보자. node_module\.bin 디렉터리에서 실행해야 하며, 참고로 역자는 c:\code에서 npm install 명령을 사용해 사이프러스를 설치했다. c:\code\node_modules\.bin>cypress.cmd install —force

그림 3.8 **CLI를 통해 실행한 사이프러스 GUI 화면**

E2E를 선택한 후 원하는 브라우저를 선택한다. 왼쪽 패널에서 **Specs**을 선택하면 실행할 수 있는 테스트들이 표시되며 원하는 테스트를 클릭하면 로컬 브라우저가 바로 실행된다.[10]

다음은 사이프러스를 사용해 로컬 브라우저에서 테스트를 실행하고 있는 화면이다.

그림 3.9 **로컬 브라우저에서 실행되고 있는 사이프러스의 자바스크립트 테스트 시나리오**

---

10 [옮긴이] 최신 버전에 맞춰 내용을 변경하였다.

다음 명령을 사용해도 동일한 테스트를 실행할 수 있다.

```
npx cypress run --spec cypress\integration\2-advanced-examples\actions.spec.js
```

사이프러스로 기본 테스트 사양을 실행해보고 싶다면 설치 시 제공되는 기본 시나리오 사양을 참고하면 된다. 이 사양들은 https://example.cypress.io 웹사이트를 대상으로 프레임워크와 API 사용법을 익힐 수 있도록 구성돼 있다. 다음은 기본 테스트 코드 중 하나다.

```
describe('My First Test', () => {
  it('Gets, types and asserts', () => {
    cy.visit('https://example.cypress.io')
    cy.contains('type').click()
    // 새로운 URL에
    // '/commands/actions'가 포함돼 있어야 한다.
    cy.url().should('include', '/commands/actions')
    // 입력창에 값을 입력한 후
    // 입력한 값으로 변경됐는지 확인한다.
    cy.get('.action-email')
      .type('fake@email.com')
      .should('have.value', 'fake@email.com')
  })
})
```

사이프러스의 기본 테스트 작성 과정에 대해 더 알고 싶다면 다음 URL을 참고하자.

- https://docs.cypress.io/guides/end-to-end-testing/writing-your-first-end-to-end-test#Add-a-test-file

사이프러스를 설치하고 실행해보았다. 다음은 사이프러스의 기본적인 기능에 대해 알아보겠다. 사이프러스 프레임워크의 상세 기능은 이 책 후반부에서 다시 다룬다.

3.3.1 사이프러스의 주요 기능

타임 트래블은 사이프러스가 디버그와 실시간 피드백을 위해 제공하는 기능으로 사이프러스만이 제공하는 강력한 기능이다.

타임 트래블은 마우스로 테스트 화면의 왼쪽 패널 위를 가리키면 실시간으로 웹 애플리케이션에서 무슨 일이 일어나고 있는지 확인할 수 있는 기능으로 DOM 스냅숏과 디버깅 정보 등을 함께 제공한다. 이 기능을 이용하면 웹 애플리케이션을 단계별로 디버깅해서 문제를 실시간으로 수정할 수 있다.

다음은 테스트 화면의 왼쪽 패널을 마우스로 가리켰을 때 오른쪽 화면과 연동되어 테스트 진행 상태에 따라 변경되는 내용을 알 수 있다.

그림 3.10 사이프러스 타임 트래블의 예. 마우스로 가리킨 곳이 웹의 DOM 트리와 연동된다.

사이프러스의 기능을 확장하거나 병렬 테스트, 일관성 테스트, 테스트 실행 이력 추적 등을 원한다면 사이프러스 대시보드와 연동하면 된다. 사이프러스 UI 테스트 화면에서 이메일이나 깃허브 아이디를 사용해 로그인하면 사이프러스가 제공하는 웹포털을 통해 다양한 대시보드를 사용할 수 있다. 단, 이 기능은 유료로 제공되는 추가 기능으로 앞서 본 무료 대시보드와는 다르다.

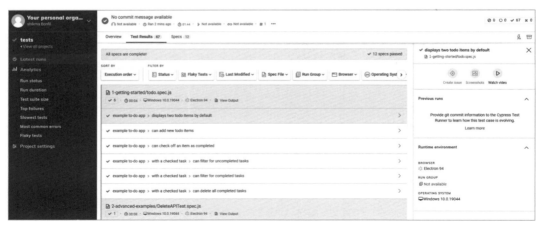

그림 3.11 사이프러스 대시보드 화면 및 기능

사이프러스의 기본적인 구성에 대해 살펴보았다(https://on.cypress.io/component-testing). 추가적으로 몇 가지 기능에 대해 살펴보도록 하겠다.

먼저 사이프러스는 컴포넌트 테스트 시나리오라는 것을 생성할 수 있게 해준다(https://docs.cypress.io/guides/component-testing/overview#Getting-Started). 단위 테스트와 통합 테스트 사이에 존재하는 테스트로 웹 애플리케이션에 포함된 단일 컴포넌트를 테스트하는 기능이다. 컴포넌트 테스트는 아직 개발이 진행되고 있는 기능이지만 다음과 같은 명령을 통해 사용할 수 있다.[11]

```
npx cypress open-ct
```

참고로 이 명령을 실행하기 전에 프로젝트를 미리 구성해야 한다. 구성 방법은 사이프러스 가이드라인(https://on.cypress.io/component-testing)을 참고하자. 설정이 잘 됐다면 다음과 같은 사이프러스 컴포넌트 테스트 화면을 볼 수 있다.

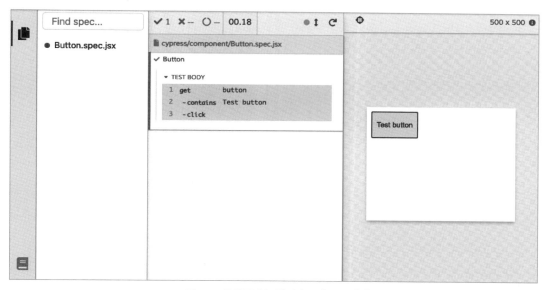

그림 3.12 **사이프러스 컴포넌트 테스트 화면**

앞서 언급했듯이 셀레늄 프레임워크는 기본 셀레늄 IDE 기록기를 제공해서 초기 셀레늄 스크립트를 쉽게 생성할 수 있다. 사이프러스도 비슷한 기능의 **사이프러스 스튜디오**Cypress Studio를 제공하고 있

---

11 옮긴이 이 기능은 현재 2022년 8월 기준 10.4.0에서 베타 기능으로 제공된다. 참고로 이 명령은 곧 폐기될 예정이며 최신 버전에서는 이미 UI 실행 시 화면에서 선택할 수 있다.

다(https://docs.cypress.io/guides/references/cypress-studio). 이 툴을 사용하면 사이프러스를 처음 접하는 사람도 GUI를 통해 쉽게 사이프러스 스크립트를 생성할 수 있다. 툴을 통해 기록된 테스트 순서는 자바스크립트 코드로 변환되며 이 코드를 변경하거나 개선해서 사용하면 된다. 이 툴 외에도 다양한 브라우저 확장 프로그램이 제공되고 있다. 대표적인 것이 크롬 사이프러스 레코더Cypress Recorder다(https://chrome.google.com/webstore/detail/cypress-recorder/glcapdcacdfkokcmicllhcjigeodacab). 활용도가 높은 툴이니 설치해서 사용해보면 좋다.

이 책 후반부에서 목mock 및 네트워크 제어 기능, 그리고 사이프러스의 다양한 플러그인과 리액트 네이티브 앱용 사이프러스 자동화 등 사이프러스의 고급 기능에 대해 다룬다.

3.4 구글 퍼피티어 프레임워크 시작하기

퍼피티어는 오픈소스 노드 라이브러리이자 프레임워크로 구글이 **크롬 개발자 도구 프로토콜**CDP을 기반으로 개발한 것이다. 이 CDP(https://chromedevtools.github.io/devtools-protocol/) 기반의 API를 통해 헤드리스 또는 헤드 크롬 브라우저를 제어할 수 있다. 이 장의 서두에서 언급했듯이, 퍼피티어와 플레이라이트는 동일한 아키텍처와 CDP를 사용해 테스트를 생성하고 실행한다.

셀레늄이나 사이프러스와 달리 퍼피티어는 크롬과 크로미엄 기반 브라우저만 지원한다. 즉, 웹킷 사파리WebKit Safari나 모질라 파이어폭스Mozilla Firefox 등을 대상으로 테스트할 수 없다.

퍼피티어의 핵심 기능으로는 웹사이트의 스크린숏 및 PDF 생성, 싱글 페이지 애플리케이션 크롤링, 사전 렌더링된 콘텐츠 생성, 폼 전송 자동화, UI 테스트, 키보드 입력과 같은 사용자 제스처 등이 있다. CDP를 지원하므로 크롬 확장 프로그램을 테스트할 수도 있으며 성능 모니터를 위한 타임라인 추적도 가능하다.

구글 퍼피티어를 시작하려면 Node.js가 PC에 설치돼 있어야 한다. 다음 install 명령을 사용해 퍼피티어를 설치한다.

```
npm install puppeteer
```

구글은 두 가지 버전의 퍼피티어를 제공하므로 주의해야 한다. 하나는 표준 설치 버전으로 위의 명령을 통해 설치할 수 있고, 다른 하나는 퍼피티어 코어 버전으로 크롬 브라우저를 로컬 PC에 설치하지 않는다. 표준 설치 버전은 최신 크롬 브라우저를 로컬 PC에 설치해서 테스트 브라우저로 사용한다. 퍼피티어는 헤드와 헤드리스 실행 모드를 지원하며 스크립트는 자바스크립트로 작성되기 때문에 프런트엔드 개발자에게 인기가 좋다. 2장 '프런트엔드 웹 개발자가 직면하는 도전 과제'에서 본 것처럼 개발자는 전체 웹사이트의 화면을 캡처하거나 성능 감시, 또는 아직 개발이 끝나지 않은 웹사이트 접근성에 대한 검증 스크립트까지 쉽게 작성할 수 있다.

퍼피티어는 웹사이트의 **HTTP Archive**(HAR) 파일도 쉽게 생성할 수 있으며 이 파일을 사용해 웹사이트 내에서 발생하는 전체 트래픽을 검토하거나 각 처리의 성능 및 보안 요소까지 확인할 수 있다.

다음 코드는 팩트 웹사이트로 이동해서 HAR 파일을 생성한다. 이 예제를 실행하려면 puppeteer-har라는 npm 패키지를 설치해야 한다.

```
const puppeteer = require('puppeteer');
const PuppeteerHar = require('puppeteer-har');
(async () => {
  const browser = await puppeteer.launch({headless:false});
  const page = await browser.newPage();
  const har = new PuppeteerHar(page);
  await har.start({ path: 'book_demo.har' });
  await page.tracing.start({path: 'traceDemo.json'});
  await page.goto('https://www.packtpub.com/');
  await har.stop();
  await page.tracing.stop();
  await browser.close();
})();
```

이 테스트 코드를 실행하면 HAR 파일이 book_demo.har라는 이름으로 생성된다.

```
node HarPuppeteer.js // 파일명은 코드를 저장할 때 지정한 것을 사용하면 된다.
```

구글 HAR 분석 웹 툴(https://toolbox.googleapps.com/apps/har_analyzer/)을 사용해 다운로드한 HAR 파일을 보면 다음과 같은 결과를 볼 수 있다.

그림 3.13 퍼피티어가 생성한 HAR 파일의 예

더 많은 테스트 예제 코드를 보고 싶다면 구글 깃허브 리포지터리를 즐겨찾기에 등록해 두자 (https://github.com/puppeteer/puppeteer).

이 책 후반부에서 퍼피티어 프레임워크의 고급 기능에 대해 다루도록 한다. 지금까지 퍼피티어 설치 및 기본 사용법에 대해 알아보았고, 다음은 마이크로소프트의 플레이라이트 프레임워크에 대해 살펴 보도록 하겠다.

3.5 마이크로소프트 플레이라이트 프레임워크 시작하기

플레이라이트는 최근에 나온 테스트 자동화 프레임워크로 속도가 매우 빠르다. 퍼피티어를 개발한 팀이 개발한 것으로 동일하게 CDP 기반의 프레임워크다.[12] 구글의 퍼피티어와 달리 플레이라이트는 여러 언어를 지원하며 주요 브라우저를 모두 지원한다. 자바스크립트는 물론이고 타입스크립트TypeScript, 파이썬, 자바, 닷넷NET을 사용해 스크립트를 작성할 수 있으며, 크롬, 파이어폭스, 엣지, 웹킷 사파리 등의 주요 브라우저를 대상으로 테스트할 수 있다. 플레이라이트 프레임워크는 헤드 및 헤드리스 모드로 실행할 수 있으며, 모바일 뷰포트 에뮬레이션(https://playwright.dev/docs/emulation#devices)을 지원하므로 사이프러스와 달리 다양한 사용자 에이전트를 사용할 수 있다.

아키텍처 관점에서는 플레이라이트도 CDP를 사용해 브라우저와 상호작용하며, 브라우저의 페이지 입력, 보안 스캔, 네트워크 프로세스 감시 등이 가능하다. 다음의 온라인 동영상을 통해 마이크로소프트가 소개하는 전체 아키텍처를 살펴볼 수 있다.

- https://www.youtube.com/watch?v=PXTspGn1im0

플레이라이트를 시작하려면 다음 명령을 통해 Node.js 패키지를 설치하면 된다.

```
npm i -D @playwright/test
npx playwright install
```

참고로 플레이라이트는 자동으로 크로미엄, 웹킷, 파이어폭스 브라우저를 로컬 폴더에 다운로드한다. 프레임워크 설치에 대해서는 다음을 참고하자.

- https://playwright.dev/docs/intro#installation

설치가 끝나면 다음과 같은 자바스크립트를 작성해 *.spec.js라는 확장자로 저장한다. 그리고 이 파일을 tests 폴더에 저장한다.

```
const { test, expect } = require('@playwright/test');
test('basic test', async ({ page }) => {
await page.goto('https://github.com/login/');
await page.fill('input[name="login"]', ' [user name]');
await page.fill('input[name="password"]', '[password]');
await page.click('text=Sign in');
});
```

---

12 [옮긴이] 구글에 있던 개발팀이 마이크로소프트로 옮겨가서 개발한 것이 플레이라이트다.

이 코드는 깃허브 웹사이트에 접속해서 id와 pw를 이용해 로그인하는 코드다. 코드를 헤드 모드로 실행하려면 다음 명령을 사용하면 된다.

```
npx playwright test --headed
```

`--headed`라는 플래그를 지정하지 않으면 헤드리스 모드로 실행되니 유의하자.[13]

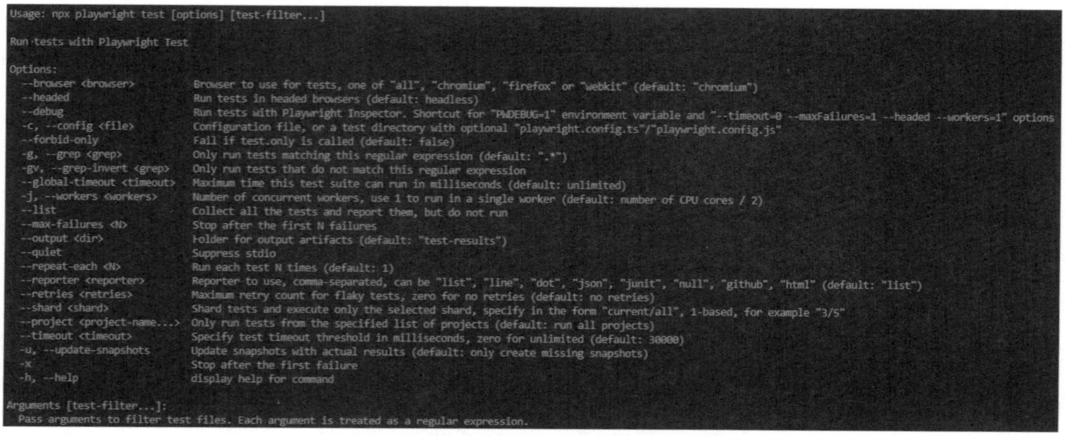

```
Usage: npx playwright test [options] [test-filter...]

Run tests with Playwright Test

Options:
  --browser <browser>          Browser to use for tests, one of "all", "chromium", "firefox" or "webkit" (default: "chromium")
  --headed                     Run tests in headed browsers (default: headless)
  --debug                      Run tests with Playwright Inspector. Shortcut for "PWDEBUG=1" environment variable and "--timeout=0 --maxFailures=1 --headed --workers=1" options
  -c, --config <file>          Configuration file, or a test directory with optional "playwright.config.ts"/"playwright.config.js"
  --forbid-only                Fail if test.only is called (default: false)
  -g, --grep <grep>            Only run tests matching this regular expression (default: ".*")
  -gv, --grep-invert <grep>    Only run tests that do not match this regular expression
  --global-timeout <timeout>   Maximum time this test suite can run in milliseconds (default: unlimited)
  -j, --workers <workers>      Number of concurrent workers, use 1 to run in a single worker (default: number of CPU cores / 2)
  --list                       Collect all the tests and report them, but do not run
  --max-failures <N>           Stop after the first N failures
  --output <dir>               Folder for output artifacts (default: "test-results")
  --quiet                      Suppress stdio
  --repeat-each <N>            Run each test N times (default: 1)
  --reporter <reporter>        Reporter to use, comma-separated, can be "list", "line", "dot", "json", "junit", "null", "github", "html" (default: "list")
  --retries <retries>          Maximum retry count for flaky tests, zero for no retries (default: no retries)
  --shard <shard>              Shard tests and execute only the selected shard, specify in the form "current/all", 1-based, for example "3/5"
  --project <project-name...>  Only run tests from the specified list of projects (default: run all projects)
  --timeout <timeout>          Specify test timeout threshold in milliseconds, zero for unlimited (default: 30000)
  -u, --update-snapshots       Update snapshots with actual results (default: only create missing snapshots)
  -x                           Stop after the first failure
  -h, --help                   display help for command

Arguments [test-filter...]:
  Pass arguments to filter test files. Each argument is treated as a regular expression.
```

그림 3.14 **플레이라이트 명령줄 옵션**

특정 브라우저에서 테스트를 실행하고 싶다면 `--browser=webkit` 형식으로 지정하면 된다.

플레이라이트를 사용할 때는 사이프러스와 달리 타임 트래블 옵션을 사용해 디버깅할 수 없다. 대신 위치 테스트나 모킹, 파일 처리, 파라미터 및 아이프레임iFrame 사용 등 사이프러스가 지원하지 않는 다양한 기능을 제공한다.

NOTE **아이프레임:** 아이프레임은 웹페이지상의 문서 안에 내장되는 추가적인 HTML 문서다. 주로 다른 소스나 웹사이트에 있는 콘텐츠를 가져와 삽입할 때 사용한다.

이 책에서 다루는 대부분의 프레임워크가 퍼펙토Perfecto, 소스 랩Sauce Lab, 브라우저 스택BrowserStack 등의 클라우드 툴과 연동할 수 있는 반면, 플레이라이트는 병렬화 및 샤딩Sharding을 자

13 옮긴이 `tests` 폴더의 상위 디렉터리에서 실행해야 한다. 참고로 명령을 실행하는 위치의 모든 하위 디렉터리에서 `tests` 폴더를 찾는다. 따라서 플레이라이트용 폴더를 따로 만들고 그곳에 `tests` 폴더를 만들어서 파일을 넣어두는 것이 좋다. 예를 들면 파일 위치는 다음과 같고,
`C:\code\playwright\tests\playwrightexaple.spec.js`
테스트 실행 위치는 다음과 같다.
`C:\code\playwright\npx playwright test –headed`

체적으로 내장하고 있어서 대규모 테스트를 더 빠르게 진행할 수 있다.

플레이라이트는 테스트를 병렬로 실행할 때 **워커**worker라는 것을 사용한다. 실무자 입장에서 테스트를 병렬로 실행하려면 두 가지 방법이 있다. 첫 번째는 명령을 실행할 때 옵션을 추가하는 것이다.

```
npx playwright test --headed --workers 4
```

두 번째는 플레이라이트를 설치할 때 함께 생성되는 `playwright.config.js` 파일을 수정하는 것이다. 해당 파일에 다음을 추가하면 된다.

```
Const config = {
Workers: process.env.CI ? 4: undefined,};
Module.exports = config;
```

플레이라이트는 이 외에도 또 다른 유용한 기능을 제공한다. 어느 정도 테스트가 실패하면 전체 테스트를 중단하는 기능이다. 예를 들어 대량의 테스트를 실행할 때 실패 횟수가 10회가 되면(`--max-failures=10` 사용) 전체 테스트를 중단시켜 테스트 시간을 줄일 수 있다.

뿐만 아니라 시각적 어서션assertion이나 네트워크 트래픽 감시, 복잡한 테스트 시나리오 단순화 등 다양한 기능이 있으며 이 책 후반부에서 자세히 다루도록 한다. 마지막으로 플레이라이트는 대부분의 지속적 통합 툴과 연동이 가능하며 도커Docker나 제스트Jest, 모카Mocha 등의 외부 테스트 툴과도 연동할 수 있다.

3.6 요약

이 장에서 강조했듯이 웹 개발자가 프런트엔드 웹 테스트를 진행할 때 선택할 수 있는 기술은 아주 많다. 테스트 프레임워크 간에 서로 공통점도 있지만 차이점도 있어서 단기적으로는 물론이고 장기적으로도 어떤 것을 선택해야 할지 쉽지 않은 과제임에 분명하다. 이 책 후반부에서 이에 대해 다시 다룬다.

이 장에서는 웹 개발자를 위한 주요 4개의 자바스크립트 테스트 자동화 프레임워크에 대한 핵심만 다뤘다. 각 프레임워크의 주요 장점에 대해 간략히 살펴보고 실제 실행시켜보았다. 또한 개발자가 신규 프로젝트에서 해당 프레임워크를 사용할 때 필요한 핵심 개념과 사용법도 다뤘다.

후반부로 가면서 각 프레임워크의 고급 기능에 대해 좀 더 자세히 살펴보게 될 것이다.

다음 장에서는 프로젝트에 참여하고 있는 개발자 및 테스트 관련 인력이 프로젝트 목표와 유형에 따라 적절한 테스트 프레임워크를 선택할 수 있도록 팁과 추천 사항에 대해 공유한다.

테스트 담당자와 유형별
테스트 자동화 프레임워크의 선택

테스트 자동화 프레임워크의 선택은 소프트웨어 개발 주기 관점에서 매우 중요한 과정이다. 테스트 자동화 프레임워크는 다양한 목표를 가지고 도입되며, 개발자뿐만 아니라 테스트 엔지니어의 서로 다른 요구를 충족시킬 수 있어야 한다. 특히 웹 애플리케이션 테스트는 프레임워크의 수가 많고 특징도 너무 다르다. 따라서 필요한 사항을 모두 고려하면서 현재 및 미래의 사용자 요구를 만족시킬 수 있는 프레임워크 선택 방법이 제시돼야 한다. 일반적으로 웹 애플리케이션(소프트웨어) 출시 시에는 제품의 전체적인 품질을 담당하는 사람이 있으며 여기에는 프런트엔드 개발자와 **SDET**Software Developer Engineers in Testing라고 하는 테스트 자동화 엔지니어도 포함된다. 대부분 하나 이상의 프레임워크를 조합해야 하는 테스트 자동화 프레임워크는 이러한 업무를 위한 담당자들과 보유 기술이 필요하고, 피드백이나 개선 주기에서 개발 속도를 맞출 수 있어야 한다.

이 장에서는 프런트엔드 개발자와 테스트 엔지니어가 상황에 맞는 최적의 테스트 자동화 프레임워크를 선택할 수 있도록 안내하고, 담당자별 사용 사례와 셀레늄, 사이프러스, 퍼피티어, 플레이라이트와 같은 4개의 주요 프레임워크들의 관계를 연결해서 보여주는 벤다이어그램을 제시한다.

이 장에서 다루는 내용은 다음과 같다.

- 웹 애플리케이션 개발 프로젝트에 참여하는 주요 담당자들
- 테스트 자동화 프레임워크 선택 시 우선적으로 고려해야 할 사항과 사용 사례
- 주요 테스트 자동화 프레임워크를 기능별로 비교하여 표로 정리한 평가 매트릭스matrix

이 장이 끝날 때쯤에는 웹 애플리케이션 개발 프로젝트에서 각 담당자의 역할과 목표가 어떻게 다른지 알게 되고, 테스트 자동화 프레임워크의 기능별 차이에 대해서도 이해할 수 있을 것이다.

4.1 필요한 환경 및 코드

이 장에서 사용하는 코드 파일은 다음 URL의 깃허브에서 찾을 수 있다.[1]

- https://github.com/PacktPublishing/A-Frontend-Web-Developers-Guide-to-Testing

4.2 웹 테스트 담당자의 개요

이 책의 앞부분에서 이미 언급했듯이 높은 품질의 웹 애플리케이션을 만들기 위해서는 많은 노력이 필요하고, 특히 그런 앱을 테스트한다는 것은 상당히 어렵다.

기능 및 비기능 테스트를 포함한 모든 테스트 유형을 짧은 시간 안에 수행하려면 개발자와 SDET로 구성된 여러 팀이나 그룹이 필요하다. 이런 고급 기술자들은 새로운 제품의 요구사항에 따라 새로운 테스트 코드를 작성할 뿐만 아니라 기존의 오래된 회귀 테스트 코드까지 관리하게 된다.

프런트엔드 개발자는 일반적으로 다음과 같은 목표를 가진다.

- 테스트 코드 작성의 단순화
- 테스트 실행 결과를 빠르게 피드백할 수 있도록 대규모 병렬 테스트 실시
- 단위 테스트 및 API 테스트 작성을 우선 순위에 두기
- 프레임워크를 사용한 디버깅 및 목
- 젠킨스Jenkins 또는 애저 데브옵스Azure DevOps와 같은 CI/CD 툴과 연동
- 지라Jira와 같은 결함 관리 및 작업 관리 툴과 연동

개발자는 매일 코드를 수정해야 하고, 이런 수정 작업에 특화된 테스트 코드를 작성해야 한다. 또한, 개발 과정 중에 결함(버그)이 발생하는 것은 피할 수 없다. 따라서 개발자는 버그를 재현하거나 로그 및 네트워크 트래픽을 분석하여 API를 모니터함으로써 신속하게 결함을 해결할 수 있어야 한다. 결함을 해결하기 위해 걸리는 시간을 **MTTR**Mean Time to Resolve이라고 한다.

---

1 옮긴이 앞 장에서 다운로드한 코드와 동일한 코드다.

테스트 자동화 프레임워크 중 어떤 것은 이런 목표 달성을 다른 것들(이 장의 뒷부분에서 다룸)보다 우선시한다. 여기서 기억해야 할 것은 이러한 목표들은 개발자들이 테스트 자동화 프레임워크를 선택할 때 고려해야 할 사항 중 일부라는 것이다. 취업 사이트 **인디드**Indeed에서는 프런트엔드 개발자를 모든 사용자/클라이언트 측의 웹 애플리케이션 개발자라고 정의하고 있다. 즉, UI 요소, 버튼, 메뉴 생성은 물론이고 다양한 웹 및 모바일 플랫폼에서 동작하는 고품질의 코드를 작성하는 사람이라는 뜻이다(https://www.indeed.com/hire/job-description/front-end-developer).

프런트엔드 개발자가 성공적으로 이 목표를 달성하려면 **SDET**의 도움이 절대적이다. SDET는 개발자가 가지고 있지 않은 품질 목표를 책임진다. 즉, 높은 테스트 커버리지와 다양한 플랫폼을 대상으로 한 테스트, 그리고 성능, 접근성, 기능성 테스트 등을 담당하고 있으며 이것은 개발자 업무 범위의 밖에 있는 것들이다.

SDET는 일반적으로 다음 목표를 가진다.

- 테스트 자동화 시나리오 커버리지(앱의 가장 발전된 사용자 흐름 포함)
- 여러 플랫폼 지원(웹이나 모바일)
- 커뮤니티 지원 및 문서화
- 여러 가지 테스트 방법론 지원(기능성, 비기능성)
- 사용 및 도입의 용이성
- 보고서 및 디버그 기술
- 젠킨스와 같은 CI/CD 툴과 연동
- 지라Jira와 같은 결함 관리 및 작업 관리 툴과 연동

너무나 당연하겠지만 개발자와 SDET 사이에는 몇 가지 공통적인 목표가 있다. 테스트 코드도 소프트웨어 개발 프로젝트에서 생성되는 일반적인 코드와 같다. 따라서 프로덕션 환경의 코드처럼 잘 관리하고 사용해야 한다.

이것으로 개발자 및 SDET의 역할과 목표에 대해 매우 대략적으로 살펴보았다. 다음은 어떤 요소가 견고한 테스트 자동화 프레임워크를 만드는지 살펴보겠다.

4.3 테스트 자동화 프레임워크 선택 시 고려해야 할 요소 및 사례

개발자와 SDET의 작업 목록을 정리할 때 반드시 고려해야 하는 것이 사용할 툴을 정하는 것이며 이는 프로젝트 성공과 직결된다. 다음 도표는 웹 애플리케이션 테스트 자동화 프레임워크를 정하기 위해 PoC(사전 검증)를 진행할 때 고려해야 할 핵심 요소들을 보여주고 있다.

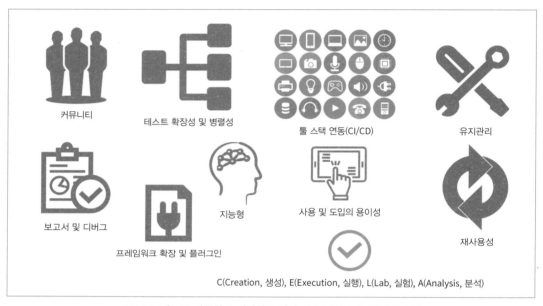

그림 4.1 **테스트 자동화 프레임워크 선택 시 고려해야 할 핵심 요소들**

웹 애플리케이션 테스트 자동화 프레임워크를 선별할 때 그림 4.1에 있는 사항들을 반드시 검증해야 한다. 다음 절에서 각각에 대해 자세히 살펴보도록 한다. 단, C.E.L.A는 테스트 시작부터 실행 및 보고서까지 소프트웨어 개발 주기 전체를 포함하는 것이므로 여기에서는 별도로 다루지 않는다.

4.3.1 커뮤니티 기반

테스트 자동화 프레임워크가 강력한 커뮤니티 기반을 가지고 있어야 하는 것은 매우 중요한 요건이다. 지속적인 지원이나 개선, 모범 사례, 온라인 토론장, 예제 코드 등등이 모두 강력한 커뮤니티로부터 얻을 수 있는 이점이다. 커뮤니티가 작고, 오픈소스 기술에 대한 낮은 참여도나 기여도를 보인다면 해당 기술이 더 이상 발전하지 않거나 잊혀질 수 있다는 증거가 된다. 결국 개발자는 다른 대안이 있는지 검토해야 한다.

4.3.2 테스트 확장성

디지털 혁신이 어느 때보다 빠르게 이루어지고 있는 지금, 웹 애플리케이션을 개발할 때 단순히 다양한 PC 브라우저나 OS 버전을 지원하는 데 그치는 것이 아니라 여러 모바일 장치와 모바일 OS까지도 고려해야 한다. 따라서 테스트 자동화 프레임워크는 이런 다양한 플랫폼상에서 높은 확장성을 갖고 병렬로 테스트를 진행할 수 있어야 한다. 여러 가지의 테스트 자동화 프레임워크가 있지만 그중에는 모든 종류의 브라우저와 모바일 장치를 지원하지 않는 것도 있으며 이는 개발자와 SDET에게 있어 큰 제약이 될 수 있다. 따라서 테스트 자동화 프레임워크를 검증할 때는 플랫폼 비교 매트릭스를 활용해서 이런 제약을 사전에 파악해야 한다.

4.3.3 툴 스택 연동 및 플러그인

개발자와 SDET는 웹 애플리케이션을 개발할 때 다양한 기술과 툴을 사용한다. 예를 들면 CI/CD 툴로 젠킨스나 TeamCity를 결함 관리 및 유저 스토리 관리 툴로 지라를 사용한다. 이 외에도 깃허브 GitHub나 퍼포스Perforce사의 헬릭스 코어Helix Core와 같은 **소스 관리 툴**Source Control Management, SCM 도 필요하며, API 관리 툴, 보안 스캔 툴, 네트워크 분석 툴 등도 필요하다. 여러 유형의 테스트를 만들고 실행하는 테스트 자동화 프레임워크는 팀 내에서 사용되는 이런 다양한 툴들과 적절하게 연동돼야 한다. 이를 통해 전체적인 프로세스를 개선하여 생산성을 향상시킬 수 있다. 또한, 접근성이나 시각적 테스트, 코드 커버리지 분석 등을 위해 여러 플러그인을 사용하기도 하므로 이런 플러그인과도 잘 연동되는지 고려해야 한다.

4.3.4 사용 및 도입의 용이성

새로운 기술을 사용할 때 평가 및 도입 방법에 따라 성공과 실패로 나뉘어질 수 있다. 그런 의미에서 테스트 자동화 프레임워크도 예제 코드를 포함한 사용하기 쉬운 매뉴얼과 환경 설정, 의존성 설정 등을 제공해야 하며 고급 기능의 사용을 위한 문서와 예제도 제공해야 한다. 이런 프레임워크를 평가하는 담당자의 경우 기술적 지식은 충분하더라도 대부분 시간이 부족하기 때문에 지원하지 않는 기능과 제약 사항을 미리 알려주는 것이 중요하다. 이를 통해 툴이 제공하지 않는 기능을 찾느라 시간을 허비하는 것을 방지할 수 있다. 사이프러스가 이런 정보를 제공하는 좋은 예다. 사이프러스 문서에는 툴이 지원하지 않는 기능을 분명하게 명시하고 있으며 로드맵상에서 추후 제공될 기능도 웹페이지를 통해 알려주고 있다(https://docs.cypress.io/guides/references/roadmap).

예를 들어 iFrame을 테스트하는 기능은 현재 지원하지 않는다고 문서에 분명히 기술돼 있으며 (https://docs.cypress.io/api/commands/clock#iframes), 로드맵상에서는 이후 추가할 기능으로 명시돼 있다.

4.3.5 재사용성 및 유지관리

개발자 및 SDET는 정말 필요한 경우를 제외하고는 이미 존재하는 것을 다시 만들려고 하지 않는다. 소프트웨어 스프린트가 보통 2주~3주 정도로 짧기 때문에 작업 부담을 줄여주고 효율적으로 프레임워크를 사용해야 한다.

테스트 재사용성이나 페이지 객체 모델 지원, 셀레늄 4의 상대 **위치 지정자**relative locator 등과 같은 고급 프레임워크 기능은 생산성을 높여주어 개발자가 특히 선호한다.

테스트 자동화 프레임워크를 평가할 때 작업량을 줄여주고 일상 업무를 효율적으로 관리해주는 것을 찾아야 한다. 또한, 시간이 흐르면서 테스트 코드를 어떻게 관리할지 고려하는 것도 중요하다. 제품과 웹을 둘러싼 기술은 항상 발전하기 때문에 테스트 또한 이런 변화에 대응할 수 있어야 한다.

4.3.6 보고서, 테스트 분석, 지능형

테스트 실행은 하루에도 여러 번 실시할 수 있다. 이때 여러 가지 웹이나 모바일 플랫폼에서 데이터가 발생하는데, 환경도 서로 달라 대량의 데이터가 생성된다. 이런 데이터를 AI나 머신러닝과 같은 지능형 툴을 사용하거나 프레임워크에 내장된 기능을 사용해 테스트 결과를 분석할 수 있어야 한다. 테스트 자동화 프레임워크를 선정할 때 보고서 기능을 평가해 어떤 기능을 프레임워크에서 바로 사용할 수 있는지, 그리고 사용할 수 없다면 다른 보고서 프레임워크와 연동되는지를 파악해야 한다. 보고서 프레임워크에는 얼루어Allure(https://github.com/allure-framework/allure-js), 퍼펙토 클라우드의 리포트 SDK(https://help.perfecto.io/perfecto-help/content/perfecto/testanalysis/test_analysis_with_smart_reporting.htm) 등이 있다.

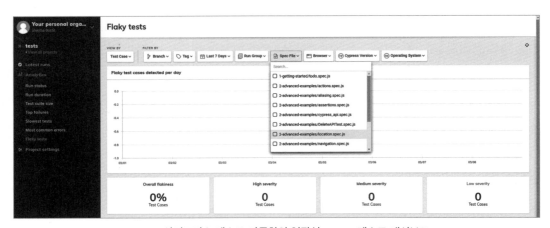

그림 4.2 **사이프러스 테스트 자동화의 일관성**flakiness **테스트 대시보드**

좋은 예는 사이프러스가 대시보드에서 제공하는 일관성 테스트 시나리오 보고서다(https://docs.
cypress.io/guides/dashboard/flaky-test-management#Flaky-Test-Analytics). 이 기능을 활용해서 프
런트엔드 개발자는 불필요한 잡음을 제거해 테스트 파이프라인을 안정화시킬 수 있다.

이상으로 테스트 자동화 프레임워크를 선택할 때 개발자와 SDET가 고려해야 할 주요 사항들에 대해
살펴보았다. 다음은 이런 모든 사항을 연결해주는 방법론과 조금 다른 종류의 프레임워크를 지속적
으로 평가해주는 툴에 대해 살펴보도록 하겠다.

4.4 테스트 자동화 평가 매트릭스

여러분이 선택한 테스트 자동화 프레임워크가 얼마나 가치 있는지 파악하려면 앞서 언급한 사항들이
적절하게 지원되는지 알아야 한다. 즉, 어떤 언어를 지원하는지를 시작으로 커뮤니티, 고급 테스트 시
나리오 지원, 지원하는 테스트 유형, 테스트 분석 보고 기능을 제공하는지, 그리고 기술 사용 및 도
입이 용이한지 등에 대해 알아야 한다. 또한, 해당 기능들이 앞으로도 지속적으로 제공될지 파악하
는 것도 중요하다. 앞서 살펴본 사이프러스의 예처럼 현재는 iFrame과 웹키트 사파리 브라우저를 지
원하지 않지만 나중에라도 지원하는 경우도 있다. 따라서 선택한 툴 스택이 어느 정도의 기간 동안
유효한지, 장기적으로 사용할 수 있는지, 적어도 다음 번 기술 평가를 통해 현재 툴을 유지해야 할지,
또는 변경할지 등을 결정하기 전까지 사용할 수 있는지에 대해 알아야 한다.

다음 표는 4개의 주요 테스트 자동화 프레임워크의 차이점 및 공통점을 보여준다. 이 표는 각각의 장
단점을 분석할 수 있는 좋은 도구가 될 것이다. 이 외에도 개인이 프레임워크를 비교한 자료들이 인
터넷상에 있지만 시간이 지나서 내용이 맞지 않을 수도 있다. 필자가 찾은 좋은 자료는 블레이즈미터
BlazeMeter가 공개한 것으로 읽어 보면 도움이 될 것이다(https://www.blazemeter.com/blog/selenium-
vs-cypress).

어떤 웹 애플리케이션 프로젝트이든 요구사항이 서로 다르므로 이에 맞추어 다양한 툴을 비교해야
한다. 사이프러스가 iFrame을 지원하지 않지만, 개발할 앱이 iFrame을 사용하지 않는다면 문제되지
않는다.

이어서 다음 표를 보면 알겠지만 어떤 기능은 복수의 프레임워크에서 지원하고 있다. 다양한 기능에
대한 성능을 비교하고 이를 담당자의 요구사항과 대응시켜 보면 프레임워크 선택이 훨씬 더 쉬워질
것이다.

기능	사이프러스	플레이라이트	퍼피티어	셀레늄
지원 언어	• 자바스크립트 • 타입스크립트	• 자바 • 자바스크립트 • 타입스크립트 • 파이썬 • 닷넷	• 자바스크립트	• 자바 • 자바스크립트 • 루비 • 파이썬 • C# • 코틀린
지원 브라우저	• 크롬 • 엣지 • 파이어폭스	• 크롬 • 엣지 • 파이어폭스 • 사파리 웹키트	• 크롬	• 크롬 • 엣지 • 파이어폭스 • 사파리 웹키트 • 오페라 • 인터넷 익스플로러(예전 버전)
접근성 테스트 지원	• AXE 플러그인 필요	• AXE 플러그인 및 내장 기능(https://playwright.dev/docs/api/class-accessibility)	• 라이트하우스와 데브툴, 퍼피타리어 라이브러리(https://developer.chrome.com/blog/puppetaria/)	• AXE 플러그인 필요
API 테스트 지원	• 지원 https://www.cypress.io/	• 지원 https://playwright.dev/docs/api-testing	• 미지원	• 미지원 • Rest-Assured를 통한 확장 가능
시각적 테스트 지원	• 퍼시, 하포, 애플리툴 • 플러그인(이상 유료) • 스토리북(오픈소스)	• 기준 스크린숏을 사용한 시각적 비교(내장 기능) • 애플리툴이나 퍼시 등의 유료 툴 연동	• 프레임워크 내장 기본 스크린숏 • 퍼시 연동(https://docs.percy.io/docs/puppeteer)	• 스토리북, 갤런, 퍼시, 애플리툴 연동
최소 코딩 테스트	• 사이프러스 스튜디오	• 플레이라이트 코드젠 자동 생성기	• 미지원	• 셀레늄 IDE
테스트 확장을 위한 클라우드 연동	• 퍼펙토 • 소스 랩 • 브라우저스택	• 실험 단계	• 실험 단계	• 퍼펙토 • 소스 랩 • 브라우저스택
고유 기능	• 일관성 테스트 식별 • DOM 스냅숏/타임 트래블 • 컴포넌트 테스트 • 코드 커버리지 플러그인	• iFrame • 네트워크 제어 • CDP 툴 및 라이트하우스 • UI 요소 자동 대기 • 윈도우상에서 사파리 웹키트 테스트 • 얼루어를 포함한 내장 보고서	• 헤드리스 브라우저 • CDP 네이티브 연동 • 크로미엄 내장 브라우저(로컬)	• 멀티탭 지원 • 상대 로케이터 • 페이지 객체 모델 • W3C 준수 • 셀레늄 그리드 • 자가 복구(Healenium)

기능	사이프러스	플레이라이트	퍼피티어	셀레늄
	• 서버 응답 제어를 위한 스파이, 스텁, 클록 지원 • UI 요소 자동 대기 • 네트워크 제어 • 사이프러스 대시보드	• 편집 및 디버그를 위한 플레이라이트 검사기 • 고급 재시도 기능 • 네트워크 감시 API • 워커를 사용한 병렬 테스트	• 웹페이지 크롤 및 사전 렌더링된 콘텐츠 • 디버그용 타임라인 캡처 및 성능 분석 • 크롬 확장 툴 테스트	
헤드 및 헤드리스 지원	• 지원하나 기능성 약함	• 지원	• 지원	• 지원하나 기능성 약함
지속적 통합	• 서클CI • 깃허브 액션 • 깃랩 • 비트버킷 • AWS 코드빌드	• 젠킨스 • 서클CI • 비트버킷 • 도커 • 애저 파이프라인 • 트라비스 CI • 깃허브 액션 • 깃랩	• 깃허브 액션 • 서클CI • 도커	• 젠킨스 • 깃허브 액션 • 서클CI • 깃랩 • 애저 데브옵스 • 비트버킷
성능 테스트	• 구글 라이트하우스와 연동	• 웹 성능 API를 통해 지원	• 라이트하우스, 데브툴, 웹 성능 API https://github.com/addyosmani/puppeteer-webperf	• 블레이즈미터 JMeter 연동 https://jmeter.apache.org/
커뮤니티 연계	• 매우 높음	• 낮음	• 중간(성장 중)	• 매우 높음
지원하는 테스트 실행기	• 모카	• 모카 • 제스트 • 자스민	• 제스트	• 모카 • 제스트 • 자스민 • 프로트랙터 • 웹드라이버IO • 파이유닛 • 제이유닛 • 테스트NG
모바일 장치 테스트	• 뷰포트 변경 및 사용자 에이전트 사양 지원	• 뷰포트 시뮬레이션 (playwright.devices()) 을 통해 지원	• 시뮬레이션(emulate() 함수)을 통해 지원	• 앱피움을 통해 지원

이 표에서 프레임워크가 갖고 있는 모든 기능과 API를 비교하고 있지는 않지만 핵심적인 공통 기능과 고유 기능을 이해하는 데 도움이 될 것이다.

많은 프로젝트에서 하나 이상의 프레임워크를 조합해 사용함으로써 좋은 결과를 보여주고 있다. 이는 언급한 모든 프레임워크가 기본적으로 자바스크립트를 지원하고 있고, 모카, 제스트 등과 같은 비숫한 테스트 실행기를 사용해 테스트를 생성할 수 있기 때문이다. 여기에 특정한 기능을 갖고 있는 프레임워크를 추가함으로써 개발자 및 SDET는 효율적인 작업이 가능해진다.

웹과 모바일 플랫폼을 대상으로 하는 테스트 범위도 각 애플리케이션의 중요한 요구사항 중 하나다. 따라서 이 관점에서 보면 셀레늄이 가장 앞서 있다. 앱피움 프레임워크를 병행해서 사용하거나 모바일 클라우드 서비스, 예를 들면 퍼펙토(https://www.perfecto.io/)와 연동해서 사용함으로써 실제, 또는 가상 장치를 대상으로 테스트할 수 있다.

앞의 표는 프런트엔드 개발자가 서로 다른 종류의 프레임워크를 이해하는 데 도움이 된다. 7장 '주요 자바스크립트 기반 테스트 자동화 프레임워크의 핵심 기능'에서는 앞서 언급된 주요 사례를 위주로 좀 더 깊이 있게 살펴보도록 하겠다.

프런트엔드 개발자는 단일 파이프라인상에서 다양한 품질 확인 과정이 필요하다는 것을 인식해야 한다. API 테스트부터 시각적 테스트, 접근성 테스트, 성능 테스트, 네트워크 제어, 기능 테스트, 그리고 통합 테스트 등이 이에 해당한다. 뒤에서 배우겠지만 대부분의 테스트는 개발자가 구현할 수 있다. 하지만 프레임워크에 내장된 일부 기능은 다른 것과 연동해야 한다.

예를 들면 시각적 테스트의 경우 플레이라이트 프레임워크라면 내장된 기능을 사용해도 되지만, 다른 프레임워크에서는 프런트엔드 개발자가 외부 툴을 찾아서 연동해야 한다.

4.5 요약

이 장에서는 테스트 자동화 프레임워크를 선택할 때 프런트엔드 개발자가 고려해야 할 주요 사항에 대해 깊이 있게 다뤘다. 사용에 있어 용이성이나 보고서와 같은 일반적인 고려사항도 있지만 테스트 범위나 API 테스트, 목 테스트, 시각적 테스트 등 프로젝트마다 요구하는 것이 좀 더 구체적인 사항도 있다.

다양한 테스트 프레임워크를 한 눈에 비교할 수 있는 표도 살펴보았다. 이 책 후반부인 9장~12장에서는 표에 포함된 각 기능, 즉 지원 언어, 커뮤니티 연계 등에 대해 항목별로 살펴보고 좀 더 깊이 있게 비교 분석하도록 한다.

이 장은 이것으로 마무리하고, 다음 장에서는 프레임워크의 비교 매트릭스를 발전시켜서 각 테스트 자동화 프레임워크를 API 테스트, 성능 테스트, 기능 및 접근성 테스트와 같은 테스트 유형별로 비교하도록 한다.

주요 프런트엔드 웹 개발
프레임워크의 소개

지금까지 셀레늄, 사이프러스, 퍼피티어, 플레이라이트와 같은 4개의 주요 프런트엔드 웹 테스트 자동화 프레임워크에 대해 살펴보고, 기능, 비기능, API, 접근성 테스트 등과 같은 주요 테스트 유형에 대해 대략적으로 다루었다. 그리고 개발자 및 **SDET**가 테스트 자동화 프레임워크를 선택할 때 고려해야 할 주요 테스트 항목에 대해서도 살펴보았다.

이 장에서는 웹 개발 및 애플리케이션 관점에서 테스트 프레임워크를 설명하고, 어떤 테스트 프레임워크가 애플리케이션 유형과 웹 개발 프레임워크에 최적인지 알아보겠다.

이 장에서 다루는 내용은 다음과 같다.

- 주요 웹 개발 프레임워크를 유형별로 도식화
- 가장 발전된 웹 개발 기술의 선택 방법

이 장의 목표는 현재 가장 많이 사용되고 있는 웹 개발 프레임워크와 친해지는 것이다. 테스트 엔지니어라면 이런 주요 기술의 장단점과 핵심 기능에 대해 파악해야 한다. 또한 예제 애플리케이션을 참고한다면 이후 테스트 계획 시에 도움이 될 것이다.

5.1 필요한 환경 및 코드

이 장에서 사용하는 코드 파일은 다음 URL의 깃허브에서 찾을 수 있다.[1]

- https://github.com/PacktPublishing/A-Frontend-Web-Developers-Guide-to-Testing

5.2 주요 웹 개발 프레임워크의 소개

이제 여러분은 웹 테스트 프레임워크에 대해 어느 정도의 지식을 갖게 되었고 프레임워크 간의 차이점과 각각의 고유 기능은 무엇인지 알게 되었다. 이 책에서 다루는 4개의 주요 테스트 자동화 프레임워크는 프런트엔드 개발자들이 웹 개발을 위해 사용하는 기술과도 밀접한 관련이 있다.

과거 몇 년 간의 자바스크립트 사용 현황과 일반 블로그의 조사 결과, 그리고 온라인 자료 등을 통해 5~7개의 웹 개발 기술이 시장을 주도하면서 프런트엔드 개발자가 선호하는 기술이 되었다는 것을 알 수 있다.

다음은 가장 많이 사용되고 있는 주요 프레임워크다.

- Vue.js(https://vuejs.org/)
- 리액트React(https://react.dev/)
- AngularJS(https://angularjs.org/)
- Ember.js(https://guides.emberjs.com/release/tutorial/part-1/)
- 스벨트Svelte(https://svelte.dev/)

이 프레임워크들이 대부분의 웹 애플리케이션 개발에 사용되고 있지만, 모던 디지털 앱이 각광을 받으면서 모바일 친화적인 앱 개발에 리액트 네이티브가 사용되고 있다. 이것은 조금은 오래된 기술이지만 여전히 다양한 기술을 제공하고 있다. 또한, 새롭게 앱을 만드는 경우에는 단일 코드 기반으로 모바일 및 PC에서 실행되는 플러터Flutter(https://flutter.dev/)도 사용되고 있다. 여기서는 앞서 언급한 5개의 프레임워크에 집중하도록 하겠지만, **프리액트**Preact(https://preactjs.com/), **Backbone. js**(https://backbonejs.org/), **jQuery**(https://jquery.com/), **플러터, 시멘틱 UI**Semantic UI(https://semantic-ui.com/)에 대해서도 간단히 살펴보도록 한다.

---

1   옮긴이 앞 장에서 다운로드한 코드와 동일한 코드다.

그림 5.1 **주요 웹 개발 프레임워크의 로고**

가장 많이 사용되는 웹 개발 프레임워크가 무엇인지 살펴보았다. 이제 각 프레임워크에 대해 좀 더 자세히 알아보도록 하자. 각각의 주요 특성과 강점을 이해하고 실제로 사용해보겠다.

5.3 웹 개발 프레임워크의 선택 가이드라인

프런트엔드 개발자가 웹 개발 프레임워크를 선택할 때 고려해야 할 핵심 사항은 다음과 같다.

- 현재 사용자 스토리를 만족하는 프레임워크 기능 및 차별화 능력
- 적은 코딩과 요구사항으로 빠르게 개발할 수 있는 능력
- 활발한 커뮤니티 지원(오픈소스 혜택)
- 간단한 디버그
- 학습 난이도
- 일관적인 성능
- 애플리케이션 컴포넌트의 재사용성
- 프레임워크 자체 보안 기능
- 이 외에 내장 개발자 툴(DOM 스냅숏), 플러그인 친화적, 앱 레이아웃 디자인, 타입스크립트 언어 지원, 접근성 지원

앞서 살펴본 개발 프레임워크들은 개발 시기나 기능, 커뮤니티 규모, 애플리케이션 유형별 적합도 등이 모두 다르다. 스택 오버플로Stack Overflow에 등록된 질문 수를 기준으로 프레임워크가 연도별로 어떤 경향을 보이는지 확인할 수 있다.

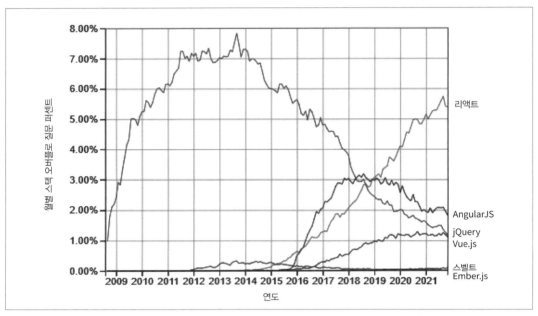

그림 5.2 **스택 오버플로상의 자바스크립트 웹 개발 프레임워크의 경향**[2]

주요 웹 개발 프레임워크들을 큰틀에서 비교해보고 장단점도 살펴보자.

5.3.1 리액트

리액트는 페이스북이 개발한 오픈소스 프레임워크다. 깃허브에서 193,000 스타star를 받았으며 40,000 포크Fork, 160 브랜치branch를 가지고 있다(2022년 8월 기준). 지금 현재 가장 많이 사용되는 웹 개발 프레임워크다.

리액트의 주요 이점 중 하나는 효율적인 웹페이지 로딩과 서버 측 렌더링에 사용되는 가상Virtual DOM으로, 대부분의 페이지 렌더링을 서버 측에서 끝냄으로써 웹 애플리케이션의 성능을 높여준다. 또한, 리액트는 **JSX**JavaScript Extension를 지원한다. XML 파일처럼 생겼으며 자바스크립트 웹사이트 코드와 같이 사용해 트리 구조를 만들 수 있다. 코드 내의 복잡한 블록을 XML의 열기, 닫기 태그를

---

2 출처: 스택 오버플로

bar

y

w

b

사용해서 구성할 수도 있다.

리액트를 사용해서 만든 대표적인 웹사이트가 **핀터레스트**Pinterest, **넷플릭스**Netflix, **드롭박스**Dropbox 다.

대부분의 웹 개발자들은 리액트가 훌륭한 컴포넌트 재사용성 및 높은 성능을 제공한다는 것에 동의 한다. 이는 기본 탑재된 기능이 훌륭하고 배우기 쉬우며, 개발 및 디버그를 위한 다양한 개발자 툴이 존재하기 때문이다. 또한, 오픈소스 프레임워크를 지지해주는 강력한 커뮤니티도 있다.

하지만 JSX를 둘러싼 논쟁이 여전히 존재한다. DOM 트리를 쉽게 처리해주는 것이 목적이지만 확장 구문을 이해하고 사용하기 어렵기 때문이다.

리액트를 사용해서 새로운 웹 애플리케이션을 만들려면 다음 명령을 사용하면 된다.

```
npx create-react-app packt-app
cd packt-app
npm start
```

이 명령은 개발자가 작업을 시작할 수 있는 기본적인 웹 애플리케이션의 틀을 만들어준다. 기본 애플 리케이션 폴더(이 예시에서는 packt-app)가 생성되면 그 안에 있는 `App.js` 파일과 `index.html` 파일, 그 리고 필요하면 연계된 JSX 파일을 편집하면 된다.

다음은 리액트를 사용해서 새롭게 생성한 웹 애플리케이션의 시작 화면이다.

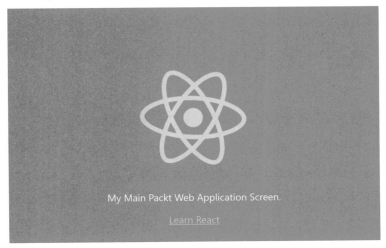

그림 5.3 **리액트를 사용해 만든 기본 웹 애플리케이션**

NOTE **가상 DOM:** 가상 DOM은 리액트가 제공하는 아주 편리한 기능이다. 리액트가 자바스크립트 객체를 기반으로 만든 트리 구조로 웹페이지의 DOM 트리와 비슷하다. 개발자가 DOM상의 무언가를 변경할 때마다 리액트는 다른 알고리즘을 사용해 변경된 DOM의 노드 부분만 다시 렌더링한다. 이를 통해 DOM 로딩 속도를 향상시키고 PC든 모바일이든 상관없이 개선된 사용자 경험을 제공해줄 수 있다.

이 책의 목표는 웹 애플리케이션 개발 방법을 알려주는 것이 아니라 그것들을 테스트하는 방법을 알려주는 것이다. 하지만 앱을 테스트하는 방법을 알려면 앱 개발 프레임워크가 어떻게 만들어졌고 각각의 차이가 무엇인지 이해하는 것이 중요하다. 왜냐하면 프레임워크 선택이 테스트 작업과 테스트 프레임워크에 영향을 줄 수 있으며, 테스트 프레임워크에 따라서는 지원하지 않는 웹 애플리케이션 유형이 있기 때문이다. 4장 '테스트 담당자와 유형별 테스트 자동화 프레임워크의 선택'에서도 강조했지만, 플레이라이트와 퍼피티어는 제스트 테스트 실행기를 지원하며 제스트는 리액트 애플리케이션 테스트에 적합하다(https://jestjs.io/docs/tutorial-react). 리액트 설치 명령을 실행하면 함께 설치되기 때문이다.

제스트를 플레이라이트와 함께 사용하려면 플레이라이트와 Node.js가 설치된 환경에 제스트 지원 라이브러리를 설치해야 한다.

```
npm install -D jest jest-playwright-preset playwright
```

그리고 `jest.config`를 수정해서 설치한 지원 라이브러리를 지정해주어야 한다.

```
module.exports = {
    preset: "jest-playwright-preset"
}
```

플레이라이트와 제스트를 사용한 리액트 앱 테스트 방법에 대해 자세히 알고 싶다면 다음 사이트를 참고하기 바란다.

- https://playwright.tech/blog/using-jest-with-playwright

플레이라이트는 강력한 테스트 프레임워크로 단순한 테스트 이상의 기능을 제공한다. 따라서 테스트 계획 시에 제스트 외에도 다양한 기술을 검토하는 것이 좋다.

플레이라이트처럼 구글의 퍼피티어 프레임워크도 제스트 테스트 실행기를 지원하므로 리액트 앱 테스트에 적합하다. 하지만 4장에서 강조했듯이, 퍼피티어는 크로미엄 브라우저만 지원한다는 제약이 있으며, API 테스트 미지원, 미약한 커뮤니티 등의 기능적인 제약도 존재한다. 리액트 앱용으로 퍼피티어와 제스트 테스트 환경을 설정하려면 다음 안내서를 참고한다.

- https://rexben.medium.com/end-to-end-testing-in-react-with-puppeteer-and-jest-6a0b1b8cff6b

시장에서 가장 많이 사용되면서 가정 안정적인 프레임워크인 셀레늄도 리액트의 **종단**end-to-end, E2E 테스트를 위해 사용될 수 있다. 자바스크립트를 지원하며 대규모 테스트도 가능하다. 또한, **퍼펙토, 소스 랩, 브라우저 스택** 등을 사용해 클라우드상에서 테스트할 수도 있다.

마지막으로 사이프러스 프레임워크도 리액트 애플리케이션을 위한 최신 테스트 기능을 지원한다. 이 때 사용되는 것이 컴포넌트 기반 테스트 방법론(https://www.cypress.io/blog/2021/04/06/cypress-component-testing-react/)과 기본 자바스크립트 사양, 그리고 타입스크립트 테스트 사양이다.

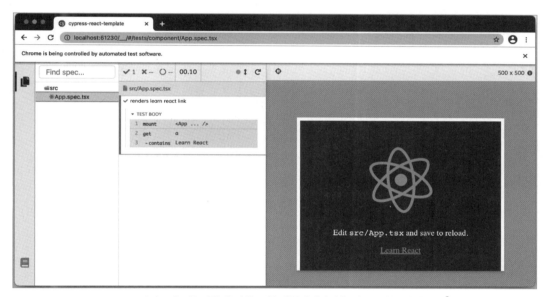

그림 5.4 **사이프러스를 사용해 리액트 웹 애플리케이션을 테스트하는 메인 화면**[3]

이것으로 리액트 웹 개발 프레임워크에 대해 살펴보았다. 다음은 주요 프레임워크 중 하나인 AngularJS를 살펴보도록 한다.

---

3   출처: 사이프러스 문서

5.3.2 AngularJS

AngularJS는 주요 웹 개발 프레임워크 중 하나로 2016년 구글이 개발했다. HTML을 템플릿 언어로 사용할 수 있으며 **ng-app, ng-init, ng-bind, ng-model** 등의 디렉티브directive를 사용해 HTML 템플릿을 확장할 수 있다. AngularJS의 이점 중 하나는 데이터 바인딩과 의존성 주입dependency injection을 사용해 적은 코딩으로 앱을 개발할 수 있다는 것이다. AngularJS의 메인 웹페이지를 보면(https://docs.angularjs.org/guide/introduction), **CRUD**Create, Read, Update, Delete(데이터 생성, 참조, 변경, 삭제를 일컫는 것으로 데이터 처리 전체를 의미함)를 염두에 두고 개발됐으며 높은 수준의 추상화를 기반으로 웹사이트를 효율적으로 개발할 수 있게 해준다. 따라서 앵귤러 커뮤니티에서도 복잡한 GUI나 게임 웹사이트는 AngularJS에 적합하지 않을 수도 있다고 언급하고 있다.

커뮤니티적으로는 깃허브에서 84,000 스타, 22,000 포크를 보이고 있어서 많은 사람들이 활발하게 이 프로젝트에 기여하고 있음을 알 수 있다(https://github.com/angular/angular).

그림 5.5 **기본 AngularJS 웹 애플리케이션 코드의 예**[4]

이 코드에서 볼 수 있듯이 HTML 템플릿을 사용하고 있으며 **name**에 **ng-bind**와 **ng-model**이라는 앵귤러 디렉티브를 사용해 데이터를 연동하고 있다.

AngularJS 이점의 핵심은 적은 코드양과 재사용 가능한 코드 컴포넌트, 의존성 주입, 디렉티브를 사용한 HTML 확장, 강력한 커뮤니티 등이다. 또한, **양방향 데이터 바인딩**two-way data binding은 앵귤러 개발자들이 선호하는 강력한 기능이기도 하다. 양방향 데이터 바인딩은 실시간으로 애플리케이션 뷰view와 모델model을 동기화시켜준다. 예를 들어 사용자가 드롭다운 메뉴 내의 선택 항목 순서를 바꾸면 DOM 코드를 변경하지 않고도 앵귤러가 자동으로 뷰를 업데이트시켜준다.

반면 복잡한 웹사이트를 개발할 때는 약점도 있다. 예를 들어 게임 웹사이트나 복잡한 코드 구조를

---

4   https://www.w3schools.com/angular/tryit.asp?filename=try_ng_intro

가진 대규모 웹 애플리케이션 등의 동적 콘텐츠를 다뤄야 하는 경우다. AngularJS는 프런트엔드 웹 애플리케이션과 **프로그레시브 웹 앱**PWA을 개발할 때 힘을 발휘하는 높은 성능의 개발 프레임워크인 것이다.

AngularJS 애플리케이션을 테스트할 때 여러 테스트 자동화 프레임워크를 고려해볼 수 있다. 과거에는 프로트랙터Protractor가 좋은 선택지였지만 시간이 흐르면서 개발 및 지원이 중단됐다. 지금 집필 시점에는 앵귤러 개발팀에 의해 앵귤러 전용으로 개발된 **카르마**Karma(http://karma-runner.github.io/latest/index.html)가 유명하다. 카르마는 **모카**나 **QUnit, 자스민** 등 이른바 **행위 주도 개발**behavior-driven development, BDD 자바스크립트 테스트 프레임워크와 함께 사용할 수 있다.

AngularJS 앱에 카르마를 설치하려면 다음 명령을 실행하면 된다.

```
npm install karma karma-chrome-launcher karma-jasmine
npm install karma-cli
```

셀레늄과 같은 주요 테스트 프레임워크도 AngularJS 애플리케이션을 지원한다. 하지만 AngularJS가 기본적으로 비동기식이라는 것과 암묵적, 명시적 대기를 사용한다는 것을 알고 있어야 한다. 또한, JavaScriptExcutor와 같은 전용 라이브러리를 사용해 웹페이지 요소를 더 안정적이고 효율적으로 식별하고 복잡한 테스트 시나리오를 처리한다.

사이프러스도 프레임워크에 포함된 전용 라이브러리를 사용하면 AngularJS 애플리케이션을 테스트 할 수 있다(https://github.com/bahmutov/cypress-angular-unit-test).

사이프러스 프레임워크에 AngularJS 테스트를 추가하려면 다음 명령을 실행하면 된다.

```
npm install -D cypress cypress-angular-unit-test
```

그리고 설치한 지원 라이브러리를 사이프러스의 `index.js` 파일에 추가한다.

```
require('cypress-angular-unit-test/support');
```

마지막으로 플레이라이트도 내장된 API(https://stackoverflow.com/questions/69891101/how-to-run-e2e-angular-tests-with-playwright/69891102)를 사용해 AngularJS를 테스트할 수 있다. 또한, 구글의 퍼피티어도 오래되긴 했지만 프로트랙터 설정 파일을 사용해 테스트 실행기로 사용할 수 있다 (https://stackoverflow.com/questions/51536244/how-to-use-puppeteer-in-an-angular-application).

이 책에서 다루고 있는 4개의 주요 테스트 프레임워크는 기술적으로 모든 웹 개발 프레임워크를 지원한다. 하지만 AngularJS에서 볼 수 있듯이 카르마처럼 특정 앱 프레임워크의 개발 주기에 맞추어 사용할 수 있는 전용 테스트 프레임워크가 있다면 그것을 사용하는 것이 좋다.

5.3.3 Vue.js

Vue.js(https://vuejs.org/)는 프런트엔드 개발자들이 많이 사용하고 있는 기술 중 하나다. 또한 많은 기여자(200,000 스타, 33,000 포크, 13 브랜치, 2022년 8월 시점)를 보유하고 있는 매우 강력한 오픈소스 프레임워크다(https://github.com/vuejs/vue#readme). Vue.js 프레임워크는 다양한 UI를 가진 웹사이트를 개발할 수 있도록 설계됐다. 뷰(view) 계층에 집중하고 있는 전용 라이브러리들은 **싱글 페이지 애플리케이션**single page application, SPA과 풀스택 애플리케이션, 그리고 PC와 모바일 양쪽을 대상으로 한 앱을 유연하게 개발할 수 있게 해준다.

Vue.js를 로컬 환경에 설치하려면 다음 명령을 실행하면 된다.

```
npm install vue
```

이 명령은 풀full 버전, 런타임 전용, 풀(프로덕션) 버전, 런타임 전용(프로덕션) 등 프레임워크의 여러 빌드 버전을 설치해준다. 보통은 **풀** 빌드를 사용해 프레임워크의 컴파일러와 런타임을 모두 사용한다.

Vue.js의 훌륭한 기능 중 하나는 개발자 도구DevTool 확장 플러그인이다(https://devtools.vuejs.org/). 웹 애플리케이션의 디버그 기능을 개선한 것으로 크롬이나 파이어폭스 브라우저의 플러그인으로 추가해서 사용하면 된다.

이 플러그인은 명령줄 인터페이스에서 다음 명령을 실행해 설치할 수 있다.

```
npm install -g @vue/devtools
```

개발자 도구 플러그인을 설치하면 브라우저의 개발자 도구에서 이 툴을 볼 수 있다. 웹 애플리케이션의 실시간 디버그 및 페이지 요소 분석, 그리고 성능, 접근성 등의 특성을 측정해주는 강력한 툴이다.

프런트엔드 개발자가 Vue.js를 선호하는 또 다른 이유로 잘 정리된 문서와 강력한 커뮤니티, 오픈소스 프로젝트 기여 등이 있으며, 구문이 쉬워서 프레임워크 사용법을 빨리 익힐 수 있다는 점과 디자인 측면의 유연성이 높다는 점이다.

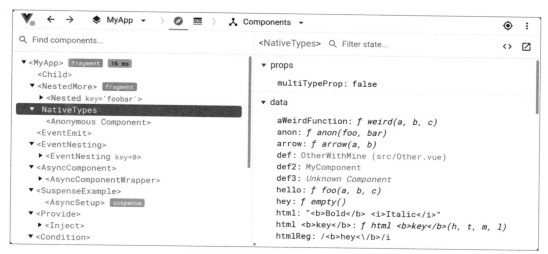

그림 5.6 **Vue.js의 데브툴 적용 화면**[5]

AngularJS처럼 Vue.js도 양방향 데이터 바인딩을 지원하며 복잡한 PWA뿐만 아니라 모던 웹 애플리케이션 개발도 지원한다. Vue.js는 유연성, 단순함, 고급 개발자 도구 플러그인, 그리고 다양한 애플리케이션 유형을 지원하다는 점에서 각광을 받고 있다.

Vue.js 커뮤니티는 테스트를 위해 여러 툴을 조합해서 사용할 것을 권하고 있다. 다음과 같은 테스트 유형별로 다른 프레임워크를 사용할 수 있다.

- 단위 테스트
- 컴포넌트 테스트
- E2E(종단) 테스트

단위 테스트의 경우 모카(https://mochajs.org/)와 제스트(https://jestjs.io/)를 권장하고 있다. **컴포넌트 테스트**는 컴포넌트가 DOM에 장착돼 있다는 것을 확인할 수 있어야 한다. Vue.js는 이를 위한 컴포넌트 테스트 라이브러리를 내장하고 있다(https://testing-library.com/docs/vue-testing-library/intro/). 한편 사이프러스도 컴포넌트 기반 테스트를 지원한다는 것에 대해 4장 '테스트 담당자와 유형별 테스트 자동화 프레임워크의 선택'에서 살펴보았다.

Vue.js의 내장 라이브러리를 사용해서 컴포넌트 테스트를 하려면 다음 명령을 사용해서 해당 라이브러리를 설치해야 한다.

---

5   https://github.com/vuejs/devtools

```
npm install –save-dev @testing-library/vue
```

참고로 종단 테스트를 위해서는 커뮤니티에서 사이프러스와 퍼피티어를 추천하고 있다. 사이프러스는 심지어 뷰 전용 명령줄 플러그인도 제공한다(https://cli.vuejs.org/core-plugins/e2e-cypress.html#injected-commands).

5.3.4 Ember.js

Ember.js(https://emberjs.com/)도 많이 사용되는 자바스크립트 웹 개발 프레임워크 중 하나다. 2011년에 개발됐으며 깃허브(https://github.com/emberjs/ember.js)에서 22,000 스타, 4,300 포크, 48 브랜치를 보유하고 있어서 개발자들이 많이 찾는 프레임워크라는 것을 알 수 있다. Ember.js의 가장 중요한 강점이라고 하면 안정성과 코드의 보안성, 그리고 최신의 자바스크립트 기능으로(https://guides.emberjs.com/release/upgrading/current-edition/), **오토트래킹**autotracking, 기능 플래그(https://guides.emberjs.com/release/configuring-ember/feature-flags/)를 지원하는 고급 앱 설정, 테스트, 프로덕션과 같은 환경 유형 설정 등이다.

[NOTE] Ember.js의 오토트래킹: Ember.js 프레임워크가 제공하는 강력한 기능 중 하나가 오토트래킹이다. 웹의 어떤 요소가 언제 다시 렌더링되어야 하는지 정해야 할 때 사용하는 재활성화 모델이다. 예를 들어 웹사이트 내의 어떤 요소가 이후 변경될 여지가 있다면 @tracked를 지정해둔다. 그리고 해당 요소가 실제로 변경되면(예를 들면 영어, 일본어 등으로 언어가 변경됐다면) 웹사이트는 페이지상에서 영향을 받은 곳만 자동으로 렌더링한다. 즉 변경한 언어와 연계된 텍스트만 다시 렌더링한다.

오토트래킹과 같은 고급 기능은 단위 테스트 등을 통해 확실하게 테스트해서 자동으로 렌더링되는지 확인해야 한다. 참고로 Ember.js를 사용하는 것으로 알려진 웹사이트로는 **링크드인**LinkedIn, **넷플릭스, 마이크로소프트** 등이 있다.

Ember.js에서 가장 사랑받는 특성 및 기능으로는 프레임워크가 제공하는 속도와 성능, 양방향 데이터 바인딩(AngularJS도 동일한 기능 제공), 잘 정비된 문서 등이 있다. 그리고 앞서 본 오토트래킹이나 무설정 앱도 주요 기능이다.

다른 프레임워크와 비교해서 커뮤니티가 상대적으로 작고 학습이 어렵다는 단점이 있다. Ember.js의 커뮤니티는 웹 애플리케이션을 테스트할 때 다음 세 가지 유형을 권장하고 있다.

- 단위 테스트
- 렌더링(통합) 테스트
- 애플리케이션(인수) 테스트

단위 테스트에는 QUnit(https://qunitjs.com/), 모카, 그리고 Ember.js 내장 명령줄 툴을 권장하고 있다(https://cli.emberjs.com/release/advanced-use/blueprints/). 컴포넌트 테스트와 유사한 렌더링 테스트를 만들려면 내장 명령줄 툴을 사용해서 테스트 시나리오를 만들면 된다. Ember.js의 세 가지 테스트에 대해 자세히 알고 싶다면 다음 URL을 참고하자.

- https://medium.com/@sarbbottam/the-ember-js-testing-guide-i-made-for-myself-c9a073a0c718

```js
tests/integration/components/simple-button-test.js                    JS
1   import { click, render } from '@ember/test-helpers';
2   import { setupRenderingTest } from 'ember-qunit';
3   import { hbs } from 'ember-cli-htmlbars';
4   import { module, test } from 'qunit';
5
6   module('Integration | Component | simple-button', function(hooks) {
7     setupRenderingTest(hooks);
8
9     test('should keep track of clicks', async function(assert) {
10      await render(hbs`<SimpleButton />`);
11      assert.dom('[data-test-label]').hasText('0 clicks');
12
13      await click('[data-test-button]');
14      assert.dom('[data-test-label]').hasText('1 click');
15
16      await click('[data-test-button]');
17      assert.dom('[data-test-label]').hasText('2 clicks');
18    });
19  });
```

그림 5.7 **Ember.js용 렌더링 테스트 코드의 예**[6]

커뮤니티에서 논의되고 있는 내용을 보면 셀레늄, 사이프러스, 퍼피티어, 플레이라이트와 같은 주요 프레임워크는 어떤 유형의 웹 애플리케이션이라도 자동화할 수 있지만, Ember.js만은 테스트하기 힘들다고 한다. 스택 오버플로에 있는 몇몇 글에도 Ember.js 앱이 생성하는 동적 객체를 셀레늄이나 사이프러스로 테스트하기 힘들다고 나와 있다.

- https://stackoverflow.com/questions/37026817/automate-ember-js-application-using-selenium-when-object-properties-are-changed

- https://stackoverflow.com/questions/53422339/ember-cypress-integration-test-failing-likely-due-to-lack-of-store-context

---

6   https://guides.emberjs.com/release/testing/test-types/

5.3.5 스벨트

스벨트Svelte(https://svelte.dev/)는 기존과는 다른 방식의 웹 개발 프레임워크다. 홈페이지에서는 스벨트 프레임워크를 다음과 같이 정의하고 있다.

> 스벨트는 유저 인터페이스를 구축할 때 새로운 방식으로 접근한다. 리액트나 Vue.js 등의 전통적인 프레임워크가 브라우저에서 대부분의 작업을 하는 것과 달리 스벨트는 이 작업을 컴파일 단계, 즉 앱을 빌드하는 단계로 옮겼다.
>
> 가상 DOM 기술을 사용하지 않고도 앱 상태가 바뀌면 DOM을 마치 외과수술하는 것처럼 정확하게 업데이트한다.

깃허브에서 68K 스타(2023년 6월 시점)를 받았으며, 프런트엔드 개발자들 사이에서 주목받고 있는 프레임워크다(https://github.com/sveltejs/svelte#README). 또한, 지난 6개월간 일간 다운로드 수가 점차 증가해서 2023년 6월 시점에 약 520,000회 다운로드되었다(https://npmtrends.com/svelte).

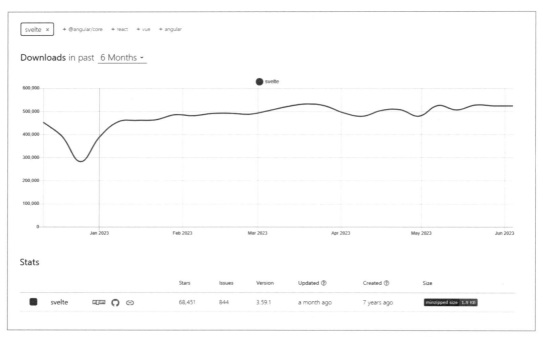

그림 5.8 **지난 6개월 간 스벨트 프레임워크의 다운로드 및 커뮤니티 동향**[7]

---

7 [옮긴이] 표에는 보이지 않지만 2022년 11월에 무려 28,400,000회가 다운로드되며 크게 주목 받았다. 출처: https://npmtrends.com/svelte

스벨트를 사용해서 웹사이트를 구축하려면 다음 명령을 실행하면 된다.

```
npx degit sveltejs/template my-first-project
cd my-first-project
npm install
npm run dev
```

스벨트 또한 웹사이트를 통해 웹 애플리케이션을 빠르게 구축할 수 있는 예제 코드를 제공하고 있다.

스벨트 프레임워크의 가장 중요한 강점은 웹 앱의 반응성이 뛰어나고 앵귤러나 리액트 앱보다 빠르고 가볍다는 것이다. 단점으로는 커뮤니티가 작다는 것과 툴 및 프레임워크 지원이 부족하다는 것이다. **이베이**eBay나 **픽사**Pixar 웹사이트가 스벨트 기술을 사용해 만들어졌다.

테스트 관점에서는 스벨트가 라이브러리가 아닌 컴파일러에 가깝기 때문에(https://svelte.dev/faq) 테스트 방식도 다르다. 앞서 본 프레임워크처럼 스벨트도 전용 테스트 라이브러리(https://svelte-recipes.netlify.app/testing/)와 제스트를 지원한다. 이 테스트 라이브러리를 사용하려면 다음 명령을 통해 전용 컴포넌트를 설치해야 한다

```
npm install @testing-library/svelte --D
```

라이브러리를 사용해보고 싶다면 다음의 기본 튜터리얼을 참고하자.

• https://timdeschryver.dev/blog/how-to-test-svelte-components#writing-a-test

스벨트 커뮤니티는 스벨트 앱을 위한 테스트 프레임워크로 사이프러스를 권장하고 있다(https://www.thisdot.co/blog/svelte-component-testing-with-cypress-vite/). 또한, 플레이라이트나 퍼피티어, 셀레늄(https://medium.com/@oyetoketoby80/automatingyour-front-end-application-testing-with-selenium-8e9d51f0f73c), 사이프러스 등을 사용해서 테스트하기 전에 웹 애플리케이션의 각 컴포넌트용 테스트 번들을 작성해야 한다고 언급하고 있다.

5.4 요약

이 장에서는 가장 많이 사용되고 있는 주요 웹 개발 프레임워크에 대해 살펴보았다. 주요 기능과 실행 방법, 그리고 각각의 장단점을 대략적으로 다뤘다. 또한, 테스트 유형에 따라 각 프레임워크용 테스트 툴에 대해서도 설명했다.

이 장에서 기억해야 할 것은 웹 개발 프레임워크가 다양하며 각각의 개발 흐름이나 핵심 기능, 그리고 기능의 범위가 다르다는 것이다. 이런 차이로 인해 사용해야 할, 또는 사용할 수 있는 테스트 툴이 달라진다.

가상 DOM이나 **양방향 데이터 바인딩**과 같은 웹 개발 프레임워크들이 공통적으로 사용하는 핵심 기술에 대해서도 살펴보았다.

이 장은 이것으로 마무리하고, 다음 장부터 이 책의 2부가 시작된다. 웹 애플리케이션의 지속적 테스트 계획 시 필요한 핵심 개념을 살펴보고 단계별로 계획이 성공했는지 측정하는 방법에 대해서 다룬다.

PART

II

웹 애플리케이션 개발자를
위한 지속적인 테스트 전략

웹 애플리케이션의 품질 유지는 일회성에 그치는 작업이 아니다. 지속적인 프로세스로 견고한 전략하에 여러 담당자가 함께 만들어 나가야 한다. 또한, 매트릭스metrics나 **주요 성능 지표**Key Performance Indicator, KPI를 통해 품질을 적절하게 평가해야 한다. 2부에서는 모든 웹 애플리케이션에 적용할 수 있는 테스트 전략의 수립 방법에 대해 다룬다. 또한, 시간이 지남에 따라 변화하는 목표, 로드맵, 시장 상황에 맞추어 전략을 어떻게 유지하고 변경해야 하는지 생각해본다.

CHAPTER 6

웹 애플리케이션을 위한
개발 테스트 전략과 핵심 고려사항

2부의 첫 장에서는 웹 애플리케이션 개발 프로젝트의 테스트 전략에 대해 다룬다. 테스트 전략에는 요구사항이나 목표 설정 단계에서부터 성공 여부 측정까지 포함된다.

특정 웹 애플리케이션의 테스트 전략 수립은 제품의 요구사항과 품질 허용 조건, 팀의 기술력 및 인력 가용 여부, 그리고 애플리케이션이 목표로 하고 있는 타깃 시장(또는 사용자) 등에 따라 달라진다. 이 장에서는 이런 사항들을 테스트 전략과 연계하는 방법을 배우며, 이 전략은 모든 품질 요소를 포함해야 하며 지속적으로 사용자 경험을 만족시켜야 한다. 또한, 전략이 성공했는지 감시하고 측정할 수 있는 핵심 지표에 대해서도 설명한다.

이 장에서 다루는 주제는 다음과 같다.

• 웹 애플리케이션 테스트 계획과 전략 시 핵심 고려사항
• 지속적으로 테스트 전략의 성공 여부 측정
• 사례: 실제 웹 애플리케이션의 테스트 전략

6.1 웹 애플리케이션 테스트 계획과 전략 시 핵심 고려사항

1부에서는 주요 프런트엔드 테스트 자동화 프레임워크와 웹 애플리케이션 개발 프레임워크에 대해 다뤘으며, 각각의 개발 및 테스트 프레임워크가 장단점이 있다는 것을 배웠다. 이 지식이 테스트에 도움이 되긴 하겠지만, 이 자체가 테스트 전략의 주요 요소는 아니다. 프레임워크는 계획을 수행할 수

있도록 도와주는 툴에 불과하다.

어떤 툴을 어떻게 사용할지는 테스트 계획과 전략에 의해 정해져야 하며 그런 계획을 수립하려면 소프트웨어 리더가 제품 비즈니스 요건에 부합하는 테스트 피라미드의 핵심을 알고 있어야 한다.

프로덕션에 릴리스해야 하는 웹 애플리케이션을 앞에 두고 어떤 테스트 유형을 고려해야 하는지부터 시작해보자. 1장 '특정 브라우저에 종속되지 않는 테스트 방법론'에서 주요 웹 테스트 유형에 대해 다뤘다. 기능, 비기능(성능, 보안, 접근성 등), API, 시각적 테스트 등이 있었다. 그림 6.1은 이런 테스트 유형을 기본 테스트 피라미드로 분류한 것이다.

그림 6.1 **기본 소프트웨어 테스트 피라미드**[1]

웹 애플리케이션을 개발할 때 사용자 입장에서 제품의 다양한 측면을 고려해야 한다. 사용자에게 있어 중요한 것은 웹사이트의 외형이 괜찮은지, 성능이 좋은지, 모든 디지털 플랫폼(모바일과 웹)에서 사용할 수 있는지, 앱에 사용되는 서비스나 외부 툴이 제대로 동작하는지 등이다.

또한, 모든 테스트 유형을 파이프라인상에 분포시켜 두는 것이 좋다. 이를 통해 프런트엔드 개발자에게 적절한 피드백 과정을 제공할 수 있으며, 개발자는 빠르게 문제를 수정하고 제품에 내재된 결함을 줄일 수 있다.

또한, 요구사항 분석 단계부터 애자일 팀의 SDET와 협업하는 것이 중요하다. 이를 통해 SDET가 **전체**End-to-End **테스트 주기(E2E 테스트)**를 고려한 테스트 자동화 시나리오 개발을 빠르게 할 수 있다.

이 절에서는 안정적이면서 강력한 웹 애플리케이션을 개발하기 위해 필요한 6가지 핵심 사항에 대해 알아보고자 한다. 모든 개발은 애플리케이션의 대상 사용자를 파악하고 정의하는 것부터 시작한다.

---

1 출처: The test automation pyramid.png. https://commons.wikimedia.org/wiki/File:The_test_automation_pyramid.png

6.1.1 대상 사용자 알기

웹 애플리케이션을 대중에게 공개할 때 최종 사용자가 누구인지 파악하는 것은 개발 및 테스트 관점에서 큰 이점이 된다. 새로운 앱을 릴리스할 때는 사용자 정보가 충분하지 않으므로 프로덕트 매니저와 사업팀으로부터 누구를 대상으로 하는지를 분명하게 확인해야 한다. 이를 통해 테스터는 앱이 어떤 모바일과 웹 플랫폼을 지원해야 하는지, 어떤 버전과 지역을 고려해야 하는지 알 수 있다. 만약 기존 웹 애플리케이션을 릴리스하는 것이라면 웹 트래픽 분석 데이터가 도움이 될 수 있다. 예를 들어 사용자 여정user journey이나 가장 많이 사용한 모바일 및 웹 플랫폼, 이전 릴리스에서 재발생한 결함은 없는지 등을 미리 알 수 있다. 이 과정은 테스트 계획 범위를 조정할 수 있게 해주며, 일정에 맞는 릴리스와 테스트 활동 최적화, 위험 감소 등에 도움을 준다.

여러분의 청중(사용자)이 누구인지 생각할 때는 어떤 산업 및 업종을 대상으로 하는지도 고려해야 한다. 업종에 따라 사용자 특성이 많이 달라질 수 있다. 예를 들면 연령, 기대치, 사용하는 모바일 및 웹 플랫폼, 접근성, 사용 언어, 컴플라이언스 요구사항 등이 이에 해당한다. 이처럼 타깃 사용자의 모든 특성을 이해하는 것은 테스트 계획을 수립하는 데 있어 필수적이다.

6.1.2 테스트 계획 수립하기

릴리스 전에 타깃 사용자와 제품에 대한 요구사항을 파악하면 테스트 관리자와 개발자가 릴리스 완료를 위해 판단해야 하는 기준의 일부인 테스트 적용 범위를 정할 수 있다.

이런 테스트 계획은 웹사이트의 모든 흐름과 사용자 여정을 고려해야 하며 품질 관점에서 문제가 될 수 있는 웹 애플리케이션의 모든 의존성들까지 고려해야 한다. 또한, 테스트 계획은 관련된 모든 테스트 유형과 중요한 모바일 및 웹 설정을 다뤄야 한다. 개발 및 스테이지 환경의 테스트 데이터와 테스트 환경도 계획의 일부로 준비돼야 하며, 테스트 프로세스를 진행하기 전에 미리 준비해두면 좋다.

1장 '특정 브라우저에 종속되지 않는 테스트 방법론'에서 이미 언급되었기 때문에 테스트 유형에 대해 다시 다루지는 않는다. 다만 어떤 것이 있었는지 다시 한번 기억을 상기시켜 보자. 테스트 유형에는 모든 내부, 외부 링크 테스트, 웹페이지의 기능성, 사용자 흐름, 사용성 및 접근성, 현지화 및 국제화, 레거시 범위, 최신 및 베타 버전의 웹 및 모바일, 레이아웃과 뷰 테스트 등이 있었다.

테스트 계획 시 이런 모든 유형의 테스트를 포함시키고, 체크 상자에 체크하는 방식으로 실제 테스트를 진행했는지 확인할 수 있어야 한다. 앞 장에서 강조했듯이 최신 웹 애플리케이션을 개발하고 테스트하려면 많은 시간과 자원이 필요하다. 따라서 프로젝트에 필요한 자원과 툴, 라이선스 등이 충분하게 확보되어 있는지 미리 확인하는 것이 중요하다.

6.1.3 툴 스택 및 환경 준비하기

테스트 개발 및 실행은 아무것도 없는 환경에서 진행되지 않는다. 앞서 언급한 테스트 유형들을 생성 및 관리하고 실행할 수 있는 최신의 환경이 필요하다. 따라서 계획의 일부로 팀이 적절한 툴과 테스트 환경에 접근할 수 있는지 확인해서 목표를 달성할 수 있는 여건을 만들어주어야 한다. 대부분의 경우 테스트를 생성하고 검증하기 위해 모킹mocking 서비스 환경과 프로덕션pre-production 환경에 준하는 테스트 데이터를 필요로 한다. 개발 및 테스트 리더는 팀원이 파이프라인상의 모든 과정을 테스트할 수 있도록 개발 툴과 환경을 책임져야 한다.

6.1.4 품질 기준 및 목표 정하기

이것은 테스트 계획의 중요한 부분으로 이후 테스트 엔지니어, 개발자, 프로덕트 매니저, 비즈니스 오너가 서로 동의할 수 있는 근거 자료가 된다. 품질 관점에서 릴리스할 준비가 됐다고 확신할 수 있으려면 주요 지표를 사용해야 한다. 이 지표에는 테스트 적용 범위, 중요도와 심각성을 포함하는 시스템의 결함, 플랫폼 대상, 기능 및 비기능 품질 기준, 성능 및 가용성 측정, 제품 릴리스 안내서, 가능한 문서 제공 등이 포함된다.

6.1.5 일정

가용 자원과 툴, 환경, 테스트 요구사항을 기준으로 모두가 동의할 수 있는 일정이 필요하다. 이 일정에는 개발 주기의 각 단계와 다음 단계로 진행할 수 있는 조건 등이 정의돼야 한다. 또한, 릴리스 준비 상태를 측정할 수 있는 품질 조건 및 지표를 마련하고 이를 기준으로 목표로 하는 릴리스 날짜를 정해야 한다. 다양한 담당자들이 릴리스 파이프라인을 조율하는 것은 마치 하나의 예술 작업과도 같아 다양한 이해 당사자 간 커뮤니케이션과 규칙이 필요하다. 시간과 일정 자체가 내부, 외부에 대한 의존성이 있다는 것을 기억해야 한다. 따라서 예측하지 못한 상황을 고려해 원래 예상한 일정보다 25% 정도 여유 시간을 할당하는 것이 바람직하다.

6.1.6 실행, 감시, 측정, 문서화

이 부분은 테스트 계획 중에서 가장 중요하면서 어려운 부분이다. 여러 담당자가 서로 다른 목표를 추적하고 감시하고 측정해서 의사 결정권자가 올바른 데이터를 기준으로 릴리스 여부를 결정할 수 있도록 지원해야 하기 때문이다.

서로 동의한 일정에 따라 실행하고 품질 지표 및 기준을 근거로 릴리스해야 성공적으로 마무리할 수 있다. 릴리스 날짜 전에 제공된 데이터 및 테스트 분석이 릴리스 판단에 확신을 줄 수 있다.

6가지 핵심 고려사항은 유명한 애자일의 세 가지 요소에 의존한다. 바로 사람, 프로세스, 기술이다.

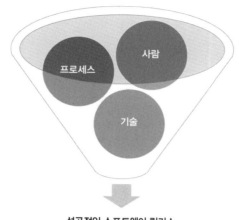

성공적인 소프트웨어 릴리스

그림 6.2 **사람, 프로세스, 기술이 성공적인 릴리스를 이끈다.**

이 요소들은 테스트 계획을 수립할 때뿐만 아니라 여러 담당자가 전달하는 테스트 결과물을 측정하는 데 있어 중요한 역할을 한다. 시간이 흐르면서 제품이 변화하고 시장이 발전하면서 사용자의 행동도 바뀌므로 각 요소들을 지속적으로 관리해줄 필요가 있다는 것을 기억하자.

이것으로 테스트 계획을 구성하는 요소로 기술 요소, 고객 정보, 소프트웨어 개발 주기의 프로세스에 대해 살펴보았다. 다음은 이 계획을 측정하는 방법과 소프트웨어 릴리스가 제대로 진행되고 있는지, 그리고 릴리스가 성공적인지 판단하는 방법에 대해 알아보도록 하겠다.

6.2 지속적인 테스트 전략의 성공 여부 측정

일반적인 테스트 계획 수립 시 필요한 과정과 범위를 정의했다. 이제 웹 애플리케이션의 품질을 평가할 때 도움이 되는 몇 가지 중요한 지표에 대해 알아보자. 이 지표는 소프트웨어 릴리스를 완료했다고 판단할 때 사용하는 **완료 정의**definition of done, DOD의 일부이기도 하다. 완료 정의에 대해 자세히 알고 싶다면 https://www.scruminc.com/definition-of-done/을 참고하자. 또한 품질 지표는 테스트 계획 문서의 품질 기준에 명시해야 한다.

성공(=품질)이란 어느 시점에 측정하더라도 좋은 결과를 보여줘야 함을 의미한다. 따라서 의사 결정자가 필요할 때 언제든지 분석할 수 있도록 잘 관리되고 구조화돼 있어야 한다. 사용할 수 있는 지표에는 다양한 것이 있으며, 이는 제품의 요구사항과 제품이 사용되는 업종, 과거 데이터, 사업과 관련된 다른 지표 등에 따라 달라질 수 있다.

웹 애플리케이션 팀이 사용할 수 있는 27개의 지표를 소개하도록 한다. 여기에 조직이 관리하고 있는 지표가 있다면 추가하면 된다. 이 지표들은 다음 세 가지로 분류할 수 있다.

- **속도**
- **품질**
- **비용**

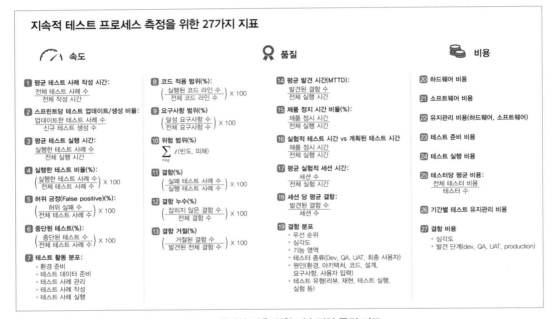

그림 6.3 **애자일 팀을 위한 지속적인 품질 지표**

그림에서도 볼 수 있듯이 각 그룹이 하나의 목표나 과제에 집중하면서 몇 가지 측정 항목을 제공한다. 팀은 모든 지표를 사용하거나 일부만 사용할 수도 있고, 또는 여기에 추가적으로 세 가지 측면을 기간별로 모두 측정하는 것이 일반적이다.

이 지표들 중에서도 몇 가지 강조하고 싶은 것이 있다. 먼저 **품질**부터 보자면 **평균 발견 시간**mean time to detection, MTTD이 있다. 평균 발견 시간이란 전체 테스트 실행 시간 중에서 코드상의 결함을 발견하기까지 걸린 시간을 의미한다. 결함을 발견하는 시간이 짧을수록 해결하는 시간도 짧아지기 때문에 이 시간이 적을수록 좋다. 이 지표는 테스트 코드의 효율성을 보여주기도 한다. 또 다른 지표로 결함 분포를 우선순위, 심각도, 기능성 등으로 보여주는 것이 있다. 결함 수와 각 테스트 유형 및 웹 애플리케이션 별로 우선순위를 알면 현재 품질 계획 및 이후 테스트 범위를 정하는 데 도움이 된다. **속도 관점**에서는 **허위 긍정**false-positive과 **중단된 테스트** 비율을 알면 테스트 툴의 수준을 알 수 있고 파이프라인 내의 불필요한 과정을 제거할 수 있다. **비용 측면**에서는 **테스트 실행 비용**을 알면 툴 및 테스트 랩 활용에 대한 정보를 의사 결정자에게 제공할 수 있다. 즉, 병렬 테스트가 팀 내에서 얼마나 효율적으로 진행됐는지 등을 파악할 수 있다.

이 지표들을 참고해서 관련된 지표를 테스트 계획 및 전략에 포함시키고 데브옵스 스택으로 사용 중인 툴을 평가하는 데도 활용하도록 하자.

측정 및 지속적 개선 관점에서 마지막 팁을 주면, 여러분의 웹 애플리케이션을 다른 애플리케이션과 비교하거나 과거 실제로 발생한 사고, 즉 보안 문제, 기능성, 성능, 다른 품질 문제 등을 참고하는 것이 도움이 될 수 있다.

트리센티스Tricentis라는 웹사이트에는 일반적으로 발생하는 성능 결함이 공개돼 있다(https://www.tricentis.com/blog/10-most-common-web-app-performance-problems). 이 사이트에 따르면 최적화되지 않은 데이터베이스, 모범 사례를 따르지 않는 수준 낮은 코드 작성, 잘못된 부하분산, 외부 서비스에서 발생하는 문제 등이 성능 문제를 일으키는 일반적인 원인이라고 언급하고 있다. 기능 관점에서 웹 애플리케이션에서 지속적으로 발생하는 버그의 경우 사이트의 페이지 이동을 방해하며, 모바일 장치에 대한 최적화 실패, 여러 플랫폼에서 일관적인 사용자 경험의 제공 실패, 입력을 위한 잘못된 텍스트박스 안내 등의 문제를 일으킬 수 있다.

기능성 및 성능은 전체 테스트 계획과 전략의 일부일 뿐으로 다른 프로젝트나 제품에서 발생한 실수나 결함 유형을 참고하면 프로젝트 전반에 걸쳐 시간과 리소스, 비용을 크게 절약할 수 있다.

개발자 및 테스트 엔지니어는 이상의 가이드라인을 참고해서 소프트웨어 릴리스를 성공적으로 이끌기 위한 지표를 정의하고 측정할 수 있다. 이것으로 기능 및 비기능 품질을 측정하는 지표들을 테스트 계획 및 성공 측정에 사용하는 방법에 대해 알아보았다. 이제 실제 웹 애플리케이션을 사용해 앞서 언급한 핵심 고려사항을 기반으로 테스트 계획을 설계해보도록 하겠다.

6.3 사례: 실제 웹 애플리케이션의 테스트 전략

특정 웹사이트를 기반으로 사용자 요구사항을 만족시켜 주는 테스트 전략을 설계해보자. 이를 위해 미로Miro 툴을 사용해 웹 애플리케이션의 전체 흐름과 테스트 범위를 마인드맵으로 생성해보았다.

다음 그림은 **바클리즈**Barclays(영국 기반 다국적 은행) 웹사이트를 기반으로 한 것이다. 주요 테스트 유형을 이 은행의 고객이 모바일 및 PC를 통해 사용할 수 있는 실제 페이지 이동 옵션과 함께 보여주고 있다.

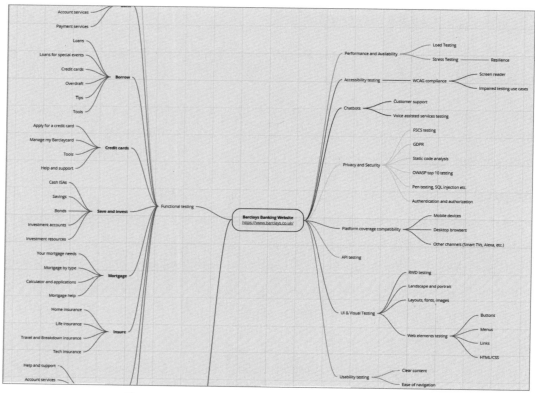

그림 6.4 **바클리즈 웹사이트를 대상으로 한 웹 테스트 마인드맵의 예**

이 그림을 보면 웹사이트 테스트 계획이 모든 유형의 테스트를 다루고 있으므로 높은 품질과 성능을 보장하고 있는 것을 알 수 있다. 이 마인드맵은 API 테스트, 웹사이트 내 이동에 대한 기능 테스트, 사용성, 성능, 가용성 테스트에 집중하고 있다. 또한, 접근성, 챗봇 등도 테스트하고 있으며, 모바일 및 PC 등 모든 종류의 플랫폼을 대상으로 하고 있다. 마지막으로 성능 및 가용성 관점의 제품 테스트와 서비스 감시도 포함하고 있다.

이 마인드맵이 전체를 모두 포함하지는 않는다. 웹사이트 내에는 각 지점별 웹사이트가 존재하며 이를 위한 내부 링크와 페이지가 존재하므로 각 페이지를 다시 사용성, 접근성, 성능, 보안 등의 관점에서 테스트해야 하며 테스트 계획에도 포함시켜야 한다. 일부이지만 이 마인드맵을 통해 실제 테스트 계획을 이해할 수 있고 테스트 범위가 어디까지인지를 정할 수 있으며, 팀이 얼마나 복잡하고 많은 것을 고려해서 계획해야 하는지를 알 수 있다.

애자일과 데브옵스 팀은 일 단위 또는 주 단위의 릴리스 주기를 가지고 있으므로 마인드맵과 테스트 활동이 반드시 전략 안에 포함돼야 한다. 이를 통해 이전 버전과 현재 버전의 웹 애플리케이션 차이를 분석할 수 있고 CI 파이프라인 내의 테스트뿐만 아니라 그 외의 전체 테스트 범위를 정하고 최적화할 수 있다. 또한, 웹사이트가 변경되지 않았더라도 이 책의 앞부분에서 배웠듯이 새로운 웹 플랫폼 및 모바일 플랫폼이 몇 주 단위로 계속 등장하기 때문에 이를 완벽하게 지원해야 하며 그것이 바로 지속적인 테스트의 의미다. 즉, 고품질의 웹사이트를 보장하기 위해 지속적으로 테스트를 실행하고 자동화해야 하는 것이다.

6.4 요약

이 장에서는 먼저 실제 경험을 바탕으로 한 테스트 계획과 전략에 대해 소개했다. 개발자 및 테스트 관리자는 이것을 기반으로 릴리스 단계별로 웹 애플리케이션 프로젝트에 대한 계획을 적절하게 수립할 수 있다.

다음은 테스트 계획의 범위를 세 가지 지표로 분류했고 이 데이터를 기반으로 의사 결정자가 웹 애플리케이션 품질을 평가할 수 있는 방법을 제시했다. 마지막으로 실제 운영되고 있는 금융 업종의 웹사이트를 기준으로 마인드맵을 작성했다. 이 마인드맵은 기능, 성능, 보안, API, 사용성 등 대부분의 테스트 유형을 다루고 있다.

애자일 및 데브옵스 팀에서는 범위 정의 및 계획이 항상 어느 한 순간을 의미한다는 것에 대해 명확하게 언급했다. 따라서 순간순간의 제품 상태에 따라 계획을 재검증하고 수정하는 것이 중요하다.

이것으로 이 장을 마무리하고 다음 장에서는 4개의 주요 자바스크립트 테스트 자동화 프레임워크를 비교한 표에 대해 더 깊이 있게 다루도록 한다.

주요 자바스크립트 기반
테스트 자동화 프레임워크의 핵심 기능

4장 '테스트 담당자와 유형별 테스트 자동화 프레임워크의 선택'에서 셀레늄, 사이프러스, 퍼피티어, 플레이라이트라는 4개의 주요 테스트 프레임워크의 주요 기능에 대해 비교한 표를 살펴보았다. 이 장에서는 이 표를 확장해서 기능별로 어떤 프레임워크가 적합한지 추천한다. 추천 프레임워크와 함께 다양한 기능에 대해 소개하고 있으므로, 프런트엔드 개발자가 데이터 기반 의사 결정을 할 수 있도록 도움을 줄 것이다.

이 장에서 다루는 주제는 다음과 같다.

- 주요 테스트 자동화 프레임워크의 핵심 기능
- 현재 사용하고 있는 테스트 자동화 프레임워크를 재검토하기 위한 강력한 이벤트 목록

이 장을 읽고 나면 핵심 기능 관점에서 테스트 자동화 프레임워크를 검토할 수 있게 되며, 기본 기능과 플러그인을 통해 설치해야 하는 기능 간 차이를 잘 이해할 수 있게 될 것이다.

7.1 테스트 자동화 프레임워크의 기능 비교

4장 '테스트 담당자와 유형별 테스트 자동화 프레임워크의 선택'에서도 설명했지만 웹 애플리케이션의 다양한 특성에 대해 테스트해야 한다. 하지만 4개의 주요 테스트 프레임워크는 각각의 장단점이 다르므로 미리 파악해두어야 한다.

여기서부터는 웹 애플리케이션 테스트 계획의 핵심 분류에 대해 더 깊이 있게 살펴보고 각 분류별 또

는 사례별로 최적의 프레임워크를 추천하도록 한다. 참고로 사례 및 분류 순서는 우선순위에 따른 것이 아니라 임의로 나열한 것이다.

7.1.1 시각적 테스트

성공적인 웹 애플리케이션은 모든 기능이 제대로 동작하고 속도도 빨라야 한다. 그리고 UI 관점에서 외관 테스트도 이에 못지 않게 중요하다. 왜냐하면 앱이 실행되는 장치와 화면 크기, 해상도가 천차만별이기 때문이다.

이때 필요한 것이 시각적 테스트다. 프로그레시브 웹 앱PWA이나 일반 웹 앱의 시각적 테스트는 테스트 프레임워크 자체의 기능이나 프레임워크의 외부 라이브러리를 사용해 테스트할 수 있다.

대부분의 경우는 프레임워크의 핵심 기능을 사용해 시각적 테스트를 하는 것이 훨씬 효율적이다. 외부 라이브러리를 지속적으로 관리하고 업데이트할 필요가 없기 때문이다. 물론 예외적인 경우도 있다. 하포Happo처럼 프레임워크가 가지고 있지 않은 특수한 기능을 제공하는 외부 라이브러리를 사용해야 하는 경우가 그것이다.

그러면 각 프레임워크의 시각적 테스트 기능에 대해 알아보도록 하자. 사이프러스부터 시작하겠다.

사이프러스 시각적 테스트

사이프러스 프레임워크에서는 기본으로 내장돼 있는 시각적 테스트 기능이 화면 캡처밖에 없다. cy.screenshot() API(https://docs.cypress.io/api/commands/screenshot)를 사용해 테스트 중인 화면을 캡처하거나 cy.OnRunFailure() API를 사용해 검증 실패 화면을 캡처할 수 있다. 또한, 사이프러스 API의 일부인 have.css를 사용하면 CSS를 검증할 수 있지만 테스트 유지관리가 어렵기 때문에 권장하지는 않는다. 특히 웹 애플리케이션이 많은 CSS 스타일을 가지고 있다면 관리하기가 무척 어렵다.

사이프러스의 화면 캡처용 주요 명령은 다음과 같다. 자바스크립트 테스트 코드 내에서 사용할 수 있다.

```
cy.screenshot()
cy.screenshot(fileName)
cy.screenshot(options)
cy.screenshot(fileName, options)
```

이 기능 외에 시각적 테스트 기능을 추가하고 싶다면 외부 플러그인을 사용하면 된다. **애플리툴**

(https://applitools.com/tutorials/cypress.html)이나 **퍼시**(https://docs.percy.io/docs/cypress), **하포**(https://github.com/happo/happo-cypress), **스냅숏**(https://github.com/meinaart/cypress-plugin-snapshots) 등이 있다.

주의할 것은 스냅숏을 제외한 다른 플러그인은 모두 상용(유료) 프로그램으로 사용하려면 라이선스를 구입해야 한다. 하포의 경우 기능을 제한한 무료 버전을 오픈소스 라이브러리를 통해 얻을 수 있다.

참고로 시각적 테스트를 위해 사이프러스와 스토리북을 연동한 툴이 있으며 무료로 사용할 수 있다(https://github.com/NicholasBoll/cypress-storybook).

플레이라이트 시각적 테스트

플레이라이트에서는 첫 테스트 실행 시에 캡처한 이미지를 기준으로 손쉽게 시각적 테스트를 작성할 수 있다(https://playwright.dev/docs/test-snapshots). 두 번째 실행부터는 스크린숏 또는 시각적 어서션assertion을 저장한 기준 이미지와 비교하여 불일치가 발생하면 테스터에게 알려 줌으로써 테스터가 평가 또는 의사 결정을 할 수 있도록 도움을 준다.

다음 코드를 처음 실행하면 플레이라이트가 landing.png라고 하는 새로운 시각적 기준 이미지를 생성하며 이후 실행부터 비교 및 검증 데이터로 사용된다.

시각적 테스트의 기준baseline이라는 개념은 새로운 것이 아니다. 앞서 언급한 사용 툴들의 주요 기능도 이 개념을 바탕으로 하고 있다. 애플리툴과 같이 AI(인공지능)를 사용해 스크린숏을 분석하는 것도 유용한 기능이다.

```js
// snapshot.spec.js
const { test, expect } = require('@playwright/test');
test('example test', async ({ page }) => {
  await page.goto('https://www.packtpub.com');
  expect(await
    page.screenshot()).toMatchSnapshot('landing.png');
});
```

플레이라이트의 시각적 비교 기능은 캡처한 화면의 이미지뿐만 아니라 텍스트도 비교할 수 있다. 이때 사용하는 것이 **픽셀매치**pixelmatch라는 시각적 분석 라이브러리다(https://github.com/mapbox/pixelmatch).

기본 내장 기능이 부족하다고 느껴지거나 규모가 크고 더 지능적인 시각적 테스트를 하고 싶다면 추가 플러그인을 도입하면 된다. 예를 들어 애플리툴(https://applitools.com/tutorials/quickstart/web/playwright/typescript)를 플레이라이트와 연동시킬 수 있다.

퍼피티어 시각적 테스트

구글의 퍼피티어 프레임워크는 기본적인 웹페이지 캡처 기능을 내장 기능으로 제공하지만 시각적 테스트 관점에서는 그다지 유용하지 않다. 기본 개념이나 큰 규모, 어서션 기능 등을 사용해서 시각적으로 비교할 필요가 있다면 퍼피티어와 퍼시를 연동하는 것이 좋다(https://docs.percy.io/docs/puppeteer).

퍼시와 퍼피티어 연동을 쉽게 사용하려면 지원 라이브러리를 설치해야 하지만 유료 툴이므로 라이선스와 토큰을 먼저 구입해야 한다.

```
npm install --save-dev @percy/cli @percy/puppeteer
```

시각적 테스트를 하고 싶다면 자바스크립트 파일에 다음처럼 라이브러리를 추가해야 한다.

```
const percySnapshot = require('@percy/puppeteer')
```

이 과정이 끝나면 percySnapshot()과 같은 퍼시 API를 사용할 수 있다.

셀레늄 시각적 테스트

셀레늄은 업계에서 가장 오래됐으며 가장 안정화된 프레임워크로 유료, 무료(오픈소스)를 가리지 않고 다양한 시각적 테스트 툴과 연동할 수 있다. 오픈소스 툴로는 **스토리북**(https://storybook.js.org/tutorials/design-systems-for-developers/react/en/test/)과 **갤런**Galen(http://galenframework.com/docs/reference-javascript-tests-guide/)이 있다.

시각적 테스트를 내장 기능으로 제공하는 플레이라이트와는 달리 셀레늄은 갤런, 스토리북, 애플리툴과 같은 외부 툴 연동 방법을 사용해야 한다. 물론 커뮤니티나 유료 버전을 제공하는 업체에서 툴을 위한 완벽한 지원을 제공하므로, 유료 툴을 사용해 셀레늄에 시각적 테스트 기능을 추가하는 것은 선택과 예산에 달려 있다고 할 수 있다(https://docs.percy.io/docs/selenium-for-javascript).

이 툴들을 자바스크립트로 작성한 셀레늄 테스트 시나리오에 추가하면 시각적 검증 및 페이지 레이아웃을 확인할 수 있다. 갤런과 셀레늄의 조합은 반응형 웹 애플리케이션 테스트, 즉 반응형 웹 디자인 시에 그 힘을 발휘한다.

```
test("Home page", function() {
var driver = createDriver("http://galenframework.com",
                          "1024x768");
checkLayout(driver, "homePage.gspec", ["all", "desktop"]);
});
```

지금까지 4개의 주요 테스트 프레임워크가 지원하고 있는 시각적 테스트에 대해 살펴보았다. 단, **플레이라이트**만 이 기능을 핵심 API의 내부 기능으로 제공하고 있으며 나머지는 오픈소스 프레임워크(갤런, 스토리북)나 유료 툴(퍼시, 애플리툴)의 형태로 외부 툴과 연동하는 방식이다.

7.1.2 API 테스트

전통적인 테스트 방식에서 낮은 수준의 자동화 테스트는 모두 API 테스트이며 이는 강력하고 빠르고 안정적인 테스트에 속한다. 대부분의 테스트 프로젝트에서 API 테스트를 테스트 계획의 일부로 포함시키지만, 모든 프레임워크가 이 기능을 기본적으로 내장하고 있는 것은 아니다.

사이프러스 API 테스트

사이프러스는 API 테스트를 기본적으로 내장하고 있다. 사이프러스를 사용하면 개발자 및 테스트 엔지니어가 모든 HTTP 메서드(GET, POST, DELETE, PATCH, PUT)를 대상으로 API 테스트를 진행할 수 있다. 대부분의 API 테스트는 cy.request() 메서드를 사용하며 테스트할 웹 서버에 GET 명령을 제공한다.

다음 예에서는 API 테스트를 지원하는 무료 웹사이트를 사용하고 있다(https://jsonplaceholder.typicode.com/). 이 웹사이트는 테스트 및 교육 목적의 다양한 자료를 제공한다. 예를 들면 200개의 TODO 목록이나 수천 장의 사진, 10개의 사용자 ID 등을 제공한다. 사이프러스의 API 테스트 기능을 사용해 이 예제의 웹사이트상에서 다양한 검증을 해볼 수 있다.

사이프러스를 로컬에 설치했다면 함께 설치된 예제 코드를 통해서 다양한 네트워크 요청을 어떻게 처리하는지 학습해보겠다.

다음 코드를 보면 사이프러스의 request 메서드를 사용해 웹사이트의 첫 번째 사용자를 추출하고 추출한 사용자의 ID와 함께 'Cypress Test Runner'라는 타이틀을 새로운 데이터로 등록한다.

```
it('cy.request() - pass result to the second request', () => {
    // 먼저 등록된 첫 번째 사용자의 ID를 찾는다.
    cy.request('https://jsonplaceholder.cypress.io/users?_limit=1')
      .its('body') // 응답 객체를 가져온다.
```

```
    .its('0') // 반환된 리스트에서 첫 번째 요소를 가져온다.
    // 위 두 명령 its('body').its('0')은
    // its('body.0')로 사용할 수도 있다.
    // 타입스크립트 확인에 관심이 없다면
    .then((user) => {
      expect(user).property('id').to.be.a('number')
      // 사용자를 대신해서 새로운 post 요청 생성
      cy.request('POST', 'https://jsonplaceholder.cypress.io/posts', {
        userId: user.id,
        title: 'Cypress Test Runner',
        body: 'Fast, easy and reliable testing for
                anything that runs in a browser.',
      })
    })
    // 여기서 값은 두 번째 요청인
    // 새로운 post 객체가 반환한 것이다.
    .then((response) => {
     // 새로운 데이터가 생성된다.
      expect(response).property('status').to.equal(201)
      expect(response).property('body').to.contain({
        title: 'Cypress Test Runner',
      })
}}
```

이렇게 사이프러스는 API 테스트에 필요한 기능을 제공하고 있다. 포스트맨Postman이나 레스트어슈어드REST-Assured처럼 완벽한 기능을 제공하진 않지만 API 테스트와 네트워크 요청 시나리오 생성을 손쉽게 할 수 있는 충분한 기능을 제공한다.

플레이라이트 API 테스트

사이프러스와 마찬가지로 플레이라이트 프레임워크도 API 테스트 시나리오 생성을 위한 몇 가지 기능을 제공한다(https://playwright.dev/docs/test-api-testing). apiRequestContext 메서드(get, post, fetch, put, delete, patch, dispose, head, storageState)를 사용해서 다양한 API 테스트를 할 수 있으며 apiResponse(body, status, headers 등) 메서드를 사용하면 apiRequestContext 메서드의 반환값을 받을 수 있다.

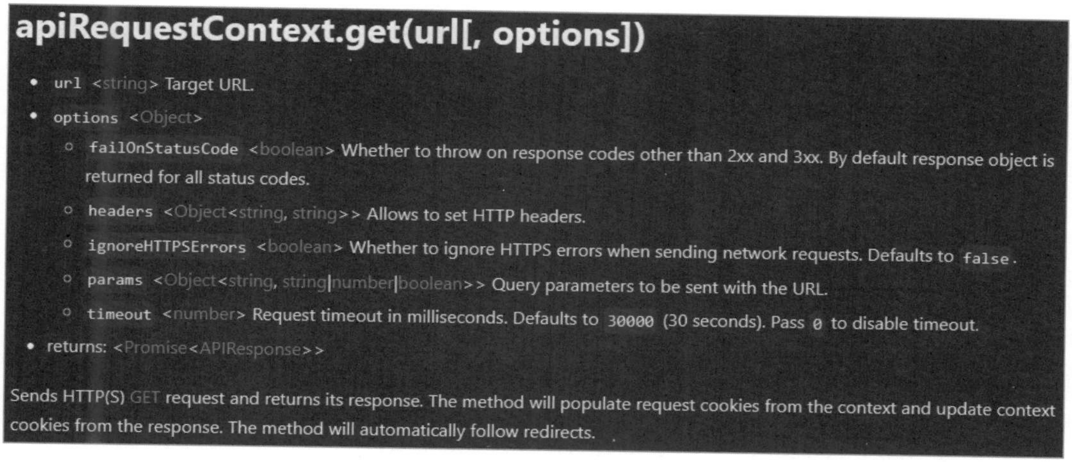

```
apiRequestContext.get(url[, options])
```
- `url` <string> Target URL.
- `options` <Object>
  - `failOnStatusCode` <boolean> Whether to throw on response codes other than 2xx and 3xx. By default response object is returned for all status codes.
  - `headers` <Object<string, string>> Allows to set HTTP headers.
  - `ignoreHTTPSErrors` <boolean> Whether to ignore HTTPS errors when sending network requests. Defaults to `false`.
  - `params` <Object<string, string|number|boolean>> Query parameters to be sent with the URL.
  - `timeout` <number> Request timeout in milliseconds. Defaults to `30000` (30 seconds). Pass `0` to disable timeout.
- returns: <Promise<APIResponse>>

Sends HTTP(S) GET request and returns its response. The method will populate request cookies from the context and update context cookies from the response. The method will automatically follow redirects.

그림 7.1 apiRequestContext 구문 예[1]

이 책의 집필 시점에 플레이라이트는 자바스크립트와 파이썬을 사용한 API 테스트만 지원하고 있다. 자바 및 닷넷은 이후 개발 예정이다.[2]

셀레늄 API 테스트

셀레늄은 자동화된 API 테스트를 기본 기능으로 제공하지 않고 있어 레스트어슈어드(https://rest-assured.io/)와 같은 외부 툴을 사용해야 한다.

퍼피티어 API 테스트

구글 퍼피티어도 자동화된 API 테스트를 기본 기능으로 제공하지 않는다.

7.1.3 지원하는 개발 언어

이 책은 완벽하게 자바스크립트 테스트 자동화에 중점을 두고 있지만, 4개의 주요 프레임워크는 다른 언어들도 지원한다. '4장 테스트 담당자와 유형별 테스트 자동화 프레임워크의 선택'에서 이미 지원 언어를 간단히 비교했었다. 이 표를 보면 각 테스트 프레임워크의 차이를 쉽게 이해할 수 있다.

---

1   출처: 플레이라이트 문서(https://playwright.dev/docs/api/class-apirequestcontext#api-request-context-get)
2   옮긴이 이 책의 번역 시점인 2022년 8월에는 자바 및 닷넷의 일부 API 테스트를 지원하고 있다.

기능	사이프러스	플레이라이트	퍼피티어	셀레늄
지원 언어	• 자바스크립트 • 타입스크립트	• 자바 • 자바스크립트 • 타입스크립트 • 파이썬 • 닷넷	• 자바스크립트	• 자바 • 자바스크립트 • 루비 • 파이썬 • C# • 코틀린

만약 테스트 및 개발 담당 관리자가 각 프레임워크의 지원 언어를 알고 있다면 더 유연하게 테스트를 계획할 수 있다. 예를 들어 팀에 **자바**나 **파이썬**에 강한 개발자가 있다면 **셀레늄** 또는 **플레이라이트**를 선택하는 것이 좋다. 참고로 C#이나 **루비**, **코틀린**은 **셀레늄**만 지원한다.

7.1.4 모바일 장치 테스트

최근에는 PC보다 모바일 장치를 통해 웹사이트를 보는 것이 더욱 일반적이다. 따라서 개발자 및 테스트 엔지니어는 모바일 장치에 대한 테스트를 계획에 포함시켜야 한다. 하지만 테스트 자동화 프레임워크를 사용하는 테스트에는 한계가 있다. 시뮬레이션하는 뷰포트viewport나 에뮬레이터emulator/시뮬레이터simulator는 한정적으로 모바일 장치를 대신할 수 있어서 완벽하지 않다. 따라서 실제 장치를 사용한 테스트도 진행돼야 한다.

사이프러스 모바일 장치 테스트

사이프러스에서 모바일 폰 화면의 뷰포트(높이 및 너비)를 테스트하려면 `cy.viewport()` API를 사용하면 된다. 이 기능은 웹 애플리케이션 기준으로 특정 화면 크기에 대한 기본적인 외형만 테스트한다. 이 외에도 실제 모바일 장치 속성을 시뮬레이션할 수 있도록 유저에이전트userAgent를 제공하고 있다(https://docs.cypress.io/guides/references/configuration#Viewport). 특정 모바일 플랫폼의 유저에이전트 문자열을 `cypress.config.json` 파일에 지정하거나 테스트 코드의 `onBeforeLoad()`에 지정할 수 있다. **모질라 개발자 네트워크**Mozilla Developer Network, MDN는 유저에이전트 설정 및 사용 방법을 알려주는 유용한 정보를 공개하고 있다(https://developer.mozilla.org/en-US/docs/Web/HTTP/Headers/User-Agent).

예를 들어 사이프러스 웹 애플리케이션 시나리오를 구글 픽셀6 폰(안드로이드 12와 크롬 96 버전 사용)에서 테스트한다고 하면, 테스트 코드에 `value:[userAgent]` 속성을 다음과 같이 지정하면 된다.

```
value: Mozilla/5.0 (Linux; Android 12; Pixel 6 Pro)
```

```
AppleWebKit/537.36 (KHTML, like Gecko) Chrome/96.0.4664.92
Mobile Safari/537.36
```

앞서 언급한 두 개의 메서드(userAgent와 viewport 사용)가 있지만 모바일 장치 테스트 관점에서는 매우 제한된 기능이다.

플레이라이트 모바일 장치 테스트

사이프러스가 모바일 테스트 기능으로 뷰포트 조절 기능을 제공하는 것처럼 플레이라이트에서도 playwright.devices() API를 통해 개발자 및 SDET가 장치 특성을 직접 지정할 수 있다(https://playwright.dev/docs/api/class-playwright#playwright-devices). 이 기능을 위해 다음 코드를 테스트 코드에 추가해서 사용하면 된다. 여기에서는 **팩트** 출판사 웹사이트를 테스트하기 위해 아이폰 12로 장치 특성을 지정하였다.

```
const { webkit, devices } = require('playwright');
const iPhone = devices['iPhone 12'];
(async () => {
const browser = await webkit.launch();
const context = await browser.newContext( {
  …iPhone
})
const page = await context.newPage();
await page.goto('http://packtpub.com');
await browser.close();
})();
```

사이프러스와 마찬가지로 플레이라이트도 모바일 테스트를 위한 특별한 기능을 제공하지 않는다.

퍼피티어 모바일 장치 테스트

구글의 퍼피티어 프레임워크 또한 emulate() 메서드를 통해 시뮬레이션 기능을 제공한다. 기본적으로는 앞의 플레이라이트와 매우 비슷하며 약간의 구문만 수정해주면 된다. 자세한 코드는 구글 공식 문서를 참고하자(https://pptr.dev/#?product=Puppeteer&version=v12.0.1&show=api-pageemulateoptions). 사이프러스처럼 퍼피티어도 page.setUserAgent(userAgent)와 page.

setViewport(viewport)를 사용해서 유저에이전트와 뷰포트를 설정할 수 있다. 여러 장치를 테스트 해야 한다면 퍼피티어가 지원하는 장치 설명기device descriptor 옵션을 사용하면 좋다.

셀레늄 모바일 장치 테스트

셀레늄은 모바일 및 웹 애플리케이션 테스트에 있어서는 가장 발전된 테스트 프레임워크다. 셀레늄 웹드라이버에서 파생된 앱피움Appium 프레임워크(https://appium.io/)는 모바일 웹 및 하이브리드 앱, 모바일 네이티브 앱 테스트를 위한 것으로 자바스크립트를 포함한 대부분의 언어를 지원한다. 웹 테스트를 모바일 장치 테스트로 확장하고 싶다면 앱피움이 좋은 툴이 될 수 있다. 또한, 모바일용 API 외에도 셀레늄의 주요 API까지 활용할 수 있다.

7.1.5 성능 테스트

웹 애플리케이션의 사용자 경험과 성능은 기능성만큼이나 중요하다. 특히 백엔드 서버의 부하가 커지는 것은 물론이고 항상 웹 애플리케이션의 응답 시간이 모바일 및 웹 플랫폼에서 적절한지 확인하는 것은 매우 중요하다. 따라서 이 부분도 테스트 계획에 포함돼야 한다. 현재 시장에는 성능 테스트에 특화된 프레임워크들이 존재한다. 제이미터JMeter(오픈소스)와 이와 연계해서 사용할 수 있는 부하 테스트용 툴인 블레이즈미터(https://www.blazemeter.com/)가 대표적이다. 이 책에서 다루고 있는 4개의 프레임워크는 대부분 트랜잭션 타이밍 측정 또는 브라우저 개발자 툴(CDP 등), 라이트하우스 Lighthouse 툴 등을 사용해서 고급 성능 테스트를 할 수 있다. 주의할 것은 이 프레임워크들 자체에는 성능/부하 테스트 기능이 내장돼 있지 않다는 것이다.

사이프러스 성능 테스트

앞으로 계속 보겠지만 이 책에서 다루는 대부분의 테스트 자동화 프레임워크는 **구글 라이트하우스** Google Lighthouse를 사용해서 다음과 같은 6개의 주요 성능 지표를 측정한다.

- **최초 콘텐츠풀 페인트**(First Contentful Paint, FCP)
- **최대 콘텐츠풀 페인트**(Largest Contentful Paint, LCP)
- **속도 인덱스**(Speed Index, SI)
- **상호작용까지의 시간**(Time To Interactive, TTI)
- **전체 차단 시간**(Total Blocking Time, TBT)
- **누적 레이아웃 변화**(Cumulative Layout Shift, CLS)

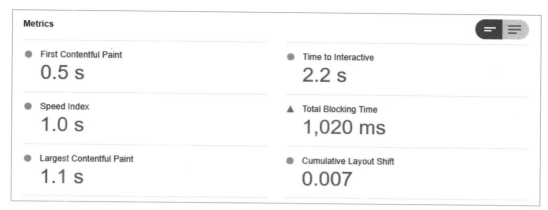

그림 7.2 **팩트 웹사이트의 구글 라이트하우스 성능 측정 결과**

사이프러스 테스트 코드에 라이트하우스를 삽입하는 방법 외에도 다음 두 가지 메서드를 사용해서 웹 애플리케이션의 트랜잭션을 측정할 수 있다.

```
win.performance.mark("start-loading");
performance.mark("end-loading");
performance.measure("pageLoad", "start-loading",
                    "end-loading");
```

이 메서드들은 페이지 로딩이 시작되는 시간부터 끝나는 시간까지를 측정해서 페이지 로딩에 걸리는 시간을 측정한다. 또한, 페이지상에 있는 특정 컴포넌트가 로딩되는 시간도 측정할 수 있다.

플레이라이트와 퍼피티어의 성능 테스트

이 두 프레임워크는 같은 팀이 개발했기 때문에 제공하는 API도 유사하다. 특히 성능 테스트에 있어서는 플레이라이트와 퍼피티어 모두 이동 시간(https://www.w3.org/TR/navigation-timing/) API와 리소스 시간(https://www.w3.org/TR/resource-timing-1/) API를 제공하며 테스트 코드에 삽입해서 웹 애플리케이션의 로딩 시간을 측정할 수 있다. 웹 애플리케이션의 기본 성능 지표를 측정하는 간단한 예제를 깃허브 리포지터리에서 확인할 수 있다(https://github.com/PacktPublishing/A-Frontend-Web-Developers-Guide-to-Testing/blob/master/perfTest.js). 다운로드해서 다음과 같이 테스트해보자.

```
node perfTest.js
```

이 테스트를 실행하면 콘솔에서 다음과 같은 결과를 볼 수 있다.

```
PS C:\Users\ekinsbruner\Playwright_code> node .\perfTest.js
{
    connectStart: 1646060494675,
    navigationStart: 1646060494668,
    loadEventEnd: 1646060500267,
    domLoading: 1646060494832,
    secureConnectionStart: 1646060494688,
    fetchStart: 1646060494669,
    domContentLoadedEventStart: 1646060495878,
    responseStart: 1646060494829,
    responseEnd: 1646060494834,
    domInteractive: 1646060495445,
    domainLookupEnd: 1646060494675,
    redirectStart: 0,
    requestStart: 1646060494760,
    unloadEventEnd: 0,
    unloadEventStart: 0,
    domComplete: 1646060500236,
    domainLookupStart: 1646060494673,
    loadEventStart: 1646060500236,
    domContentLoadedEventEnd: 1646060495878,
    redirectEnd: 0,
    connectEnd: 1646060494760
}
```

그림 7.3 **성능 테스트 실행 결과(팩트 웹사이트 대상)**

결과를 보면 가장 일반적으로 사용되는 지표인 domLoading과 domInteractive가 포함돼 있다. 주의할 것은 이 테스트의 경우 백엔드에서 발생할 수 있는 부하는 고려하고 있지 않다는 것이다. 많은 사용자가 접속하는 시나리오를 고려해서 웹 애플리케이션을 테스트하려면 이 테스트가 실행되는 동안 백엔드에 큰 부하를 줄 수 있는 부하 테스트 툴을 사용하는 것이 좋다.

이 테스트 코드에서는 성능 시간performance timing API를 사용해서 팩트 웹사이트의 로딩 시간을 측정하고 있다.

퍼피티어 프레임워크의 경우 웹 퍼프Web Perf와 같은 외부 라이브러리를 사용해서 성능을 측정할 수 있다. 웹 퍼프는 오픈소스로 크롬 개발자 도구를 사용해 웹페이지의 성능 지표를 측정한다(https://github.com/addyosmani/puppeteer-webperf).

두 프레임워크 모두 CDP를 기반으로 한 것이므로 크로미엄 및 엣지 브라우저의 개발자 툴을 사용할 수 있고, 웹 애플리케이션의 단일 사용자 성능 테스트를 위해 라이트하우스를 사용할 수도 있다.

셀레늄 성능 테스트

셀레늄은 거의 완벽한 테스트 자동화 프레임워크지만 셀레늄 문서에 따르면 성능 테스트 기능의 사용을 권장하지 않는다. 사용자 경험을 측정할 정도로 최적화돼 있지 않기 때문이다(https://www.selenium.dev/documentation/test_practices/discouraged/performance_testing/). 셀레늄은 웹드라이버 프로토콜을 기반으로 개발된 것으로 페이지 로딩 시간 측정이나 다른 테스트 처리에 부하를 줄 수 있다. 따라서 이런 테스트에는 외부 툴 사용을 권장하고 있으며 성능 테스트에는 제이미터_JMeter_를 추천하고 있다. 물론 앞서 언급했듯이 블레이즈미터를 사용해 제이미터를 확장할 수도 있다.

7.1.6 접근성 테스트

오늘날의 개별 웹사이트는 WCAG나 다른 단체가 정의한 접근성에 관한 요구사항을 철저하게 준수해야 한다. 장애를 가진 사람이 웹사이트의 데이터를 사용할 수 있는 것은 물론이고 웹사이트의 모든 기능을 완벽하게 사용할 수 있어야 한다. 따라서 웹 애플리케이션을 접근성 관점에서 설계하고 테스트하는 것은 각 소프트웨어 개발 주기의 핵심 요구사항이다. 웹 접근성 테스트에는 디큐_Deque_가 개발한 엑스_axe_라는 오픈소스 프레임워크가 많이 사용되고 있다(https://www.deque.com/axe/). 이 프레임워크는 대부분의 자동화 프레임워크를 API 및 플러그인 형식으로 지원한다.

사이프러스 접근성 테스트

앞서 언급했듯이 대부분의 테스트 프레임워크가 엑스 프레임워크를 사용해서 웹사이트 접근성을 테스트한다.

웹사이트 접근성을 검증하려면 로컬 사이프러스 폴더상에 엑스 플러그인을 설치해야 한다. 다음 명령을 실행해보자.

```
npm install --save-dev cypress-axe
npm install --save-dev cypress axe-core
```

두 개의 라이브러리를 설치했다면 다음 임포트 코드를 cypress/support 폴더 아래에 있는 index.js 파일에 추가한다.

```
import 'cypress-axe'
```

엑스 라이브러리는 다음과 같은 유용한 메서드를 제공한다.

- `cy.injectAxe()`
- `cy.configureAxe()`
- `cy.checkA11Y()`

자바스크립트나 타입스크립트로 작성된 테스트 코드를 엑스 플러그인과 함께 실행하면 상세한 A11Y 접근성 보고서를 생성한다. 이 보고서는 사이프러스 GUI 대시보드에서 확인하거나 로컬 테스트 보고서 내에서도 확인할 수 있다. 프런트엔드 개발자는 이 보고서를 기반으로 모든 위반 내용을 분석하고 해결해야 한다.

퍼피티어 접근성 테스트
구글 퍼피티어도 엑스 프레임워크를 사용해 웹 애플리케이션의 접근성 테스트를 할 수 있다. 다음 명령을 사용해서 로컬 퍼피티어 폴더상에 전용 엑스 플러그인을 설치하면 된다.

```
npm install axe-puppeteer
```

이 플러그인은 `AxePuppeteer(page).analyze()` 메서드를 추가하여 특정 페이지의 접근성을 확인해 결과를 보고서로 생성해준다. 전용 문서는 디큐팀이 개발한 것으로 문제 해결책을 제시해준다 (https://www.deque.com/blog/axe-and-attest-integration-puppeteer/).

플레이라이트 접근성 테스트
퍼피티어와 마찬가지로 웹 애플리케이션의 접근성 테스트를 위해서 엑스 플러그인을 추천하고 있다. 플러그인을 설치해 필요한 API를 사용하려면 다음 명령을 실행하면 된다.

```
npm i -D axe-playwright
```

플레이라이트와 함께 엑스 플러그인을 사용하기 위한 가이드라인을 디큐 웹사이트를 통해 공개하고 있다(https://www.deque.com/blog/new-axe-devtools-integration-playwright/). 퍼피티어와 달리 테스트 코드 내에서 특정 페이지의 접근성을 테스트하기 위한 메서드는 `AxeBuilder({page}).analyze()`다.

셀레늄 접근성 테스트
셀레늄 웹드라이버를 엑스 플러그인과 함께 사용하려면 디큐의 깃허브 리포지터리를 참고하자.

- https://github.com/dequelabs/axe-webdriverjs

앞서 본 프레임워크와 마찬가지로 노드 라이브러리를 설치해야 하며 다음 명령을 사용하면 된다.

```
npm i axe-webdriverjs
```

라이브러리를 설치하고 로컬 셀레늄 환경에 추가한 후 웹페이지 접근성을 분석할 수 있다. 엑스는 규칙을 지속적으로 업데이트하고 있어서 경우에 따라서는 특정 버전의 규칙을 사용해야 할 수도 있다. 이 경우 axe-core 소스 파일을 매개변수로 지정해 엑스가 제공하는 많은 버전 중 특정 버전의 규칙을 지정하면 된다.

7.1.7 네트워크 제어 테스트와 목 서비스

웹 애플리케이션 테스트는 단순히 앱의 기능만 테스트하는 것이 아니다. 앱을 만들기 위해 필요한 서비스와 앱이 의존하는 서비스까지 테스트하는 것이다. 프로덕션 배포 직전의 웹 앱을 테스트할 때 문제가 되는 것은 모든 서비스가 개발 단계에서 준비되지 않는다는 것이다. 또한, 서비스와 테스트 데이터가 동적으로 변하거나 개발자 및 테스터가 데이터를 제어할 수 없는 경우도 있다.

이를 위해 테스트 자동화 프레임워크는 목mock 서비스와 네트워크 제어 기능을 제공한다. 예를 들면 시간을 변경하거나 실행된 이벤트를 기준으로 웹 애플리케이션 결과를 분석할 수 있다.

사이프러스 네트워크 제어 및 목

사이프러스는 네트워크 제어 및 목을 위한 다양한 기능을 제공하므로 테스트 또는 프로덕션 데이터가 부족해서 발생하는 문제를 해결해준다. 이는 결과적으로 테스트 주기의 전반적인 신뢰성으로 연결된다.

cy.intercept()와 cy.clock()이 웹 애플리케이션을 제어 및 테스트할 수 있게 해주는 대표적인 기능이다. cy.intercept()의 또 다른 용도는 **스텁**stub이다. 이 메서드를 사용하면 응답을 임의로 생성해서(stub) 바디body나 상태, 헤더 등을 제어하거나 지연시킬 수 있다. 애플리케이션을 세부적으로 제어할 수 있게 해주는 방법으로 수정한 응답을 전송시켜 애플리케이션 동작을 검증하는 것이다.

cy.clock()과 cy.tick()은 시간과 관련된 전역 함수를 수정하여 동기식으로 제어할 수 있게 해준다. 타임아웃을 설정해 동적 페이지상의 특정 요소가 원하는 때에 변경 또는 표시되도록 하는 등 시간 기반의 어서션을 가능하게 해준다. 마지막으로 사이프러스를 목 데이터와 함께 사용하려면 목 데이터를 JSON 형식으로 fixtures 폴더에 넣어두면 된다. 이 테스트 데이터로는 웹 앱을 테스트하기 위해 필요한 데이터라면 어떤 것이라도 괜찮다. 예를 들어 구입하기 전에 장바구니에 넣어둔 물품이나 물품 설명, 물품 목록 등이면 된다. fixtures 폴더에 넣어둔 테스트 데이터는 cy.fixture()에 JSON 데이터 파일의 경로를 지정해서 호출할 수 있다. 사이프러스의 네트워크 제어 및 예제 코드에 대해 더 알고 싶다면 사이프러스 문서를 참고하자.

- https://docs.cypress.io/guides/guides/network-requests

플레이라이트 네트워크 제어 및 목

플레이라이트는 웹 애플리케이션의 네트워크 트래픽을 감시하고 제어하기 위한 자체 API를 제공한다. 이 API와 관련된 모든 내용은 다음 문서를 통해 확인할 수 있으며(https://playwright.dev/docs/network), 인증과 네트워크 요청 처리 및 수정 방법 등이 설명돼 있다. 또한, **CodeceptJS**라는 테스트 프레임워크와 플레이라이트의 context.route()를 함께 사용해 네크워크 요청을 모킹하는 좋은 예도 있다(https://codecept.io/playwright/#accessing-playwright-api).

플레이라이트의 네크워크 목 API와 관련해서는 다음 문서를 참고하자.

- https://playwright.dev/docs/test-configuration#network-mocking

퍼피티어 네트워크 제어 및 목

구글 퍼피티어는 이미 여러 번 언급했듯이 플레이라이트와 같은 코어 엔진을 사용하고 있어서 플레이라이트처럼 네트워크 제어 기능과 목 서비스를 기본으로 탑재하고 있다. 테스트 내에서 네트워크 가로채기interception를 하려면 page.setRequestInterception(true) API를 사용하면 된다. 다음 블로그는 이 메서드의 좋은 예를 보여주고 있다. 이미지 등의 불필요한 요소를 차단해서 페이지 로딩 시간을 단축하고 이를 통해 빠른 속도의 테스트 방법을 소개하고 있다.

- https://www.checklyhq.com/learn/headless/request-interception/

또한, 퍼피티어 프레임워크는 전화cellular 네트워크 상태(3G, 4G 등)를 테스트할 수 있는 emulateNetworkConditions(networkConditions) 메서드도 제공한다(https://pptr.dev/#?product=Puppeteer&version=v13.0.1&show=api-pageemulatenetworkconditionsnetworkconditions).

마지막으로 목과 관련된 내용으로 puppeteer-mock라는 라이브러리를 사용해 퍼피티어 프레임워크와 오픈소스 목 라이브러리(https://www.npmjs.com/package/puppeteer-mock)를 연동할 수 있다. 이 라이브러리를 퍼피티어 프레임워크에 추가하려면 다음 명령을 실행하면 된다.

```
npm install --save-dev puppeteer-mock
```

이 라이브러리는 activate(), deactivate(), isActive()라는 세 가지 주요 함수로 구성된다.

셀레늄 네트워크 제어 및 목

셀레늄 4는 향상된 네트워크 제어 및 목 API 기능을 제공한다. CDP_{Chrome DevTools Protocol}
(https://chromedevtools.github.io/devtools-protocol/) 지원 기능을 추가해서 개발자 도구 패키지 및
네트워크 요청을 테스트할 수 있게 됐다. 셀레늄 4 이전 버전에서는 이것이 어려워 외부 플러그인이나
라이브러리를 사용하거나 또는 와이어목_{WireMock}(https://wiremock.org/docs/getting-started/) 등
을 사용해 서버를 설정해야 했다.

셀레늄 4와 CDP 개발자 도구를 사용하면 devTool.send() API와 다른 API를 조합해서 CSS 로딩을
차단하거나 네트워크 요청 가로채기, 보안 인증서 무시하기 등이 가능하다.

셀레늄 4의 CDP 기능에 대해 더 알고 싶다면 셀레늄 공식 문서를 참고하자.

- https://www.selenium.dev/blog/2020/what-is-coming-in-selenium-4-new-tricks/

7.1.8 웹 요소 처리

테스트 자동화 시나리오에서 필요한 핵심 기능 중 하나가 요소 위치 지정자이다. 웹 애플리케이션 요
소의 위치를 제대로 파악하지 못하면 웹페이지상의 요소를 식별하지 못해 테스트 코드가 제대로 실
행되지 않기 때문이다. 4개의 주요 프레임워크는 모두 웹사이트 DOM 트리에 있는 요소를 문제없이
처리할 수 있다. 몇몇 프레임워크는 객체 스파이나 페이지 객체 모델, 그리고 테스트 자동화 기록 등
의 기능을 사용해서 요소를 더 쉽게 식별하고 관리할 수 있게 해준다.

사이프러스 웹 요소 처리

셀레늄과 달리 사이프러스는 ID, 클래스, 속성 등이 포함된 **CSS 선택자**_{selector}만 사용해서 DOM
을 처리한다(https://www.w3schools.com/cssref/css_selectors.asp). 사이프러스 테스트 코드에서
XPAHT를 사용하려면 **cypress-xpath** 플러그인을 설치해야 한다(https://www.npmjs.com/package/
cypress-xpath). 또한, .contains()를 사용하면 원하는 텍스트만 포함된 요소를 선택하는 등 특정
조건의 요소를 선택할 수 있다. 이 외에도 .first(), .last(), .eq() 등의 메서드를 사용해 리스트
내에 있는 특정 위치의 요소를 찾을 수 있다.

```
cy
  .get('list')
  .first(); // "리스트의 첫 번째 아이템을 선택한다."
cy
```

```
  .get('list')
  .last(); // "리스트의 마지막 아이템을 선택한다."
cy
  .get('list')
  .eq(2); // "리스트의 두 번째 아이템을 선택한다."
```

사이프러스는 다양한 메서드를 사용해 요소의 위치를 찾을 수 있다. 브라우저의 자체 개발자 도구를 사용해 특정 페이지와 요소를 검사하거나(inspect) 사이프러스 GUI의 요소 선택자를 사용해서 특정 요소를 선택 및 식별하는 등 이 요소에 원하는 자동화 처리를 적용시킬 수 있다. 또한, 구글 크롬은 확장 프로그램으로 SelectorsHub라는 툴도 제공하고 있다(https://chrome.google.com/webstore/detail/selectorshub/ndgimibanhlabgdgjcpbbndiehljcpfh).

그림 7.4 사이프러스 CSS 선택자 플레이그라운드와 사이프러스 GUI를 사용해서 웹 페이지 요소를 식별한다.

플레이라이트 웹 요소 처리

사이프러스와 달리 플레이라이트는 모든 처리에 .page() 클래스를 사용한다(https://playwright.dev/docs/api/class-page). 이 클래스는 요소를 클릭하거나 텍스트 입력, 페이지 이동 등 다양한 메서드를 제공한다. 대표적인 메서드에는 .page.fill("텍스트"), .page.press("buttons"), .page.dblclick("selector, options") 등이 있으며 assertThat(page.locator('selector')).hasText("텍스트")는 웹사이트상에 특정한 텍스트 요소가 있는지 찾을 때 사용한다.

요소에 특정 처리를 적용할 때 유용한 페이지 API 외에도 플레이라이트는 **페이지 객체 모델**POM의 사용을 권장하고 있다(https://playwright.dev/docs/pom). POM은 테스트 코드상에서 쉽게 요소를 관리할 수 있게 해주며 결과적으로 테스트 코드 자체도 간단해진다.

사이프러스처럼 플레이라이트도 기반 검사기inspector(https://playwright.dev/docs/debug)를 탑재하고 있어서 요소 식별과 테스트 코드 디버그에 유용하게 사용할 수 있다.

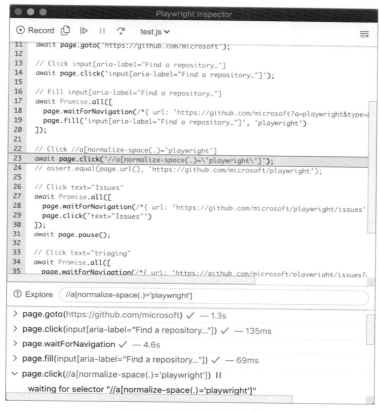

그림 7.5 **플레이라이트 검사기**[3]

퍼피티어 웹 요소 처리

구글의 퍼피티어 프레임워크는 프런트엔드 개발자와 테스터가 크롬 개발자 도구와 브라우저 내장 검사기를 사용해 웹 애플리케이션 요소에 접근할 수 있게 해준다.

퍼피티어를 어떻게 웹 애플리케이션의 서로 다른 계층, 즉 페이지, 페이지 내 프레임, 애플리케이션 컨텍스트에 적용시킬 수 있는지 다음 문서에 잘 설명돼 있다.

* https://devdocs.io/puppeteer/

---

3   https://playwright.dev/docs/debug

퍼피티어는 브라우저의 개발자 도구 프로토콜을 사용해 페이지를 테스트하므로 테스트를 계획할 때 이를 고려해야 한다. 다음 코드는 퍼피티어를 실행해 시크릿 창incognito browser을 새로 열고 팩트 웹 사이트에 접속하는 예이다.

```
(async () => {
  const browser = await puppeteer.launch();
  // 새 시크릿 창 컨텍스트 생성
  const context = await browser.createIncognitoBrowserContext();
  // 깨끗한 상태의 컨텍스트에 새 페이지 생성
  const page = await context.newPage();
  // 원하는 처리 실행(팩트 웹사이트로 이동)
  await page.goto('https://www.packtpub.com');
})();
```

퍼피티어 또한 CSS 선택기 구문을 사용하며 querySelectorAll(seelctors) API를 제공한다. 이 API는 다음 화면에서 볼 수 있듯이 페이지상의 요소 목록을 검색한다.

- https://devdocs.io/dom/element/queryselectorall

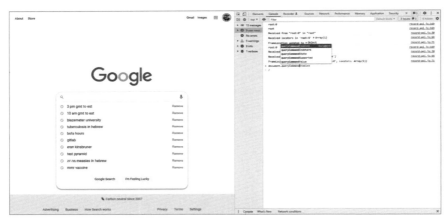

그림 7.6 **구글의 개발자 도구 콘솔에서 요소 쿼리를 실행하고 있다.**

셀레늄 웹 요소 처리

이 책의 전반부인 3장 '대표적인 테스트 자동화 프레임워크'에서 셀레늄이 지원하는 8개의 요소 위치 지정자를 다뤘다. 셀레늄 프레임워크는 플레이라이트처럼 POM을 지원하며, 셀레늄 IDE를 사용하면서 웹 애플리케이션의 요소를 자동으로 식별하는 테스트 코드의 동작들을 기록할 수 있다. 가장 오래된 프레임워크로서 웹 요소 처리를 위한 매우 체계화된 메서드들을 제공한다. 대표적인 것이

findElement(By.[위치 지정자]) 메서드들이다(그림 7.7). 다른 테스트 프레임워크처럼 브라우저 개발자 도구의 검사기를 사용해 요소를 식별하고 이를 테스트 코드에 사용하면 된다.

그림 7.7 **셀레늄 지원 웹 요소 위치 지정자**

시간이 지나도 안정적인 테스트 결과를 얻기 위해서 가장 강력하고 신뢰할 수 있는 요소 위치 지정자를 사용하는 것은 테스트 엔지니어의 중요한 역할이다. 가장 최근에 출시된 셀레늄 4에서는 더 복잡한 요소를 효율적으로 식별할 수 있는 상대 위치 지정자를 소개하고 있다. 이 기능은 페이지 상의 서로 다른 요소 간의 관계를 기반으로 위치를 식별한다. 사용자는 preceding(), below(), toLeftof(), toRightof(), near() 등의 상대 위치 지정자 지원 메서드를 선택해서 사용할 수 있다. 개인적으로 앤지 존스Angie Jones 블로그를 반드시 읽어보라고 권하고 싶다. 셀레늄 4의 상대 위치 지정자에 관한 블로그로 구문과 기능이 주는 가치를 잘 정리해서 설명한다.

- https://angiejones.tech/selenium-4-relative-locators/

7.1.9 CI/CD 통합

개발자 및 테스터는 엄격한 소프트웨어 개발 일정을 지키기 위해서 테스트 자동화 시나리오를 **지속적 통합**continuous integration, CI과 연동해서 실행한다. 모든 테스트 자동화 프레임워크는 CI뿐만 아니라 **퍼펙토, 소스 랩, 브라우저스택** 등과 같은 클라우드 서비스의 CI까지 연동해서 테스트할 수 있는 기능을 제공한다.

4장 '테스트 담당자와 유형별 테스트 자동화 프레임워크의 선택'에서 이미 다뤘듯이 프레임워크마다 최적화된 CI 서버가 다르다. 어떤 프레임워크를 선택할지는 개발자에게 달려 있다. 다음 표를 참고해서 잘 선택하도록 하자.

	사이프러스	플레이라이트	퍼피티어	셀레늄
지속적 통합	• 서클CICircleCI • 깃허브 액션 • 깃랩 • 비트버킷BitBucket • AWS 코드빌드Aws CodeBuild • 도커(만들어진 이미지로 제공)	• 젠킨스 • 서클CI • 비트버킷 • 도커Docker • 애저 파이프라인 • 트라비스 CI • 깃허브 액션 • 깃랩	• 깃허브 액션 • 서클CI • 도커	• 젠킨스 • 깃허브 액션 • 서클CI • 깃랩 • 애저 데브옵스 • 비트버킷

CI 지원 툴 비교를 마지막으로 각 테스트 자동화 프레임워크의 기능 비교가 모두 끝났다.

이 절에서는 주요 테스트 자동화 프레임워크의 가장 중요한 기능들을 비교했다. 여기에는 웹 요청 처리와 시각적 테스트, 접근성 테스트, 네트워크 제어, API 테스트, CI/CD 툴 스택, 성능 테스트, 모바일 테스트 등이 포함된다.

다음 절에서는 현재 팀이 사용하고 있는 테스트 자동화 프레임워크를 변경해야 하는 경우와 그 이유에 대해 살펴보도록 한다.

7.2 테스트 자동화 프레임워크의 재평가

앞서 언급한 모든 기능을 비교해보는 것은 주요 테스트 자동화 프레임워크들을 선별할 때 큰 도움이된다. 중요한 것은 이 비교가 일회성에 그쳐서는 안 되고 지속적으로 이루어져야 한다는 것이다.

시장 상황과 웹 애플리케이션 프로젝트 주기에 따라서 프런트엔드 개발자 및 SDET가 사용하고 있는 프레임워크를 변경해야 하는 경우도 있다. 다음은 이런 상황을 발생시키는 몇 가지 예를 보여준다.

- **새로운 웹 애플리케이션을 처음부터 개발해야 하는 상황:** 현재 진행하고 있는 웹 프로젝트 개발 과정에서 프로덕트 관리팀이나 사업부가 웹사이트 전체를 바꿔야 한다고 결정할 수도 있다. 이 변경 작업에서 개발자는 새로운 개발 프레임워크를 선택할 수 있고 PWA 웹 애플리케이션으로 방향을 변경할 수도 있다. 새로운 프로젝트는 새로운 UI, 새로운 요구사항, 새로운 업무 프로세스 등을 포함한다. 이때는 프로젝트 요구사항에 따라 팀이 사용해왔던 테스트 자동화 프레임워크도 재평가해 변경할 수 있다.

- **테스트 파이프라인이 불안정하고 일관성이 부족한 상황:** 기존 웹 애플리케이션 프로젝트에서 우수한 테스트 자동화 프레임워크를 사용하고 있더라도 테스트 자동화 비율이 낮거나 테스트 실패율이 높은 경우가 있다. 이유는 프레임워크가 테스트 시나리오와 맞지 않거나, 팀의 기술력이 부족하거나, 또는 단순히 프레임워크 자체의 제약 때문일 수도 있다. 이 상황도 기술 스택을 재평가하기 좋은 기회. 대부분의 경우 기존 프레임워크의 부족한 부분을 위해 두 번째 프레임워크를 도입하는데, 이로 인해 불안정성 문제를 해결하고 테스트 시나리오 적용 범위를 높일 수 있다.

- **조직 변경이 발생한 상황:** 테스트 업무를 외부 개발팀에게 외주를 주는 경우 해당 팀이 다른 테스트 프레임워크를 사용하거나 기술 정도가 달라지는 경우가 있다. 또는, 현재 개발팀에 다른 부서의 팀원이 합류하거나 새로운 리더가 부임하면서 현재 툴보다 좋다고 생각하는 툴을 함께 가져올 수도 있다. 이런 경우 기존 테스트 개발자의 기술과 필요를 함께 고려해서 테스트 프레임워크를 재평가할 수 있다.

- **시장의 툴 스택이 발전하는 상황:** 마지막으로 소프트웨어 개발 프로젝트가 발전하면서 테스트 자동화 프레임워크도 발전하는 경우다. 이 장에서 셀레늄 4 프레임워크의 변경 사항에 대해 설명했으며, 이런 상황은 다른 프레임워크에도 지속적으로 발생한다. 새로운 기능을 추가하거나 프레임워크 자체의 발전으로 테스트 프레임워크의 기술 격차를 줄이는 것은 기존 테스트 프레임워크를 재평가해서 두 번째 프레임워크를 추가하거나 기존 것을 대체해야 하는 좋은 명분이 될 수 있다.

7.3 요약

이 장에서 테스트 자동화 프레임워크의 차이와 주요 기능에 대해 살펴보고, 주요 테스트 자동화 프레임워크가 이 기능들을 어떤 식으로 지원하는지 자세히 살펴보았다. 프레임워크 선택을 위해 정해진 기준은 없다. 웹 애플리케이션 프로젝트가 매우 복잡하고, 요구사항이나 테스트 기준이 모두 다르기 때문이다.

주요 기능별로 각 테스트 프레임워크의 지원 여부 및 어느 프레임워크의 기능이 구현하기 쉬운지 비교해보았다. 또한, 테스트 프레임워크 자체에 기능이 내장된 경우와 외부 플러그인(XPath 등)을 사용해야 하는 경우도 설명했다.

프런트엔드 개발자 또는 SDET 입장에서 이 장에서 다룬 내용을 기반으로 자신의 프로젝트 상황에 맞는 프레임워크 선택 매트릭스를 만들어보면 좋다. 예를 들어 여러분의 프로젝트 요구사항이 시각적 테스트와 성능 테스트, 네트워크 제어에 집중해야 한다면 4개 중 어떤 프레임워크가 이 기능들을 지원하는지 확인하는 것으로 좀 더 쉽게 선택할 수 있을 것이다.

마지막으로, 팀이 기존 프레임워크를 재평가해서 변경해야 하는 주요 상황에 대해서도 살펴보았다.

이것으로 이 장을 마무리하겠다. 다음 장에서는 주요 테스트 자동화 프레임워크의 테스트 커버리지 측정 및 이를 위한 툴 사용법과 실제 예제에 대해 살펴보도록 하자.

CHAPTER 8

웹 애플리케이션의
테스트 커버리지 측정

웹 애플리케이션을 충분히 테스트했다는 것은 어떻게 알 수 있을까? 코드 품질을 측정할 수 있는 지표에는 다양한 것이 있다. 예를 들면 결함 밀도나 사용자 스토리 적용률과 같은 블랙박스black-box 측정 지표가 있고, 코드 커버리지와 같이 오랫동안 사용되어 온 화이트박스white-box 측정 지표도 있다. 이 장에서는 주요 테스트 자동화 프레임워크(**셀레늄, 사이프러스, 퍼피티어, 플레이라이트**)를 사용해 코드 커버리지를 측정하고 웹 애플리케이션의 품질을 평가하는 방법에 대해 배운다.

이 장에서 다루는 주제는 다음과 같다.

- 코드 커버리지와 테스트 커버리지의 차이와 언제 사용하는지 이해하기
- 자바스크립트 코드 커버리지 측정을 위한 추천 툴 배우기
- 코드 커버리지 측정을 프로덕션 데이터, 플랫폼 대상, 분석 등의 테스트 커버리지 기능으로 보완하는 방법 이해하기

이 장의 목표는 프런트엔드 개발자와 SDET가 소프트웨어 개발 주기에 코드 커버리지 측정 기능을 적용할 수 있도록 도움을 주고 주요 테스트 자동화 프레임워크와 연계된 추천 툴을 소개하는 것이다.

8.1 코드 커버리지 및 테스트 커버리지 소개

코드 품질을 평가하기 위한 다양한 지표와 측정 방법이 존재한다. 하지만 품질과 커버리지coverage 지표를 언급할 때 종종 코드 커버리지code coverage와 테스트 커버리지test coverage를 혼동하는 경우

가 있다. 이 절에서는 각각의 정의와 차이에 대해 살펴보고 코드 커버리지가 프런트엔드 웹 개발자에게 어떤 의미를 주는지 알아보겠다.

8.1.1 테스트 커버리지

테스트 커버리지란 기능, 비기능, API, 보안, 접근성 등과 같은 모든 테스트 유형을 사용해서 요구사항을 얼마만큼 만족하고 있는지 보여주는 테스트 전반에 관한 지표다. 테스트 커버리지에는 대상 플랫폼의 범위도 포함된다. 즉, 브라우저 종류, OS 종류, 모바일 및 OS 플랫폼을 얼마나 다양하게 지원하는지를 측정하는 것이다. 툴 스택에는 **애플리케이션 수명 주기 관리**application lifecycle management, ALM 솔루션이나 테스트 관리 툴이 존재하며 이를 사용해서 테스트 커버리지의 관련 지표를 측정하고 관리할 수 있다.

일반적으로 QA(품질담당) 매니저가 특정 소프트웨어 버전에 필요한 테스트 자원 및 시간을 계획하고 이를 테스트 계획서에 포함시킨다. 또한, QA 매니저는 테스트 커버리지의 목표와 조건에 대해서도 이 계획서에 포함시킨다.

테스트 계획서를 근거로 하여 모든 테스트 유형을 실행하는 것은 높은 품질의 릴리스뿐만 아니라 높은 테스트 적용률을 보장한다. 성공/실패 비율을 근거로 의사 결정자는 제품이 출시될 준비가 됐는지, 아니면 품질에 문제가 있는지를 판단하게 된다.

대부분의 경우 테스트 커버리지는 다음 세부 항목을 포함한다.

- **제품 기능 커버리지**: 애플리케이션이 모든 업무의 흐름과 웹사이트 화면, 내비게이션 이동을 얼마나 잘 처리하고 있는지를 확인하며, 품질 관점에서 어떤 식으로 동작하는지도 확인한다.

- **제품 요구사항 커버리지**: 제품이 사전에 계획된 모든 사용자 스토리와 기능을 구현했는지 확인한다. 앞에서도 봤지만 모든 기능을 테스트했다는 것이 해당 버전에 포함돼야 할 모든 기능이 구현됐다는 것을 의미하지는 않는다.

- **호환성 커버리지**: 앞에서 보았듯이 모든 테스트 유형이 얼마나 많은 플랫폼에서 테스트되는지 확인하는 것이다. 웹 애플리케이션이 다양한 OS 버전을 비롯해 얼마나 많은 웹 및 모바일 플랫폼을 지원하는지 살펴본다.

- **위험 커버리지**: 업종에 따라서는 이 유형의 지표가 다른 지표보다 영향력이 클 수 있다. 테스트 계획과 테스트 커버리지 내에서 제품이 가진 위험을 측정하고 해결하는 것은 안전하고 높은 품질의 소프트웨어를 위해 필수적이다. 위험 커버리지의 예로 웹 애플리케이션의 의존성(예를 들면 외부 서

비스나 데이터베이스 연계가 제대로 감시되고 있는지)과 문제가 있는 경우 보완 계획이 있는지 등이 이에 해당한다.

정리하자면 테스트 커버리지는 소프트웨어를 보다 높은 수준에서 바라보는 것으로 제품에 대한 요구사항을 모두 만족하고 있음을 보여주는 지표다.

8.1.2 코드 커버리지

테스트 커버리지와 달리 코드 커버리지는 훨씬 더 기술적인 것으로 코드 수준에서 얼마나 많은 코드가 여러 유형의 테스트에 의해 실행되고 확인됐는지 확인하는 것이다. 대부분의 경우 단위 테스트unit test가 코드 커버리지 관점에서 가장 우선 순위가 높은 테스트 유형이다. 왜냐하면 코드 커버리지를 측정하기 위해서 높은 수준의 개발 기술과 코드 측정, 그리고 코드 커버리지 출력 결과를 이해할 수 있어야 하기 때문이다. 그렇다고 기능 테스트나 다른 유형의 테스트가 코드 커버리지를 측정할 수 없다는 의미는 아니다. 이에 대해서는 이 장 후반부에서 자세히 다룬다.

코드 커버리지는 더 과학적인 접근을 위해서 테스트가 적용된 코드의 비율을 보여준다. 코드 커버리지 보고서는 일반적으로 다음 정보를 제공한다.

- **분기 커버리지:** 이 지표는 의사 결정 프로세스 과정에서 발생할 수 있는 모든 가능성, 즉 처리에 대한 분기를 테스트했는지 보여준다. 대표적인 예로 웹 애플리케이션의 코드 내에서 사용자 입력에 따라 달라지는 모든 분기 처리를 테스트해야 한다.
- **함수 커버리지:** 이 지표는 웹 애플리케이션 코드 내의 모든 함수를 테스트했는지 보여준다.
- **실행 구문 커버리지:** 이 지표는 가장 일반적인 코드 커버리지 지표로 코드 내의 모든 실행 가능한 구문이 적어도 한 번은 실행이 됐는지 보여준다.
- **반복 커버리지:** 실행 구문 범위와 마찬가지로 애플리케이션 소스 코드 내의 반복문이 적어도 한 번은 실행됐는지 보여준다.

코드 커버리지 측정을 제대로 하려면 프런트엔드 웹 개발자가 측정 코드를 테스트 과정에 추가할 필요가 있다.

```
---------------------|---------|----------|---------|---------|----------------|
File                 | % Stmts | % Branch | % Funcs | % Lines | Uncovered Lines |
---------------------|---------|----------|---------|---------|----------------|
All files            |   98.92 |    94.36 |   99.49 |     100 |                |
 yargs               |   99.17 |    93.95 |     100 |     100 |                |
  index.js           |     100 |      100 |     100 |     100 |                |
  yargs.js           |   99.15 |    93.86 |     100 |     100 |                |
 yargs/lib           |    98.7 |    94.72 |   99.07 |     100 |                |
  command.js         |    99.1 |    98.51 |     100 |     100 |                |
  completion.js      |     100 |    95.83 |     100 |     100 |                |
  obj-filter.js      |    87.5 |    83.33 |   66.67 |     100 |                |
  usage.js           |   97.89 |    92.59 |     100 |     100 |                |
  validation.js      |     100 |    95.56 |     100 |     100 |                |
---------------------|---------|----------|---------|---------|----------------|
```

그림 8.1 이스탄불 자바스크립트 코드 커버리지 툴이 생성한 결과[1]

이제 코드 커버리지와 테스트 커버리지의 차이를 이해했을 것이다. 다음은 테스트 자동화 프레임워 크와 함께 사용할 수 있는 주요 커버리지 측정 툴에 대해서 살펴보도록 하겠다.

8.2 웹 애플리케이션 개발자를 위한 자바스크립트 코드 커버리지 툴

앞 절에서 살펴본 것처럼 코드 커버리지를 측정하려면 프런트엔드 개발자가 테스트 실행 단계에서 툴을 사용해 테스트가 어느 정도 진행됐는지 파악할 수 있어야 한다. 이를 위해서 분석기나 카운터를 추가해 테스트된 코드의 비율과 테스트된 실행 구문, 분기 비율 등을 보고서로 출력할 필요가 있으며, 이 보고서를 바탕으로 제품의 전체적인 커버리지와 품질을 평가할 수 있다.

자바스크립트를 개발 언어로 사용한 경우 가장 많이 사용되는 것이 **이스탄불**Istanbul로 **바벨**Babel 플러그인과 함께 사용한다. 주요 테스트 자동화 프레임워크가 이스탄불용 플러그인을 제공하는 것도 이스탄불이 코드 커버리지 툴로 인기 있다는 이유다.

사이프러스 이스탄불 플러그인은 다음 URL에서 얻을 수 있다.

* https://www.npmjs.com/package/cypress-istanbul

제스트를 사용한다면 기본으로 내장된 툴을 사용해 커버리지를 측정할 수 있다(https://jestjs.io/). 단순히 테스트 명령줄에서 --coverage 플래그를 추가해주면 된다. 셀레늄과 이스탄불을 연동해서 사용하는 다양한 방법이 있으며(https://stackoverflow.com/questions/67913176/how-to-implement-istanbul-coverage-with-selenium-and-mocha), 플레이라이트를 위한 정보도 많이 있다(https://github.com/mxschmitt/playwright-test-coverage). 마지막으로 자바스크립트로 개발된 웹 애플리케이

---

1   https://istanbul.js.org/

선을 구글 퍼피티어와 이스탄불로 측정하려면 다음 두 문서가 도움이 될 것이다.

- https://github.com/istanbuljs/puppeteer-to-istanbul
- https://github.com/puppeteer/puppeteer/blob/main/docs/api/puppeteer.coverage.md

이론상으로는 4개의 주요 테스트 자동화 프레임워크가 모두 이스탄불과 바벨 플러그인을 사용해서 코드 커버리지를 측정할 수 있으므로, 여기서는 사이프러스를 기준으로 설정 방법에 대해 알아보도록 하겠다. 또한, 실제 예제 애플리케이션을 사용해서 코드 커버리지를 측정해보도록 한다.

8.2.1 이스탄불과 사이프러스를 사용한 자바스크립트 코드 커버리지 측정

사이프러스가 이미 여러분의 PC에 설치돼 있다고 가정하고 여기서는 이스탄불과 바벨 설치 방법부터 살펴보도록 한다.

먼저 코드 커버리지 라이브러리와 지원 라이브러리를 사이프러스가 설치된 폴더에 설치해야 한다. 여기서는 이스탄불 플러그인과 사이프러스의 code-coverage 플러그인을 설치한다.

```
npm install -D babel-plugin-istanbul
npm install -D @cypress/code-coverage
```

이 플러그인들은 애플리케이션의 코드 커버리지 측정뿐만 아니라 **nyc 모듈**(https://github.com/istanbuljs/nyc)을 사용해 코드를 측정 가능한 상태로 만들어준다. 즉, 자바스크립트에 플러그인을 적용하면 **카운터**counter를 사용해 소스 코드를 측정할 수 있는 상태로 변환해준다. 이 카운터는 함수의 개수, 실행 구문 수, 분기 수, 코드 줄 수 등을 세어주는 역할을 한다.

플러그인을 설치한 다음 Cypress/support/index.js 파일에 다음 import문을 추가한다.

```
import '@cypress/code-coverage/support';
```

이제 code-coverage 플러그인을 사이프러스 테스트에 등록해야 한다. 다음 코드를 Cypress/plugins/index.js에 추가하자.

```
module.exports = (on,config) => {
    require('@cypress/code-coverage/task')(on, config);
    return config;
}
```

다음은 애플리케이션을 측정 가능한 상태로 변환해야 한다. 단순히 플러그인만 설치해서는 코드를 측정할 수 없다. 이를 위해서 다음 명령을 애플리케이션의 src 폴더, 즉 테스트할 애플리케이션의 메인 소스 폴더에서 실행하면 된다.

```
npx nyc instrument -compact=false src instrumented
```

또는 이스탄불 플러그인을 .babelrc 파일에 추가해 테스트 코드를 실행할 때마다 측정 가능한 상태로 변환할 수도 있다.

마지막으로 로컬에 있는 cypress.config.json(버전 10 이전에서는 cypress.json) 파일에 다음과 같이 coverage를 true로 설정한다. 참고로 이 true를 false로 설정하면 커버리지 측정 기능이 꺼진다.

```
{
    "env": {
        "coverage": "true"}
}
```

이제 사이프러스 GUI 툴을 실행해 기존에 작성한 하나의 테스트를 실행해보면 커버리지 기능이 기본으로 함께 실행된다.

그림 8.2 **이스탄불/바벨 플러그인을 사이프러스 테스트에 적용해 코드 커버리지를 측정한 예**

이스탄불과 바벨을 사용해 코드 측정이 가능한 상태로 변환한 후에는 GUI와 coverage/lcov-report 폴더에서 커버리지 결과를 확인할 수 있다. 코드 커버리지 담당자라면 웹 애플리케이션 소스 코드에 접근할 수 있고 애플리케이션 아키텍처를 잘 이해하고 있어야 커버리지 결과를 바탕으로 적절한 조치를 취할 수 있다.

그림 8.3 사이프러스와 이스탄불, 바벨 플러그인을 사용해서 얻은 코드 커버리지 결과 예[2]

여기까지 이스탄불과 사이프러스 사용법에 대해 알아보았다. 앞서 살펴본 설치 및 설정 과정은 간단하지만 매우 중요하다. 플러그인 설치 및 설정 방법, 그리고 종단 테스트 또는 단위 테스트 전에 자바스크립트 기반 웹사이트의 소스 코드를 측정 가능한 상태로 변환하는 방법 등도 소개했다.

설정 방법은 프레임워크 종류에 따라 달라질 수도 있지만 결과는 비슷하다. 생성된 보고서가 실행 구문, 분기, 함수, 코드 줄과 같은 앱의 핵심 코드에 대한 항목 커버리지를 %로 알려주는 것이다.

각 항목의 %는 단순히 개발자나 QA 관리자가 참고하는 숫자가 아니다. 이후 실시할 수 있는 테스트의 참고 정보로 활용할 수도 있고, 실제로 실행 가능한 작업의 밑거름이 될 수도 있다. 예를 들어 65~70% 미만의 커버리지를 갖고 있다면 단위, 기능, API 테스트 등과 같은 테스트 케이스를 더 추가해서 제품이 가질 수 있는 잠재적 위험을 제거해야 한다. 일반적으로 코드 커버리지가 70% 미만이면 나쁘다는 신호다(https://www.bullseye.com/minimum.html#:~:text=Summary,higher%20than%20for%20system%20testing). 따라서 코드 커버리지가 80%, 또는 그 이상이 되도록 지속적으로 코드를 측정하고 보완해야 한다.

마리 드레이크Marie Drake는 블로그(https://www.testingwithmarie.com/post/generating-code-coverage-report-for-cypress)를 통해 사이프러스와 이스탄불, 바벨 플러그인 설치 및 사용 방법을

---

2 https://github.com/cypress-io/code-coverage

공개하고 있으며 아주 훌륭하게 작성됐다. 글의 마지막 부분에서는 주플라Zoopla라는 영국 웹사이트를 대상으로 한 코드 커버리지 보고서의 예도 볼 수 있다.

All files

89.06% Statements 8412/9445   78.31% Branches 3687/4698   83.65% Functions 2303/2753   89.25% Lines 8282/8279

Press *n* or *j* to go to the next uncovered block, *b*, *p* or *k* for the previous block.

File ▲		Statements		Branches		Functions		Lines	
app		100%	1/1	100%	2/2	100%	0/0	100%	1/1
app/src		94.12%	16/17	60%	3/5	100%	5/5	93.75%	15/16
app/src/content-experience		100%	2/2	100%	0/0	100%	0/0	100%	2/2
app/src/content-experience/components/ArticlePage		73.49%	61/83	65.79%	25/38	85.71%	18/21	72.84%	59/81
app/src/content-experience/components/ArticlePage/ArticleContent		82.61%	19/23	75%	6/8	71.43%	10/14	82.61%	19/23
app/src/content-experience/components/ArticlePage/ArticleTags		100%	8/8	100%	0/0	100%	3/3	100%	8/8
app/src/content-experience/components/ArticlePage/AuthorCard		100%	12/12	100%	0/0	100%	2/2	100%	12/12
app/src/content-experience/components/ArticlePage/CTASection		100%	9/9	50%	1/2	100%	3/3	100%	9/9
app/src/content-experience/components/ArticlePage/Disqus		87.5%	7/8	100%	0/0	50%	1/2	87.5%	7/8
app/src/content-experience/components/ArticlePage/EmbeddedAsset		100%	4/4	100%	4/4	100%	1/1	100%	4/4
app/src/content-experience/components/ArticlePage/EmbeddedEntry		61.11%	11/18	45.45%	5/11	50%	1/2	61.11%	11/18
app/src/content-experience/components/ArticlePage/EmbeddedEntry/ButtonEntry		85.71%	6/7	90%	9/10	100%	1/1	85.71%	6/7
app/src/content-experience/components/ArticlePage/EmbeddedEntry/HTMLWrapperEntry		100%	11/11	100%	2/2	100%	2/2	100%	11/11
app/src/content-experience/components/ArticlePage/EmbeddedEntry/ImageWrapperEntry		100%	7/7	100%	6/6	100%	1/1	100%	7/7
app/src/content-experience/components/ArticlePage/EmbeddedEntry/TableEntry		100%	25/25	100%	2/2	100%	12/12	100%	25/25
app/src/content-experience/components/ArticlePage/EntryHyperlink		100%	10/10	100%	0/0	100%	2/2	100%	10/10
app/src/content-experience/components/ArticlePage/Hyperlink		100%	16/16	92.86%	13/14	100%	3/3	100%	15/15

그림 8.4 사이프러스와 이스탄불 플러그를 사용해서 분석한 주플라 웹사이트 코드 커버리지 보고서[3]

보고서를 보면 전체적인 **코드 라인**line of code, LOC 커버리지 및 분기, 함수, 실행 구문 커버리지가 대부분의 소스 코드에서 꽤 괜찮다는 것을 알 수 있다. 회색(원본에서는 노란색)으로 표시한 **ArticlePage**와 **EmbeddedEntry**만 커버리지가 낮은데 이는 잠재적 코드 커버리지 위험이 있음을 의미한다. 프런트엔드 개발자와 SDET 입장이라면 이후에 이 두 파일의 커버리지를 보완하는 것에 집중해서 커버리지가 80%, 또는 그 이상이 되도록 개선하는 것이 좋다.

이 절에서는 **이스탄불**과 **바벨**의 사용법과 코드 커버리지 측정 및 주요 테스트 자동화 프레임워크 관점에서 어떤 역할을 하는지에 대해 살펴보았다. 특히 사이프러스 테스트 프레임워크와 이스탄불 연동 방법에 대해 알아보고 자바스크립트 테스트 사양에 이 툴을 어떻게 적용하는지도 살펴보았다. 그리고 실제 사이트를 대상으로 한 코드 커버리지 측정 결과를 통해서 보고서 해석 방법과 커버리지 %를 기준으로 어디에 집중해야 하는지도 알았다. 다음은 테스트 커버리지를 사용해서 어떻게 코드 커버리지를 향상시킬 수 있는지 살펴보도록 한다.

---

3   https://www.testingwithmarie.com/post/generating-code-coverage-report-for-cypress

8.3 테스트 커버리지를 사용한 코드 커버리지 보완

앞 절에서 살펴본 것처럼 코드 커버리지 측정은 테스트가 어느 범위까지 코드를 확인하고 있는지를 나타내는 지표로 코드 품질의 측면에서 매우 중요하다. 하지만 이는 코드 자체만 분석하는 것으로 다른 테스트 커버리지와 함께 분석할 필요가 있다. 웹 애플리케이션의 높은 품질을 유지하기 위해서는 중요한 몇몇 사항들을 함께 확인해야 한다. 코드 커버리지는 애플리케이션의 런타임 시점에 코드 수준의 여러 시나리오를 모두 확인했으며 대부분의 코드를 테스트했다는 것을 보장하는 것이다. 코드 커버리지 결과는 관리자에게 어느 부분을 더 집중해서 확인해야 위험을 줄일 수 있는지 알려주어 전체적인 애플리케이션 품질을 향상시켜준다.

반면 **테스트 커버리지**는 코드뿐만 아니라 애플리케이션의 다양한 품질을 확인하기 위한 것으로 사용자 경험, 보안, 접근성, 호환성, 경계 테스트 등을 포함한다. 코드와 테스트 커버리지를 함께 사용함으로써 전체 애플리케이션을 분석할 수 있는 훌륭한 지표들의 조합을 얻을 수 있다. 또한, 코드 커버리지와 테스트 커버리지가 동적인 측정이라는 것을 이해하는 것이 중요하다. 왜냐하면 개발 환경 및 플랫폼은 계속 발전하며 애플리케이션 소스 코드도 개발 주기에 따라 계속 변화한다. 따라서 앱을 지속적으로 테스트하고, 지표를 관리자에게 지속적으로 보고하는 것이 중요하며 이를 통해 높은 기준의 품질을 유지할 수 있다.

8.4 요약

이 장에서는 혼동하기 쉬운 코드 커버리지와 테스트 커버리지의 차이를 살펴보았다. 이제 각각이 무엇인지, 그리고 어떻게 다른지 명확하게 이해할 수 있을 것이다. 그 다음으로 이스탄불과 바벨 플러그인이라는 오픈소스 툴을 사용해서 자바스크립트 웹 애플리케이션의 테스트 커버리지 측정 방법에 대해 살펴보았다. 마지막으로 이스탄불 및 바벨을 사이프러스와 연동해서 종단 테스트상에서 실제로 코드 커버리지를 측정하는 방법과 예제에 대해 살펴보았다.

이 장은 이것으로 마무리하며, 이제 3부가 시작된다. 3부에서는 주요 테스트 자동화 프레임워크를 더 깊이 있게 들여다 보고, 고급 기능들에 대해 살펴본다. 우선 바로 다음 장에서 **셀레늄**의 고급 기능에 대해 살펴보도록 하겠다.

프런트엔드 자바스크립트
테스트 자동화
프레임워크 가이드

3부에서는 시장을 주도하고 있는 주요 테스트 자동화 프레임워크의 핵심 기능에 대해 살펴본다. 각 장마다 개별 프레임워크에 대해 다루게 되는데, 프레임워크 사용법, 예제, 추천 사례 등으로 구성된다. 또한, 해당 프레임워크의 전문가가 될 수 있는 여러 가지 방법을 소개한다. 여기서 배운 내용을 바탕으로 하나의, 또는 그 이상의 프레임워크 기능을 사용해 다양한 테스트 자동화를 구현할 수 있게 될 것이다.

셀레늄 프레임워크 사용하기

3장 '대표적인 테스트 자동화 프레임워크'에서도 강조했지만 **셀레늄**은 역사가 오래된 테스트 자동화 프레임워크 중 하나다. 이 프레임워크는 오픈소스로 자바, 자바스크립트, 파이썬 등과 같은 다양한 언어와 연동되고, **웹드라이버IO**와 같은 다른 주요 프레임워크의 근간이 되기도 했다. 또한, W3C와 웹드라이버 프로토콜을 따르고, 클라이언트-서버 방식으로 모든 PC 및 모바일 브라우저를 대상으로 테스트 자동화를 구축할 수 있게 해준다. 그리드Grid 툴과 병렬 실행, 대규모 실행 등도 지원한다. 이 장에서는 셀레늄 프레임워크의 기술적 특성을 더 깊이 있게 다루며, CDP, 상대 위치 지정자, 시각적 테스트, 클라우드 테스트, **행위 주도 테스트**behavior-driven development, BDD, 자가 복구 툴 등과 같은 고급 기능에 대해 집중적으로 살펴본다. 이 장의 목표는 프런트엔드 개발자가 프레임워크의 고급 기능(기본 기능이든 외부 기능이든 상관없이)을 사용해 테스트 자동화를 개선할 수 있도록 도움을 주는 것이다.

이 장에서 다루는 주제는 다음과 같다.

- 셀레늄 프레임워크 및 개별 컴포넌트 이해하기
- 셀레늄 프레임워크의 고급 기능들
- 셀레늄 프레임워크의 미래

9.1 필요한 환경 및 코드

이 장에서 사용하는 코드 파일은 다음 URL에 있는 깃허브에서 찾을 수 있다.

- https://github.com/PacktPublishing/A-Frontend-Web-Developers-Guide-to-Testing

9.2 셀레늄 프레임워크와 개별 컴포넌트 이해하기

3장 '대표적인 테스트 자동화 프레임워크'에서 설명한 것처럼, 셀레늄 프레임워크(https://www.selenium.dev/에서 다운로드 가능)는 세 개의 핵심 엔진으로 구성된다. **셀레늄 웹드라이버**WebDriver, **셀레늄 IDE**, **셀레늄 그리드**Grid가 그것이다. 이 장에서는 웹드라이브 프로토콜과 자바스크립트 연동, 그리드만 살펴보도록 하고 셀레늄 IDE는 13장 '로코드 테스트 자동화로 코드 기반 테스트 보완하기'에서 다룬다.

9.2.1 셀레늄 웹드라이버

셀레늄 4(2022년 8월 시점 최신 버전)부터는 W3C를 완벽하게 준수하고 있다(https://www.w3.org/TR/webdriver1/). 웹드라이버 프로토콜의 풍부한 기능은 웹 애플리케이션상의 모든 기능은 물론이고 모든 종류의 브라우저를 테스트할 수 있게 해준다.

셀레늄 웹드라이버를 사용하려면 다음 명령을 사용해 노드 패키지를 설치해야 한다.

```
npm install selenium-webdriver
```

다음 URL의 셀레늄 문서를 참고해서 **크롬**, **파이어폭스**, **사파리** 등과 같은 필요한 브라우저 드라이버를 설치해준다.

- https://www.selenium.dev/documentation/webdriver/troubleshooting/errors/driver_location/

자바스크립트 코드를 엣지Edge 브라우저에서 테스트하기 위해서는 다음 코드를 추가한다. 파이어폭스라면 코드에서 edge를 firefox로 변경하기만 하면 된다.

```
const {Builder} = require('selenium-webdriver');
var driver = new Builder().forBrowser('edge').build();
```

여기서는 셀레늄의 고급 기능에 중점을 두고 있으므로 셀레늄 그리드 컴포넌트부터 살펴보도록 하겠다. 설명하기에 앞서 셀레늄 웹사이트(https://www.selenium.dev/downloads/)에서 그리드를 먼저 다운로드하자.

9.2.2 셀레늄 그리드

셀레늄 그리드를 실행하려면 다운로드한 그리드 파일(selenium-server-x.x.x.jar)이 있는 곳에서 다음 명령을 실행하면 된다.[1,2]

```
java -jar .\selenium-server-4.1.1.jar standalone
```

.\selenium-server-4.1.1.jar 부분은 자신이 다운로드한 파일이 있는 경로와 버전에 맞게 변경해주어야 한다.

이것으로 자바스크립트 웹드라이버 패키지와 셀레늄 그리드를 성공적으로 설치했고 그리드 명령까지 실행했다. 브라우저를 열어서 http://localhost:4444에 접속해보자. 문제없이 설치 및 실행한다면 다음과 같은 화면을 볼 수 있다.

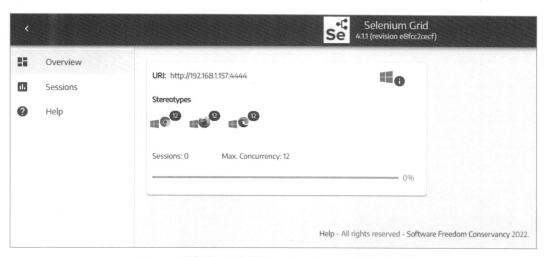

그림 9.1 브라우저로 로컬 셀레늄 그리드 웹페이지에 접속한 화면

이제 팩트(출판사) 웹사이트로 이동해서 UI Testing with Puppeteer라는 책을 검색하는 간단한 자바스크립트 코드를 실행할 것이다. 검색 후에는 원하는 책의 페이지가 열렸는지 검증한다.

---

1   [옮긴이] 예제 파일이 있는 곳을 복사한 후 그곳에서 실행하자.
2   [옮긴이] 윈도우에서 실행한다면 슬래시(\) 없이 실행한다.
```
java -jar selenium-server-4.1.1.jar standalone
```

```
const {Builder, By, Key, until}
  = require('selenium-webdriver');
const by = require('selenium-webdriver/lib/by');

(async function helloSelenium() {
  let driver = await new Builder().forBrowser(
    'MicrosoftEdge').usingServer(
    'http://localhost:4444/wd/hub').build();
  await driver.get('https://www.packtpub.com');
  await driver.getTitle(); // => "Packt"
  let searchBox = await driver.findElement(By.name('q'));
  let searchButton = await driver.findElement(
    By.className('magnifying-glass'));
  await searchBox.click();
  await searchBox.sendKeys('UI Testing with Puppeteer');
  await searchButton.click();
  await driver.getTitle().then(function(title) {
    console.log("The title is: " + title)
});
  console.log
  await driver.quit();
})();
```

코드를 잘 이해할 수 있도록 단계별로 정리해보았다.

1. 로컬 셀레늄 그리드('http://localhost:4444/wd/hub')에서 엣지 브라우저('MicrosoftEdge')의 웹 드라이버를 연결한다.

2. 지정한 웹사이트 URL로 이동한다. 이 예에서는 팩트 웹사이트로 이동하고 있다.

3. 웹페이지지상의 요소와 상호작용할 수 있도록 중요한 위치 지정자(객체) 두 개를 정의하고 있다. 하나는 팩트 웹사이트의 searchBox(검색창) 객체이고 다른 하나는 클릭할 수 있는 searchButton(검색 버튼) 객체다. 두 객체를 지정할 때 ID와 className을 사용하고 있는 것에 주목하자.

4. 검색창에 책 이름('UI Testing with Puppeteer')을 입력한 후 해당 책이 있는 페이지로 이동하기 위해 검색 버튼을 클릭한다.

5. 마지막으로 검색한 페이지의 타이틀을 콘솔에 출력해서 원하는 책의 페이지가 열렸는지 확인한다.

이 코드를 실행하려면 비주얼 스튜디오 코드와 같은 IDE에서 다음 명령을 실행하면 된다.

```
node .\tests\test1.js
```

필자는 코드를 test1.js라는 파일에 저장했으며 tests라는 폴더 밑에 두었다.[3]

환경상에 문제가 없다면 엣지 브라우저가 실행되면서 앞서 설명한 단계가 브라우저 UI가 보이는 헤드 모드로 실행될 것이다. 그리고 IDE 콘솔에 다음과 같은 메시지가 출력된다.

```
PS C:\Users\ekinsbruner\Selenium_Demo> node .\tests\test1.js
The title is: Search results for: 'UI Testing with Puppeteer'
```

그림 9.2 앞의 코드를 실행하면 페이지 타이틀이 콘솔 화면에 출력된다.

이 예에서는 그리드와 브라우저 하나를 함께 사용했지만, hub의 롤role을 사용해 그리드를 실행하면 포트 4444를 통해 여러 개의 노드를 병렬로 사용할 수 있다. 즉, 노드마다 다른 브라우저를 사용해서 test1.js를 실행할 수 있게 되는 것이다. 이를 위해서 JSON 형태의 노드 설정 파일을 사용해 다음과 같이 실행하면 된다.

```
java -Dwebdriver.chrome.driver=chromedriver.exe -jar seleniumserver-
standalone.jar -role node -nodeConfig node1Config.json
```

JSON 기반의 셀레늄 그리드 설정 방법을 알고 싶다면 다음 문서를 참고하자.

* https://www.selenium.dev/documentation/legacy/selenium_3/grid_setup/

셀레늄을 로컬에 설치한 후 셀레늄 그리드를 실행했고 자바스크립트로 작성한 셀레늄 테스트를 실행해보았다. 이제 셀레늄 4가 제공하는 유용한 고급 기능들에 대해 살펴보도록 하겠다.

9.2.3 셀레늄의 고급 기능

앞에서도 언급했지만 셀레늄은 오랜 역사를 가지고 있는 강력한 자동화 테스트 프레임워크다. 예제 코드에서도 본 것처럼 간단한 프로그래밍으로 프런트엔드 웹 애플리케이션을 쉽게 조작할 수 있다. 5장 '주요 프런트엔드 웹 개발 프레임워크의 소개'에서 설명했듯이, 강력한 웹 애플리케이션 프레임워크를 사용해 작성된 최신 웹사이트들은 다양한 기능과 복잡한 로직, 그리고 관련 컴포넌트로 구성된다. 셀레늄과 같은 테스트 자동화 프레임워크를 제대로 이해하면 이런 복잡하고 다양한 웹사이트 구성 요소들을 폭넓게, 그리고 자동으로 테스트할 수 있다. 먼저 셀레늄 4에서 추가된 기능으로 상대

---

3   옮긴이 명령을 실행하는 경로에 Microsoft Edge 드라이버가 있어야 한다. 없다면 다음 URL을 통해 다운로드받자.
    https://developer.microsoft.com/en-us/microsoft-edge/tools/webdriver/

위치 지정자에 대해 살펴보도록 하겠다.

셀레늄의 상대 위치 지정자

이전 버전의 셀레늄에서는 웹페이지상의 요소를 구별하는 것이 어려웠다. 특히 비슷한 요소가 동일 페이지에 있거나 웹페이지가 너무 많은 UI 요소로 구성된 경우에는 더더욱 구별하기 어려웠다. 이런 이유로 셀레늄 커뮤니티가 개발한 것이 특정 요소의 위치와 이름을 페이지상의 다른 요소와 상대적으로 비교하는 기능이다.

앞의 예제 코드에서 본 팩트 웹사이트 테스트의 경우를 보면 상단 뷰포트에 세 개의 버튼이 있는 것을 알 수 있다. 이 버튼들은 고유한 텍스트를 가지고 있으며 모두 className 식별자('subscribe_cta')를 가지고 있다. 셀레늄 4에서는 상대 위치 지정자relative locator를 사용해서 각각을 정확하게 구분할 수 있다.

그림 9.3 팩트 홈페이지 화면 상단에 버튼들이 서로 가까이 인접해 있다.

웹페이지 상단 가운데 있는 **Essential Bundles** 버튼을 찾으려면 다음과 같은 코드를 사용해 해당 버튼이 **Enter the SALE** 버튼 바로 옆에 있다는 것을 알려주면 된다.

```
let enterSale = driver.findElement(By.className(
  subscribe_cta));
let essentialBundles = await driver.findElement(
  locateWith(By.className('subscribe_cta')).toRightof(
  enterSale));
```

셀레늄 4는 다음과 같은 5가지의 상대 위치 지정자를 제공한다.

- above(위)
- below(밑)
- toLeftOf(~의 왼쪽)

- toRightOf(~의 오른쪽)

- near(인접한)

각 위치 지정자에 대한 자세한 설명은 다음 문서를 참고하자.

- https://www.selenium.dev/documentation/webdriver/elements/locators/#relative-locator

셀레늄 크롬 개발자 도구 프로토콜

퍼피티어와 플레이라이트 프레임워크에서 이미 CDPChrome DevTools(or Debugger) Protocol를 다뤘지만, 셀레늄의 경우 셀레늄 4에서 지원하기 시작한 새로운 기능이다. 셀레늄 4에서는 프런트엔드 웹 개발자가 개발자 도구DevTool를 사용해서 CDP와 연동할 수 있으며 네트워크 제어, 위치 정보 에뮬레이션, 성능, 접근성, 프로파일러, 애플리케이션 캐시 등의 기능을 사용할 수 있다(https://www.selenium.dev/documentation/webdriver/bidirectional/chrome_devtools/).

이 기능들을 사용하려면 새롭게 추가된 CDP 연결 기능(driver.createCDPConnection(page');)을 설정해야 된다. 여기서 CDP의 모든 API 기능을 확인할 수는 없지만, 셀레늄 커뮤니티가 제공하는 간단한 예제를 통해서 테스트에 특정 위치 정보를 설정해보도록 하겠다.

다음 코드는 무료 위치 정보 웹사이트(https://my-location.org/)에 접속하는 것이다. 이 웹사이트는 주소 및 경도나 위도 좌표와 같은 사용자의 현재 위치를 보여주는 사이트다.

```
await driver.get("https://my-location.org/");
  const pageCdpConnection =
    await driver.createCDPConnection('page');
  //일본 도쿄의 경도, 위도
  const coordinates = {
    latitude: 35.689487,
    longitude: 139.691706,
    accuracy: 100,
};
  await pageCdpConnection.execute(
    "Emulation.setGeolocationOverride",
    1,
      Coordinates
    );
```

이 코드는 CDP 연결을 사용해서 마치 사용자가 일본 도쿄에서 접속한 것처럼 웹사이트에 도쿄의 위치 정보 좌표를 보낸다. 이런 위치 정보 변경 기능은 테스트에 있어 중요하다. 왜냐하면 많은 웹사이트들이 사용자의 위치 정보를 인식하도록 설계돼 있기 때문이다. 즉, 사용자의 위치에 따라 결과를 다르게 보여주거나 표시 언어를 접속 국가에 따라 변경하기도 한다.

셀레늄 4의 CDP는 다양한 기능을 갖춘 셀레늄의 강력한 도구 중 하나로 반드시 알고 있어야 할 중요한 기능이다.

셀레늄 다중 창 및 탭 관리

셀레늄 4에서는 복잡한 웹사이트를 다중 탭이나 다중 창을 사용해 테스트할 수 있다(https://www.selenium.dev/documentation/webdriver/browser/windows/). 전통적인 웹사이트에서는 새로운 창을 열거나 탭을 여는 메뉴들이 여러 가지 있으며 이에 관한 테스트는 자동으로 진행돼야 한다. 사이프러스와 달리 셀레늄은 다중 탭 및 새 창을 테스트하는 여러 가지 방법을 제공한다. 웹 애플리케이션에서 창이나 탭을 변경해야 하는 테스트의 경우 `getWindowHandle();`, `getAllWindowHandles();`, `driver.swtichTo().newWindows('tab')` 등의 셀레늄 API를 사용해 새 창이나 탭을 열 수 있고, 활성화된 창과 탭을 닫을 수도 있다.

셀레늄 액션 API의 마우스 및 키보드 이벤트 지원

셀레늄을 사용하면 프런트엔드 개발자가 마우스 및 키보드 이벤트를 웹 애플리케이션의 특정 페이지에서 조작할 수 있다(https://www.selenium.dev/documentation/webdriver/actions_api/). 예를 들어 텍스트 문자열을 텍스트 박스와 같은 웹 요소에 입력할 뿐만 아니라 키보드로 **엔터** 키를 누르는 효과를 셀레늄을 통해 전달할 수 있다. 새로운 기능은 아니지만 매우 유용하다.

```
await driver.findElement(By.name('q')).sendKeys(
   'webdriver', Key.ENTER);
```

이 외에도 `clickAndHold`, `doubleClick`, `dragAndDrop` 등의 다양한 마우스 이벤트 기능도 제공한다. 다음 코드는 특정 요소(`sourceEle`)를 드래그해서 원하는 요소(`targetEle`)에 드롭하는 처리를 보여준다.

```
await actions.dragAndDrop(sourceEle, targetEle).perform();
```

자가 복구 스크립트

여기서 언급하고자 하는 것은 **인공지능**AI이나 **머신러닝**ML 또는 **로코드**를 활용한 테스트는 아니지만, 테스트 코드를 안정화하기 위해 개발된 매우 흥미로운 프레임워크다. 이 프로젝트는 **Healenium**(https://healenium.io/)이라고 하는 것으로 셀레늄의 테스트 케이스 안정성을 향상시키고 웹 요소의 동적 변화를 잘 처리할 수 있게 해준다. 잘 정리된 문서(https://github.com/healenium/healenium-example-maven)와 코드 예제, IDE 플러그인(인텔리J 아이디어IntelliJ IDEA 등)을 제공함으로써 셀레늄의 기능을 확장시켜 주고 있다. 그림 9.4는 Healenium이 어떻게 동작하는지 보여주는 예다.

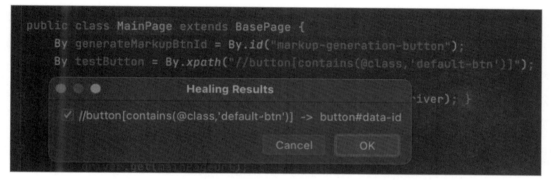

그림 9.4 Healenium이 인텔리J 아이디어상에서 망가진 위치 지정자를 복구하고 있다.[4]

셀레늄 그리드 클라우드 버전

셀레늄에만 국한된 것은 아니지만 클라우드 서비스를 활용해서 셀레늄 테스트 코드를 클라우드상에서 대규모 또는 병렬로 실행시킬 수 있다. 클라우드를 사용하므로 로컬 그리드를 구축하거나 관리할 필요가 없다.

소스 랩, 퍼펙토, 브라우저 스택은 강력한 클라우드 기반 셀레늄 그리드를 제공하며 모든 종류의 브라우저와 OS 조합을 지리적 위치에 상관없이 지원한다. 테스터 및 프런트엔드 개발자는 클라우드 환경을 사용하므로 로컬 환경보다 테스트 실행 리소스를 쉽게 확장(스케일업)할 수 있으며, 테스트 주기 및 속도도 단축시킬 수 있다.

---

4   https://github.com/healenium/healenium-example-maven/blob/master/img_4.png

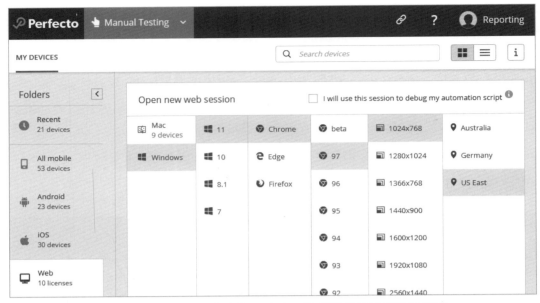

그림 9.5 퍼펙토 클라우드의 셀레늄 그리드는 모든 웹 및 모바일 조합을 지원한다.

9.2.4 셀레늄의 다양한 테스트 방법

셀레늄이 지원하는 몇 가지 테스트 유형에 대해 살펴본다. 구체적으로는 **큐컴버**Cucumber를 사용한 BDD와 접근성 테스트, 시각적 테스트를 다룬다.

셀레늄의 BDD 테스트

여기서는 BDD에 대해 자세히 다루지 않겠지만 셀레늄에서 BDD를 쉽게 사용할 수 있다는 점은 아주 중요하다. 애자일 테스트에서는 BDD를 통해 소프트웨어 개발자가 테스트 시나리오를 만든다. 이때 사용하는 것이 Gherkin으로 GIVEN, WHEN, THEN 등의 내장된 키워드 기반 구문을 사용한다. 그림 9.6은 큐컴버 테스트 시나리오를 Gherkin으로 작성한 예를 보여준다.

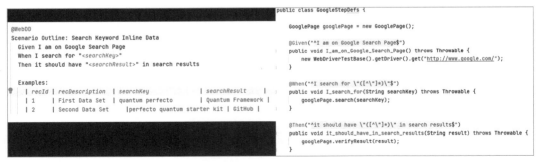

그림 9.6 셀레늄 기반의 단계 정의 메서드를 Gherkin으로 작성한 큐컴버 테스트 시나리오와 연동한 예

왼쪽 그림은 WebDD라는 애너테이션을 사용해 Gherkin 기반의 테스트 시나리오를 작성한 것이다. 이 시나리오에서는 구글 검색 페이지로 이동해서 두 개의 검색어를 입력하고 있다. 검색어는 왼쪽 그림의 표에서 정의하고 있으며 이런 방식을 데이터 기반 테스트라고 한다. 큐컴버의 데이터 기반 테스트는 Examples라는 키워드를 사용해 정의한다. 왼쪽 그림을 보면 Examples: 아래에 표가 있고 이 표에서 두 개의 데이터(검색어)를 정의하고 있다.

오른쪽 그림은 자바로 작성한 셀레늄 코드로, 웹드라이버 프로토콜을 사용해 구글 웹페이지로 이동한 후 검색어를 입력하고 검색 버튼을 클릭한다. 기본적으로 셀레늄과 BDD(큐컴버)를 사용해 모든 가능한 시나리오를 작성할 수 있으며 그리드나 클라우드를 사용해 시나리오를 실행시킬 수 있다.

셀레늄과 자바스크립트를 사용하여 각각의 과정을 정의한 테스트 시나리오는 테스트 자동화를 생성하기 위한 좋은 방법이다. BDD는 사용자 스토리 형태로 작성된 제품 시나리오와 이를 검증하는 기능 테스트를 만들어 개발자 및 테스터, 업무 담당자가 품질에 대한 동일한 수준의 정보를 공유할 수 있게 해준다. 2년 전에 BDD 관련 워크숍을 진행한 적이 있으며 필자가 이때 작성한 자료들을 다음 URL에서 확인할 수 있다.

* https://www.slideshare.net/ek121268/mastering-bdd-eran-kinsbruner-workshop-quest-2018

셀레늄의 시각적 테스트

7장 '주요 자바스크립트 기반 테스트 자동화 프레임워크의 핵심 기능'에서 강조한 것처럼 셀레늄의 기본 함수와 외부 툴 또는 **스토리북**Storybook, **갤런**Galen, **퍼시**Percy 등과 같은 프레임워크를 사용해 스크린숏을 저장하고 시각적으로 어설션할 수 있다. 셀레늄을 사용해서 좀 더 개선된 방법으로 시각적 테스트를 하려면 AI 및 ML 기능을 활용하거나 테스트 규모를 확대하는 방법이 있다. 또한, **애플리툴 아이즈 SDK**Applitools Eyes SDK를 셀레늄과 연동해서 언어 바인딩, 기준 생성generate baselines,, 높은 품질의 시각적 어설션 등을 구현할 수 있다. 그림 9.7은 애플리툴의 시각적 테스트 결과를 보여준다.

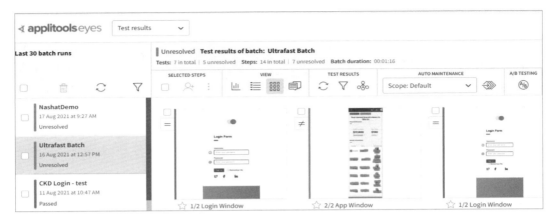

그림 9.7 애플리툴의 웹 기반 대시보드에서 시각적 테스트 결과를 보여주고 있다.

그림에서 **미해결**unresolved 테스트 케이스인 **2/2 App Window**를 보면, 캡처한 화면과 저장돼 있는 기준 화면이 시각적으로 다르다는 것을 알 수 있다.

그림 9.8은 차이를 분석한 것으로 실무자가 발견한 차이를 하나씩 확인해서 문제가 아니라고 판단하거나 회귀regression 버그로 분류해서 보고할 수 있다.

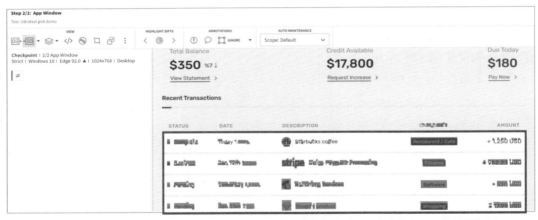

그림 9.8 미해결 테스트 케이스를 자세하게 분석하고 있다. 하단의 강조한 곳이 시각적으로 다른 부분이다.

애플리툴과 셀레늄을 실행해서 자바스크립트 언어와 연동하려면 다음 문서에 있는 간단한 과정을 따라하면 된다.

- https://applitools.com/tutorials/selenium-javascript.html

간단히 정리해보면, 먼저 계정을 생성하고 애플리툴의 API 키를 얻은 후 다음 명령을 실행해서 노드 패키지를 설치해주면 된다.

```
npm install @applitools/eyes-selenium -save-dev
```

애플리툴 SDK는 웹 애플리케이션을 시각적으로 테스트하기 위한 몇 가지 API를 제공한다. 예를 들면 셀레늄 테스트 코드에 eyes.open();, eyes.check();, eyes.close(); 등을 사용해서 모든 시각적 차이를 클라우드 기반 대시보드에 표시할 수 있다. 깃허브 상에 바로 사용할 수 있는 애플리툴 제공 오픈소스 프로젝트가 있으며(https://github.com/applitools/tutorial-selenium3-javascript-basic), 이것을 사용해 SDK를 실행할 수 있다.

셀레늄의 접근성 테스트

7장 '주요 자바스크립트 기반 테스트 자동화 프레임워크의 핵심 기능'에서 강조한 것처럼 모든 주요 테스트 프레임워크는 디큐Deque가 개발한 엑스 접근성 SDKaxe accessibility SDK를 연동해서 기능 테스트 코드 내에 접근성 테스트를 만들 수 있다.

디큐가 관리하는 깃허브 리포지터리는 매우 유용한 코드 예제와 엔진(axe-core) 등을 제공한다.

* https://github.com/dequelabs

엑스 엔진을 설치하려면 셀레늄 프로젝트가 설치돼 있는 폴더에서 다음 명령만 실행해주면 된다.

```
npm install axe-core --save-dev
```

설치 후에는 자바스크립트 테스트 코드 파일 내에 엑스 접근성 사양spec 파일이 있는 경로를 지정해 줘야 한다. 다음 코드에서는 axe.min.js가 사양 파일에 해당한다.

```
const {Builder, By, Key, until} =
  require('selenium-webdriver');
const fs = require('fs')
const by = require('selenium-webdriver/lib/by');
(async function helloSelenium() {
let driver = await new Builder().forBrowser(
  'MicrosoftEdge').usingServer(
  ://localhost:4444/wd/hub').build();
await driver.get('https://www.packtpub.com');
const data = await fs.readFileSync(
  'node_modules/axe-core/axe.min.js',
'utf8'
)
await driver.executeScript(data.toString());
let result = await driver.executeAsyncScript('var callback
  = arguments[arguments.length - 1];axe.run().then(results
```

```
    => callback(results))');
await fs.writeFileSync('tests/report.
                        json', JSON.stringify(result));
await driver.getTitle(); // => "Packt"

let searchBox = await driver.findElement(By.name('q'));
let searchButton = await driver.findElement(
  By.className('magnifying-glass'));
await searchBox.click();
await searchBox.sendKeys('UI Testing with Puppeteer');
await searchButton.click();
await driver.getTitle().then(function(title) {
console.log("The title is: " + title)
});
console.log
await driver.quit();
})();
```

사양 파일은 확인해야 할 접근성 항목을 정의하고 있으며 실행해야 할 테스트나 보고해야 할 테스트 결과에 따라서 달라질 수 있다. 앞에서 작성한 test1.js 파일을 열어 위 코드에서 굵은 글씨로 표시한 코드들을 추가해주자. 그러면 팩트 웹사이트로 이동해 **UI Testing with Puppeteer** 책을 검색할 뿐만 아니라 axe.run() 메서드를 사용해 접근성을 확인한 후 전체 결과를 report.json 파일에 저장한다.

위 예제 코드가 제대로 실행되면 report.json 파일이 생성되며 violations(위반), passes(패스), incomplete(미완결), inapplicable(미적용)로 분류된 배열 데이터를 볼 수 있다. 다음은 report.json 파일의 일부를 보여주고 있다.

```
s NT 10.0; Win64; x64) AppleWebKit/537.36 (KHTML, like Gecko) Chrome/97.0.4692.71 Safari/537.36 Edg/97.0.1072.55","windowHeight"
"https://www.packtpub.com/","violations":[{"description":"Ensures buttons have discernible text","help":"Buttons must have disce
id":"button-name","impact":"critical","nodes":[{"all":[],"any":[{"data":null,"id":"button-has-visible-text","impact":"critical",
":"serious","message":"aria-label attribute does not exist or is empty","relatedNodes":[]},{"data":null,"id":"aria-labelledby",
```

그림 9.9 셀레늄과 엑스 SDK를 사용해 발견한 팩트 웹사이트의 접근성 위반 예

여기서 다룬 모든 내용 및 파일(test1.js 파일, report.json 파일 등)을 이 책이 제공하는 깃허브 리포지터리에서 찾을 수 있다.

- https://github.com/PacktPublishing/A-Frontend-Web-Developers-Guide-to-Testing/tree/master/Selenium_examples[5]

---

5 [옮긴이] 참고로 리포지터리의 코드를 사용하는 경우 서버 설정을 localhost로 변경해야 한다.
   usingServer('http://localhost:4444/wd/hub').build();
   그리고 테스트를 실행하는 곳에 tests 폴더가 없으면 오류가 발생한다. 탐색기로 tests라는 폴더를 만들거나 다음 명령을 통해 폴더를 생성해주자.
   c:\code> mkdir tests

셀레늄 코드를 셀레늄 4로 업그레이드하기

셀레늄 고급 기능에 관한 얘기는 아니지만 셀레늄 4의 새로운 기능을 즐기기 위해서는 현재 셀레늄을 최신 버전으로 업그레이드할 필요가 있다. 그렇게 하려면 여러분의 테스트 코드가 W3C를 준수해야 하며 셀레늄 프레임워크의 새로운 구문을 따라야 한다. 여기서 셀레늄 3 이하 버전을 셀레늄 4로 업그레이드할 때 필요한 모든 내용을 다룰 수는 없으므로 자세한 내용을 알고 싶다면 https://www.selenium.dev/documentation/webdriver/getting_started/upgrade_to_selenium_4/를 참고하자. 셀레늄에서 가장 많이 사용되는 기능인 findElement 메서드를 예로 들어보겠다. 이 메서드는 웹 애플리케이션의 객체를 식별해서 특정 조작을 할 때 사용한다. 앞의 업그레이드 안내 문서를 보면 IDE 내의 **메이븐**Maven이나 **Gradle**의 의존성 변경 내용과 **platform**, **browserName** 등의 기능 변경 방법을 볼 수 있다. 또한, 대기wait 및 타임아웃timeout 관련 변경 내용과 더 이상 지원하지 않는 오래된 API 등도 안내하고 있다.

이것으로 셀레늄 프레임워크에 대한 설명을 마무리하도록 하겠다. 물론 셀레늄은 여기서 설명한 것보다 더 많은 기능을 제공하며, **페이지 객체 모델**POM 디자인 패턴(https://learn-automation.com/page-object-model-using-selenium-webdriver/)과 다양한 대기 방법, 유용한 여러 가지 API 등 이 장에서 언급하지 않았지만 배워두면 유용한 기능들이 많이 있다.

셀레늄 프로젝트의 컴포넌트와 알아두면 유용한 핵심 기능들을 모두 다뤘다. 다음은 셀레늄 프로젝트의 미래를 생각해보면서 다른 프레임워크와의 차별화를 어떤 식으로 계획하고 있는지, 그리고 AI와 로코드 기술을 어떻게 활용하는지 살펴보도록 하겠다.

9.3 셀레늄 프레임워크의 미래

셀레늄 4가 프레임워크 자체는 물론이고 특정 브라우저에 종속되지 않는 테스트 기술 중에서 중요한 이정표가 되고 있지만, 프런트엔드 개발자 입장에서는 여전히 선택할 수 있는 다른 프레임워크가 존재한다. 세상에 알려진 후 오랜 시간 동안 쌓아온 명성을 유지하려면, 셀레늄과 커뮤니티가 **PWA**, **플러터**Flutter, **리액트 네이티브**React Native와 같은 최신 웹 애플리케이션의 미래를 생각해봐야 한다.

지능형 테스트 및 분석 시대에 디지털 앱 또한 더 복잡해지고 있으며 셀레늄을 포함한 테스트 자동화 프레임워크도 더 풍부한 기능성을 제공할 필요가 있다. 셀레늄 4에서는 커뮤니티에 셀레늄 IDE의 수정 버전을 공개했다. 이를 통해 브라우저에서 사용자의 모든 행동과 모든 웹 요소 동작을 기록해 테스트 스크립트로 저장할 수 있다. 한편 이 장에서 다룬 Healenium과 같은 프로젝트는 사실 만들어지지 말았어야 하며 대신 셀레늄의 핵심 프로젝트의 일부로 포함되어야 했다고 생각한다.

이후 출시되는 버전에서는 이런 툴들을 통해서 더 복잡한 테스트 생성 작업을 하고 보고서를 생성함으로써 스크립트에 일관성을 부여할 수 있어야 한다. 사이프러스 팀은 실험적인 프로젝트인 **사이프러스 스튜디오**Cypress Studio를 통해 이미 테스트 기록 기술에 있어 더 높은 곳을 목표로 하고 있다.

또한, 셀레늄과 같은 미래 지향적인 테스트 자동화 프레임워크는 테스트 자동화를 진행하는 모든 업무 담당자를 고려해야 한다. 개발자, SDET, 그리고 수동 테스터는 테스트 프레임워크를 손쉽게 설치하고 사용할 수 있어야 한다. 현재 집필 시점에는 셀레늄이 사이프러스나 플레이라이트와 비교해 사용하기 쉬운 테스트 자동화 프레임워크로 간주되지 않는다.

웹과 모바일 플랫폼을 지원하는 다채널 프레임워크로 API와 기능을 지속적으로 발전시켜야 하며 앱피움Appium 툴과 로드맵상의 계획도 착실하게 진행해 나가야 한다. 이를 통해 애플리케이션 목적에 걸맞는 고유한 특성을 계속 유지할 수 있다.

마지막으로 셀레늄 사용자들이 기대하는 것으로는 더 발전된 AI 기반 기능, 자가 복구, 쉬운 사용 및 유지관리 등이 있다. 또한, 모든 종류의 웹 및 모바일 앱을 대상으로 테스트를 실행하고 그 결과를 분석할 수 있는 기능을 원하고 있다.

9.4 요약

셀레늄 프로젝트의 핵심 기능 등을 다시 살펴보고 셀레늄 프레임워크의 기본 실행 방법을 알아보면서 이 장을 시작했다. 그리고 셀레늄 테스트 자동화 프레임워크의 고급 기능들에 대해 자세히 살펴보았다. 각각의 고급 기능에 대한 실행 방법과 사용법을 유용한 예제를 들어 설명했으며 바로 사용할 수 있는 코드 예제를 제공해 여러분의 웹 애플리케이션에 고급 테스트 기능을 바로 적용할 수 있도록 안내했다.

또한, 테스트 자동화 프레임워크의 미래상을 제시했다. 사용자들이 현재 없어서 불편하다고 생각하는 기능과 있으면 유용할 기능들도 살펴보았다.

이것으로 이 장을 마무리하고 다음 장에서는 셀레늄에서 했던 동일한 분석을 사이프러스 테스트 자동화 프레임워크에 적용할 것이다.

10

사이프러스 프레임워크 사용하기

3장 '대표적인 테스트 자동화 프레임워크'에서도 강조했지만 **사이프러스**는 가장 빠르면서 계속 성장하고 있는 프레임워크로 개발자 친화적이면서 특정 브라우저에 종속되지 않는다. 자바스크립트와 타입스크립트 개발 언어에 집중하였고 웹 애플리케이션 테스트와 관련된 모든 기능을 제공한다. 사이프러스는 오픈소스 프레임워크지만 셀레늄이나 다른 프레임워크와 달리 대시보드(https://docs.cypress.io/guides/overview/why-cypress)와 보고서 플랫폼을 통해 유료 기능을 제공하기도 한다. 이장에서는 사이프러스 프레임워크의 기술적 개요에 대해 살펴보고 타임 트래블, 컴포넌트 테스트, 네트워크 컨트롤, API 테스트, 지원 플러그인, 클라우드 테스트, BDD 테스트 등과 같은 고급 기능에 대해 집중적으로 다룬다.

이 장에서 다루는 주제는 다음과 같다.

- 사이프러스 시작하기 및 첫 테스트 시나리오 실행하기
- 프레임워크가 제공하는 가장 중요한 고급 기능들
- 프레임워크가 지향하고 있는 미래

이 장의 목표는 프런트엔드 개발자 입장에서 프레임워크가 제공하는 고급 기능(기본 기능이든 외부 기능이든 상관없이)을 사용해 테스트 자동화를 개선할 수 있도록 도움을 주는 것이다.

10.1 필요한 환경 및 코드

이 장에서 사용하는 코드 파일은 다음 URL의 깃허브에서 찾을 수 있다.

- https://github.com/PacktPublishing/A-Frontend-Web-Developers-Guide-to-Testing

10.2 사이프러스 시작하기

3장 '대표적인 테스트 자동화 프레임워크'에서 설명한 것처럼 사이프러스(https://www.cypress.io/) 프레임워크를 시작하려면 다음 명령을 사용해 노드 패키지를 설치해야 한다.

```
npm install cypress -D
```

설치가 끝나면 사이프러스 GUI나 IDE(여기서는 비주얼 스튜디오 코드)를 사용해 사이프러스 테스트를 실행할 수 있다.

```
npx cypress open
```

10.2.1 사이프러스 GUI

앞의 명령을 사용해 사이프러스 GUI를 실행했다면 다음과 같은 세 개의 창을 볼 수 있다.[1]

- **Specs:** 스크립트 및 개요, 실행 상태를 보여준다. 이 창에서 하나의 자바스크립트 또는 타입스크립트 테스트를 로컬 브라우저 대상으로 실행할 수 있다.

- **Runs:** 사이프러스 대시보드에 로그인해서 여러 테스트를 병렬로 실행할 수 있다. 테스트 일관성을 확인하거나 오류 디버그, 그리고 여러 사용자 또는 조직을 관리할 수 있다. 또한 지라Jira와 같은 결함 관리 툴이나 CI 툴과 쉽게 연동할 수 있으며 전체 테스트 상태를 분석한 데이터를 볼 수 있다.

- **Settings:** 이 창에서는 사이프러스 워크스페이스 설정을 검토하거나 사용된 노드.js 설정, 프록시 설정, 파일 탐색기 설정 등을 할 수 있다.

---

1   옮긴이 최신 버전인 10에서는 첫 화면이 'E2E Testing'과 'Component Testing' 선택 화면이다. 'E2E Testing'을 선택하면 책에서 언급한 화면이 나온다.

그림 10.1 사이프러스 GUI 메인 창의 Specs 탭

GUI 실행기에서 테스트 스크립트를 실행하면 브라우저 및 웹사이트상에서 모든 과정을 단계별로 확인할 수 있다. 이것이 사이프러스의 고유 기능인 타임트래블이다. 이 기능은 테스트에서 어떤 일이 벌어지고 있는지, 그리고 웹사이트 상태가 어떻게 변화하는지를 단계별로 보여준다.

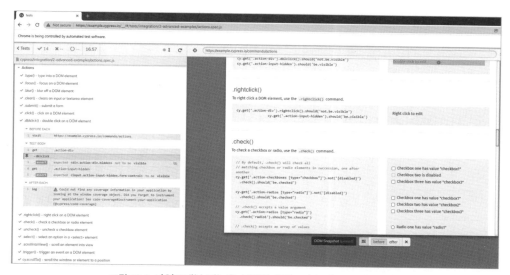

그림 10.2 타임트래블 기능을 사용한 사이프러스 테스트 실행 화면

GUI 실행기에서 사용할 수 있는 또 다른 중요한 기능은 **사이프러스 선택기**Cypress selector다. 사이프러스 선택기는 기본적으로 제공되는 고급 객체 탐색기로 DOM 요소를 분석하거나 테스트 코드 작성시에 사용할 수 있는 요소의 위치 지정자 ID를 찾을 때 사용한다.

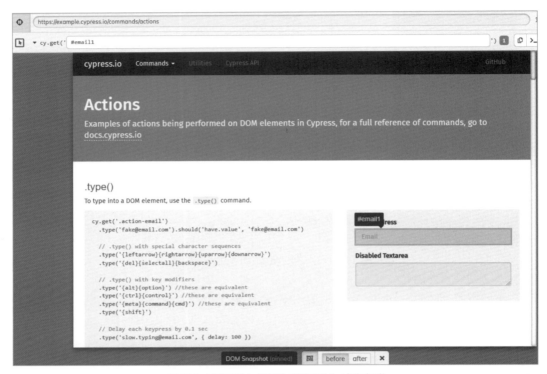

그림 10.3 사이프러스 GUI의 사이프러스 선택기 기능

그림을 보면 사이프러스 선택기를 사용해 텍스트 박스 요소의 위치 지정자를 식별하고 이를 자바스크립트 테스트 코드에 붙여넣기 하고 있다. 그림 10.3에서는 요소 ID가 #email1이다.

10.2.2 사이프러스 IDE와 명령줄 실행

사이프러스 테스트는 GUI가 아닌 비주얼 스튜디오 코드의 IDE와 사이프러스 대시보드를 사용해 실행할 수도 있다. 이를 위해서는 사이프러스 웹사이트(https://www.cypress.io/)에서 계정을 생성해서 로그인해야 한다. 대시보드에 로그인한 후에는 프로젝트ID를 생성해서 cypress.config.json에 설정하며, 생성된 개인키private key를 사용해서 다음과 같이 웹 기반 대시보드를 실행할 수 있다.

```
npx cypress run --record --key ["개인키"]
```

제대로 설정됐다면 명령 프롬프트에서 실행 상태를 볼 수 있으며 이후 사이프러스 대시보드가 실행되고 테스트 결과가 표시된다.

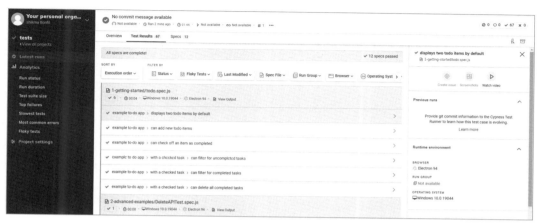

그림 10.4 사이프러스 대시보드상의 테스트 결과

화면에서 볼 수 있듯이, pass(성공), failed(실패), pending(대기) 등의 테스트 결과와 테스트 시간, 가장 느린 테스트, 테스트 크기 등의 테스트 상태를 확인할 수 있다. 유료 버전에서는 더 깊이 있는 통계 정보 및 테스트 분석 내역을 볼 수 있다.

사이프러스 테스트를 병렬로 실행하려면 **젠킨스, 비트버킷 파이프라인, 깃랩, 깃허브 액션, 서클CI** 등의 CI 서버를 로컬 장비에 설정해야 한다. 설정을 완료한 후에는 --parallel 옵션을 앞서 실행한 명령에 추가하면 된다(https://docs.cypress.io/guides/guides/parallelization#Overview).[2]

사이프러스가 어떻게 동작하는지 알아보기 위해서 자바스크립트 테스트 시나리오를 작성해보자. 팩트 웹사이트로 이동해 화면 해상도를 바꿔보면서 달라지는 뷰포트를 확인하는 시나리오다. 첫 번째 테스트는 작은 화면 해상도를 설정했을 때 메인 페이지의 내비게이션바가 접히는지 확인하고, 이후 단계적으로 해상도를 키워 가면서 화면 UI를 어서션한다.

명령어를 사용해 모든 테스트 코드를 실행하려면 IDE 콘솔상에서 다음 명령을 실행한다.

```
npx cypress run --headed
```

---

2 올긴이 npx cypress run --record --key ["개인키"] --parallel

특정 자바스크립트 테스트만 실행하려면 --spec 옵션을 사용해 테스트 파일의 경로를 지정해주면
된다.

```
/// <reference types="cypress" />

context('Viewport', () => {
  beforeEach(() => {
    cy.visit('https://www.packtpub.com')
  })

  it('cy.viewport() - set the viewport size and dimension', () => {
    // https://on.cypress.io/viewport

    cy.get('#search').should('be.visible')
    cy.viewport(320, 480)
    cy.viewport(2999, 2999)

    cy.viewport('macbook-15')
    cy.wait(200)
    cy.viewport('macbook-13')
    cy.wait(200)
    cy.viewport('macbook-11')
    cy.wait(200)
    cy.viewport('ipad-2')
    cy.wait(200)
    cy.viewport('ipad-mini')
    cy.wait(200)
    cy.viewport('iphone-6+')
    cy.wait(200)
    cy.viewport('iphone-6')
    cy.wait(200)
    cy.viewport('iphone-5')
    cy.wait(200)
    cy.viewport('iphone-4')
    cy.wait(200)
    cy.viewport('iphone-3')
    cy.wait(200)

    // cy.viewport()는 사전 정의된 모든 방향(orientation)을 허용한다.
    // 기본 방향은 'portrait'(세로 화면)이다.
    cy.viewport('ipad-2', 'portrait')
    cy.wait(200)
    cy.viewport('iphone-4', 'landscape')
    cy.wait(200)

    // 뷰포트는 각 테스트 사이에 기본 크기로 재설정된다.
```

```
    // 기본 크기는 cypress.config.json에서 설정할 수 있다.
  })
})
```

이 테스트 사양을 사이프러스 GUI에서 실행하면 팩트 웹페이지가 해상도에 따라 달라지는 것을 확인할 수 있다. 그림 10.5를 보면 **아이폰6+**의 화면 해상도에서 페이지가 어떻게 보이는지 알 수 있다.

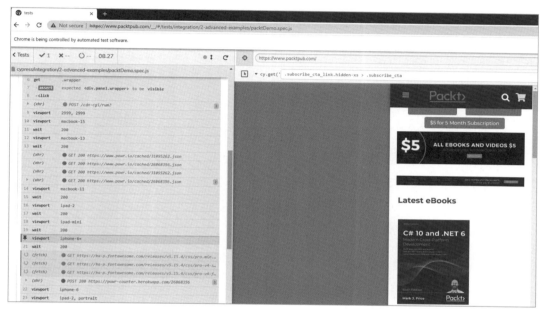

그림 10.5 팩트 웹페이지를 대상으로 한 사이프러스 뷰포트 테스트 실행 결과

이상으로 사이프러스 테스트 환경 설정 방법 및 두 가지의 사이프러스 테스트 코드 실행 방법, 즉 GUI와 IDE 명령줄 실행 방법에 대해 살펴보았다. 다음은 사이프러스 프레임워크의 고급 기능에 대해 살펴보도록 하겠다.

10.3 사이프러스 고급 테스트 자동화 기능

'9장 셀레늄 프레임워크 사용하기'에서 프런트엔드 개발자 및 SDET가 사용할 수 있는 셀레늄 고급 기능에 대해 살펴보았다. 이번에는 동일한 방식으로 사이프러스의 고급 기능에 대해 살펴보겠다.

소프트웨어 테스트 자동화에서 코드 커버리지 측정은 고급 기능으로 간주되지만, 8장 '웹 애플리케이션의 테스트 커버리지 측정'에서 이미 **이스탄불**과 **바벨**을 사용한 코드 커버리지 기능을 다뤘으므로 여기서는 넘어가도록 한다.

10.3.1 사이프러스 테스트 재시도

테스트 자동화 시나리오를 생성할 때 가장 복잡하면서 시간이 많이 걸리는 것이 테스트 안정성 및 일관성과 관련된 시나리오다. 종종 플랫폼이 작동하지 않거나 테스트 장비의 네트워크 연결 실패와 같이 테스트 환경에 문제가 있는 경우가 있으며 웹 애플리케이션의 동기화 문제 등으로 테스트가 실패할 수도 있다. 이런 경우를 위해 사이프러스는 테스트 재시도(https://docs.cypress.io/guides/guides/test-retries) 기능을 제공한다. 테스트가 실패했다고 최종 결론을 내리기 전에 테스트를 최대 3회까지 재실행하는 기능이다.

모든 테스트에 이 기능을 적용하려면 다음과 같은 짧은 코드 블록을 cypress.config.json(예전 버전의 경우 cypress.json)에 추가해주면 된다.

```
{
  "retries": {
    // 'cypress run'의 재시도 횟수 지정
    // 기본값은 0
    "runMode": 2,
    // 'cypress open'의 재시도 횟수 지정
    // 기본값은 0
    "openMode": 0
  }
}
```

이 기능을 특정 테스트에만 적용하려면 다음 코드 블록을 자바스크립트 테스트 파일에 추가하면 된다.

```
It(
'do something',
{
    retries: {
      runMode: 2,
      openMode: 1,
    },
},…
```

일관성 테스트 및 재시도 테스트에 대한 실행 내용은 모두 사이프러스의 웹 대시보드에서 확인할 수 있다. test suite 메뉴의 **Flaky test(일관성 테스트)** 옵션에서 일관성 테스트 케이스 및 프로젝트 전체의 일관성 정도를 볼 수 있다. 그리고 불안정한 테스트 시나리오가 존재하면 해당 사항을 분석해서 보완을 위한 대책을 마련할 수 있다.

10.3.2 사이프러스의 스텁, 스파이, 클록 사용하기

단위 테스트나 API, 통합 테스트 등의 작업을 할 때는 결과를 조작하거나 웹 애플리케이션이 강제적으로 다른 처리를 하게 하므로 테스트 커버리지를 확장하고 결함을 이른 시기에 찾아낼 수 있다. 이런 목적으로 사이프러스는 **Sinon.js**(https://sinonjs.org/), **Lolex**(https://github.com/sinonjs/fake-timers), **Sinon-Chai**(https://github.com/domenic/sinon-chai) 등의 플러그인과 연동해서 스텁stub, 스파이spy, 목mock 등의 기능을 제공한다.

사이프러스의 네트워크 제어 기능, 구체적으로는 `cy.clock()` 메서드에 대해 더 자세히 살펴보기 위해 사이프러스 웹페이지(https://example.cypress.io/commands/spies-stubs-clocks)를 대상으로 하는 간단한 예제 코드를 준비했다. `cy.tick()`이라는 메서드를 사용해서 시간을 10초씩 증가시키며 검증하는 코드다.

```
/// <reference types="cypress" />

const now = new Date(Date.UTC(2017, 2, 14)).getTime()

context('Viewport', () => {
  beforeEach(() => {
    cy.visit('https://example.cypress.io/commands/
            spies-stubs-clocks')
  })
    it('set timer',() => {
  cy.clock(now)
      cy.get('#tick-div').click().should('have.text',
                                        '1489449600')
  cy.tick(10000) // 10 seconds passed
  cy.get('#tick-div').click().should('have.text',
                                    '1489449610')
  cy.wait(2000)
  cy.clock()
  cy.tick(60000)
  cy.clock().invoke('restore')
})
})
```

이 코드에서는 일시를 **UTC**Coordinated Universal Time(**협정 세계시**, https://ko.wikipedia.org/wiki/협정_세계시)로 설정해서 테스트를 실행할 때마다 동일한 일시(2017년 2월 14일)를 사용해 일관성을 유지하고 있다. 테스트 내에서는 클록(시계)을 먼저 현재 시간으로 초기화해서 시간을 검증한다. 그리고 `cy.tick(10000)` 메서드를 사용해 10초 뒤로 변경한 후 실제 시간이 추가됐는지 확인(어서션)하고 있다.

이 테스트 코드를 실행하면 그림 10.6과 같은 화면을 볼 수 있는데, 사이프러스 GUI 실행기에서 캡처한 화면이다. clock과 tick 메서드의 사용 전후로 시간이 변하는 것을 확인할 수 있다.

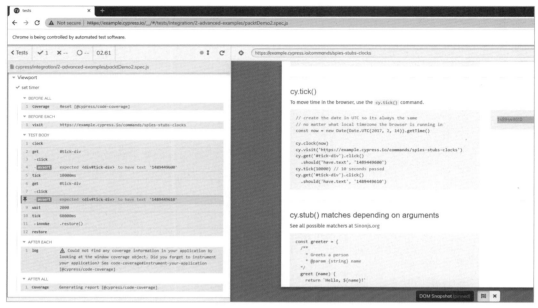

그림 10.6 **사이프러스의 clock 및 tick 메서드를 사용해 실제 시간을 10초 뒤로 변경하고 있다.**

또한, cy.stub()이라는 시논JS 라이브러리에서 상속한 메서드를 사용하면 테스트 결과가 다른 상황을 만들어 검증할 수 있으며 시논JS의 다양한 선택기matcher도 사용할 수 있다(https://sinonjs.org/releases/latest/matchers/).

스텁 및 네트워크/클록 제어 기능은 다양한 부정negative 케이스나 경계 조건, 그리고 테스트 케이스 조건 등을 제공하므로 테스트 커버리지를 확장할 수 있게 해준다. 시간 변화나 페이지상의 특정 입력으로 웹페이지가 바뀌는 경우를 검증해야 한다면 이 기능들을 사용해서 적절한 어서션을 만들어주면 된다.

마지막으로 아주 중요한 메서드인 cy.intercept()에 대해 살펴보겠다. 이 기능은 API 호출의 라우팅(경로)을 조절할 수 있는 강력한 기능으로 캐시된 경로를 제어 가능한 방향으로 보낼 수 있다. 다양한 테스트 시나리오를 테스트할 수 있게 해주며 심지어 프로덕션 API가 준비되지 않은 상태에서도 테스트할 수 있다(https://docs.cypress.io/api/commands/intercept#cy-intercept-and-request-caching). 사이프러스 웹사이트에서도 자세히 설명하고 있지만(https://docs.cypress.io/api/commands/intercept#Matching-url), 인터셉트 옵션을 사용하므로 단일 테스트 코드로 프로덕션 및 QA, 스테이징staging, 그리고 다른 환경을 모두 테스트할 수 있다.

10.3.3 사이프러스와 CI 연동하기

테스트 자동화를 구현하는 것은 아주 훌륭한 일이지만, 대부분의 애자일 팀에서는 시간을 절약하기 위해 대부분의 테스트를 CI 파이프라인과 통합시킨 후 특정 트리거trigger를 통해 자동으로 실행한다. 예를 들어 소스 코드 리포지터리 내의 코드가 변경될 때마다, 또는 매일 지정한 특정 시간에 테스트 코드가 실행되도록 하는 것을 말한다. 사이프러스는 대부분의 CI 툴, 즉 서클CI, 젠킨스, 깃허브 액션, 깃랩, AWS 코드빌드, 비트버킷 파이프라인 등과 완벽하게 연동된다(https://docs.cypress.io/guides/continuous-integration/ci-provider-examples). 또한, 로컬 도커 이미지를 설정해서 컨테이너 안에서 깃허브 액션을 통해 테스트를 실행할 수도 있다(https://github.com/cypress-io/cypress-docker-images). 참고로 사이프러스는 이미 도커 허브Docker Hub를 통해 바로 사용할 수 있는 도커 이미지를 제공하고 있다. 다음 문서는 깃허브 액션을 통해 사이프러스 테스트를 설정하고 실행하는 방법을 단계별로 안내하고 있다. 사이프러스가 지원하는 각 CI 서버의 .YML 설정 파일 목록도 제공한다.

* https://github.com/marketplace/actions/cypress-io

다음 파일에서는 [push]에 의해 코드 또는 리포지터리가 변경되면 크롬 브라우저를 사용해 사이프러스 테스트를 실행하도록 설정하고 있다.

```
name: E2E on Chrome
on: [push]
jobs:
  cypress-run:
    runs-on: ubuntu-20.04
    # let's make sure our tests pass on Chrome browser
    name: E2E on Chrome
    steps:
      - uses: actions/checkout@v2
      - uses: cypress-io/github-action@v2
        with:
          browser: chrome
```

그림 10.7 **YML 깃허브 액션 설정 파일의 예**[3]

---

3   https://github.com/marketplace/actions/cypress-io

개발팀 및 테스트팀이 채택한 CI 서버에 맞게 처리 흐름을 선택하고 .YML 파일을 설정한다.

10.3.4 컴포넌트 테스트

사이프러스가 주도한 혁신적인 테스트 방법이 바로 컴포넌트 테스트다(https://docs.cypress.io/guides/component-testing/writing-your-first-component-test). **단위 테스트**와 **통합 테스트** 사이의 공백을 메우기 위한 것으로 피드백을 빨리 반영하고 결함을 효율적으로 식별하게 해주는 것이 목적이다. 이 기능은 아직 실험 단계에 있지만(2022년 9월 현재) 잘 정리된 문서와 예제 코드를 제공하고 있어서 쉽게 시작할 수 있다.

웹 애플리케이션 컴포넌트 테스트에서 가장 중요한 사항 중 하나는 특정 웹페이지로 이동하는 `cy.visit()` 메서드를 사용하지 않고 **마운트**mount 기능을 활용해 웹페이지상의 특정 기능이나 컴포넌트에 바로 접근하는 것이다. 마운트 기능을 사용하면 테스트 엔지니어가 웹사이트 내의 렌더링된 컴포넌트를 직접 어서션할 수 있다.

컴포넌트 테스트 구조는 **웹팩**webpack 자바스크립트 기술을 사용해서 웹 애플리케이션을 모듈로 묶어서 처리한다(https://webpack.js.org/concepts/). 사이프러스가 설치된 상태에서 웹팩 노드 모듈과 현재 사용하고 있는 웹 개발 프레임워크, 즉 **리액트**나 **Vue.js** 등의 라이브러리를 같이 설치해야 한다.

다음 명령은 웹 개발 프레임워크로 Vue.js를 사용하고 있는 경우를 가정한 것이다.

```
npm install --save-dev cypress @cypress/vue @cypress/webpackdev-
server webpack-dev-server
```

설치가 끝나면 다음 코드를 로컬에 있는 `cypress/plugin/index.js` 파일에 추가한다.

```
module.exports = (on, config) => {
  if (config.testingType === 'component') {
    const { startDevServer } =
      require('@cypress/webpack-dev-server')
    // 프로젝트의 웹팩 설정
    const webpackConfig =
      require('../../webpack.config.js')
    on('dev-server:start', (options) =>
      startDevServer({ options, webpackConfig })
    )
  }
}
```

이것으로 설정은 끝났다. 사이프러스 문서에 있는 예제 코드를 활용해서 기본 컴포넌트 테스트를 만들어보겠다. Button.spec.jsx라는 파일명으로 저장하자.

```
import { mount } from '@cypress/vue'
import Button from './Button'

it('Button', () => {
  // JSX 사용
  mount(() => <Button>Test button</Button>)

  // ... 또는 ...
  mount(Button, {
    slots: {
      default: 'Test button',
    },
  })

  cy.get('button').contains('Test button').click()
})
```

테스트 실행은 사이프러스 GUI를 open-ct 명령으로 연 다음 원하는 파일을 선택해서 실행하면 된다. 여기서는 Button.spec.jsx라는 파일을 선택하면 된다.

```
npx cypress open-ct
```

IDE, 또는 명령 프롬프트, 터미널 등의 명령줄에서 다음 명령을 입력하면 전체 테스트를 실행할 수 있다.

```
npx cypress run-ct
```

10.3.5 사이프러스 스튜디오

컴포넌트 테스트와 마찬가지로 사이프러스 스튜디오Cypress Studio(https://docs.cypress.io/guides/references/cypress-studio)도 현재 실험 버전만 제공하고 있다(2022년 9월). 이 기능은 계속 발전하고 있으며 프런트엔드 개발자와 SDET가 로코드low-code를 구현할 수 있게 도와준다.[4] 구체적으로는 GUI 기반으로 테스트를 기록해 자바스크립트 테스트 사양을 자동으로 생성한다.

4 　[옮긴이] 로코드란 코딩을 최소화해서 원하는 기능을 구현하는 기술이다.

이 기능을 사용하려면 cypress.config.json(또는 cypress.json)에 다음과 같은 설정만 추가해주면
된다.

```
{
  "experimentalStudio": true
}
```

이 책 번역 시점(2022년 9월)에 지원하는 메서드는 .click(), .type(), .check(), .uncheck(),
.select()이다. 사이프러스 커뮤니티는 테스트 목적으로 Real World App이라는 오픈소스 웹 애플
리케이션을 제공하고 있다(https://github.com/cypress-io/cypress-realworld-app).

스튜디오의 가장 큰 이점은 특정 웹 애플리케이션의 동작을 직접 기록(레코드)할 수 있다는 것으로 이
를 통해 한 줄의 코드도 작성하지 않고 테스트 사양을 만들 수 있다. 또 다른 이점은 사이프러스 기
술을 익히기 위한 도구로 스튜디오를 사용할 수 있다는 것이다.

앞에서 본 사이프러스의 클록 예제 코드를 사이프러스 GUI를 통해 실행해보자. 테스트 과정 중 하
나를 클릭하면 스튜디오가 실행되며 테스트 중인 웹 애플리케이션과 상호작용할 수 있다. 또한, 그림
10.8처럼 새로운 과정을 추가할 수도 있다.

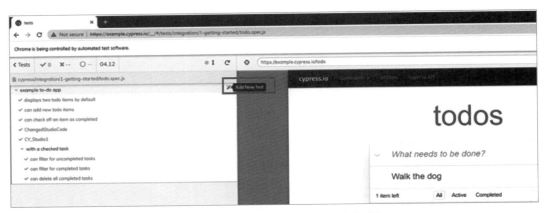

그림 10.8 사이프러스 GUI의 스튜디오 실행 버튼

GUI에서 아무 테스트나 실행하면 그림 10.8의 네모 상자 형태로 강조된 부분처럼 **Add New Test**라
는 버튼이 보인다. 이 버튼을 클릭하면 테스트 과정을 기록할 수 있다.

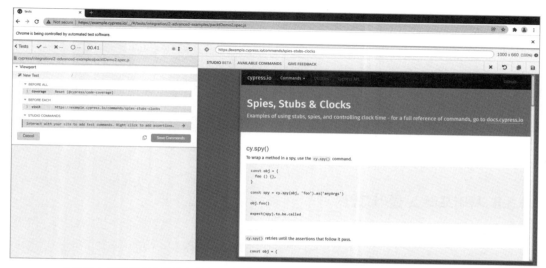

그림 10.9 **특정 자바스크립트 테스트 사양을 대상으로 사이프러스 스튜디오 UI가 실행되고 있다.**

앞에서 기존 테스트를 대상으로 기록 기능을 사용해 불과 몇 초 만에 새로운 테스트 시나리오를 생성할 수 있었다. 그림 10.10에서 볼 수 있듯이 새로 생성된 테스트는 스튜디오 명령어(cy_studio_demo)로 추가된다.

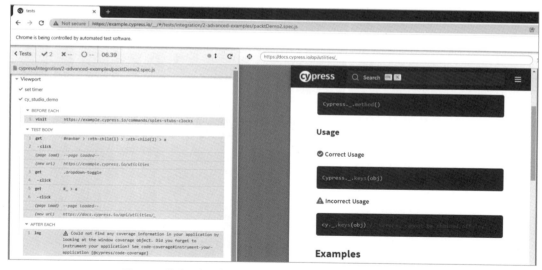

그림 10.10 **사이프러스가 새롭게 생성한 cy_studio_demo 테스트 사양**

기존 테스트에 어떤 코드가 추가됐는지 궁금한 독자들을 위해서 해당 코드를 캡처했다(그림 10.11). 사이프러스 스튜디오에 의해 생성된 코드라는 것을 주석(Generated with Cypress Studio)을 통해서 확인할 수 있다.

```
/* ==== Test Created with Cypress Studio ==== */
it('cy_studio_demo', function() {
  /* ==== Generated with Cypress Studio ==== */
  cy.get('#navbar > :nth-child(1) > :nth-child(2) > a').click();
  cy.get('.dropdown-toggle').click();
  cy.get('#_ > a').click();
  /* ==== End Cypress Studio ==== */
});
```

그림 10.11 사이프러스 스튜디오가 생성한 코드 예

10.3.6 사이프러스 플러그인

사이프러스 자체로도 매우 훌륭한 테스트 프레임워크지만 오픈소스 프레임워크이기 때문에 다양한 기여자contributor가 존재한다. 그중에는 프레임워크의 핵심 기능을 확장하는 여러 유용한 플러그인 (https://docs.cypress.io/plugins/directory)도 존재한다. 예를 들면 코드 커버리지 측정이나 접근성 테스트를 위한 엑스AXE 툴(https://github.com/component-driven/cypress-axe), 시각적 테스트를 위한 애플리툴Applitool(https://applitools.com/tutorials/quickstart/web/cypress), 코드 분석을 위한 ES린 트ESLint(https://github.com/chinchiheather/cypress-eslint-preprocessor), 컴포넌트 테스트를 위한 웹팩(이 장의 서두에서 다룸) 등이 있다.

사이프러스가 지원하는 아주 유용한 플러그인으로 큐컴버cucumber 플러그인이 있다(https://github.com/badeball/cypress-cucumber-preprocessor). 테스트 자동화를 위해 BDD(행위 주도 개발)를 활용하는 플러그인으로 다른 플러그인들과 마찬가지로 다음 명령을 통해 관련 노드 패키지를 설치해야 한다.

```
npm install --save-dev cypress-cucumber-preprocessor
```

설치가 끝났으면 cypress/plugins/index.js에 다음 코드를 추가한다.

```
const cucumber = require('cypress-cucumber preprocessor').
default
module.exports = (on, config) => {
  on('file:preprocessor', cucumber())
}
```

다음과 같이 cypress.config.json에 BDD 기능을 사용할 테스트 파일을 지정해준다.

```
{
"testFiles": "**/*.feature}
```

마지막으로 package.json에 다음 설정을 추가한다.

```
"cypress-cucumber-preprocessor": {
  "nonGlobalStepDefinitions": true
}
```

그림 10.12는 사이프러스에서 큐컴버 BDD 테스트 사양(feature 파일)을 실행한 화면이다. 테스트 사양은 웹 기반 디자인 툴인 글리피Gliffy(https://www.gliffy.com/)를 실행하면서 만들어진 것이다. **자바스크립트 단계 정의**JavaScript step definition 파일인 feature 파일의 모든 테스트는 Gherkin 구문인 Given, When, Then을 사용해 작성됐다.

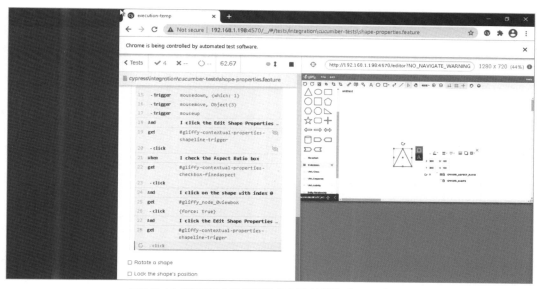

그림 10.12 사이프러스와 큐컴버 BBD를 사용한 테스트 실행 예

사이프러스에서 빼놓을 수 없는 또 한 가지 중요한 기능은 간단하지만 강력한 플러그인 작성 기능이다. 좋은 예로 테스트 환경을 교체하는 플러그인이 있다. 현재 테스트를 진행하고 있고 대상 환경, 즉 스테이징, QA, 프로덕션 등을 바꾸고 싶다면 테스트 환경을 변경해주는 설정 플러그인을 사이프러스를 통해 만들면 된다. 필립 릭Filip Hric이 이와 관련된 내용을 잘 정리해서 블로그에 공개하고 있다 (https://filiphric.com/create-a-configuration-plugin-in-cypress).

10.3.7 사이프러스 API 테스트

사이프러스가 기본으로 제공하는 기능 중에 API 테스트를 작성하고 실행하는 기능이 있다. 이 기능은 API의 핵심 메서드인 GET, PUT, POST, DELETE 등을 지원한다.

cy.request() 명령을 사용해 API 테스트를 작성하고 사이프러스 자바스크립트로 어서션을 실행할 수도 있다. 대표적인 CI 제공사인 CircleCI가 이와 관련된 문서를 잘 정리하여 제공하고 있다(https://circleci.com/blog/api-testing-with-cypress/). 여기에는 사이프러스의 API 테스트 작성 방법뿐만 아니라 CI를 통해 테스트를 실행하는 방법도 설명되어 있다.

이 외에도 자바스크립트로 작성한 사이프러스 API 테스트 사양을 쉽게 실행할 수 있게 해주는 툴도 있다. 오픈소스 웹사이트인 https://jsonplaceholder.typicode.com/에서 API 테스트를 실행할 수 있다.

다음 코드는 API POST 메서드를 사용해서 to-do 항목을 무료 웹 애플리케이션(https://jsonplaceholder.typicode.com/)에 추가한다. 두 개의 테스트로 구성되며 첫 번째 테스트에서는 'Walk cat'이라는 텍스트를 to-do 항목에 추가하고 두 번째 테스트에서는 'Barclays Demo' 를 추가한다. 각각 정상적으로 등록됐다는 응답으로 OK를 반환하는지 확인한다.[5]

```
/// <reference types="cypress" />
describe("Docket Post Test", () => {
  it("Should create a Todo item", () => {
    cy.request({
      method: "POST",
      url: "https://jsonplaceholder.typicode.com/todos/",
      body: {
        "title": "Walk cat",
      },
    })
      .its("status")
      .should("be.ok");
  });
});

describe("Docket Post Test 2", () => {
  it("Should create a Todo item", () => {
    cy.request({
      method: "POST",
```

---

5   [옮긴이] 원서에는 도켓(Docket)의 API 테스트 코드가 나오지만, 2023년 6월 도켓의 서비스가 종료되어 옮긴이가 예제 코드를 해당 서비스로 수정하였다.

```
    url: "https://jsonplaceholder.typicode.com/todos/",
    body: {
      "title": "Barclays Demo",
    },
  })
    .its("status")
    .should("be.ok");
  });
});
});
```

이 절에서는 사이프러스 프레임워크가 제공하는 다양한 고급 기능에 대해 살펴보았다. 구체적으로는 컴포넌트 테스트, 사이프러스 스튜디오, 네트워크 제어, 코드 커버리지 측정, BDD, CI에서 테스트 실행하기, 풍부한 플러그인, API 테스트, 테스트 재시도 등을 다뤘다. 사이프러스라는 방대한 프레임워크가 제공하는 모든 기능을 다루지는 않았지만 여러분의 테스트 개발에 활용할 수 있는 훌륭한 기능들이 될 것이다.

다음은 사이프러스 프레임워크의 미래와 사용자들이 기대하고 있는 기능들에 대해 살펴보도록 하겠다.

10.4 사이프러스 프레임워크의 미래

사이프러스는 단기간에 놀라운 발전을 보여주었으며 스튜디오와 컴포넌트 테스트와 같은 혁신적인 기능도 선보였다. 하지만 사이프러스가 테스트 자동화 프레임워크로 더 성장하기 위해서 다음과 같은 기능을 보완할 필요가 있다.

- 맥OS의 사파리 웹킷Webkit을 포함한 **모든 종류의 브라우저**와 버전 지원
- **모바일 플랫폼상에서 웹 애플리케이션** 지원
- 셀레늄 4처럼 **다중 탭 및 다중 창**을 더 쉽게 테스트할 수 있도록 기능 확장
- 파이썬처럼 대중적인 **언어** 지원에 대한 요구사항이 많아 더 다양한 언어를 지원함으로써 활용도를 높일 필요가 있음
- **프로그레시브 웹 앱(PWA)** 플러터나 **리액트 네이티브** 등의 **최신 애플리케이션**을 위한 향상된 지원

이 외에도 스튜디오의 로코드에 **머신러닝**machine learning과 같은 지능형 기능을 적용할 수 있다면 셀레늄 IDE나 9장 '셀레늄 프레임워크 사용하기'에서 다룬 셀레늄 확장 기능인 **Healenium**보다 더 뛰어난 프레임워크가 될 수 있을 것이다.

사이프러스가 노려볼 수 있는 또 다른 기회는 대시보드 보고서 및 테스트 분석 기능을 개선하는 것이다. 일관성이 없는 테스트 케이스나 실행 속도가 느린 테스트를 찾아내 알려줄 수 있다면 프런트엔드 개발자나 SDET 입장에서 크게 생산성을 향상시킬 수 있다. 이런 기능들에 투자하고 사용하기 쉽게 만든다면 다른 프레임워크들에 비해 우위를 점할 수 있을 것이다.

최신 웹 애플리케이션 테스트 프레임워크의 기능이란 관점에서 빼놓을 수 없는 것으로 **성능 테스트**가 있다. 이 책에서 다루는 모든 테스트 프레임워크는 성능 테스트 기능을 기본 기능으로 내장하고 있지 않으며 오픈소스인 **제이미터**와 연동되어 의존하거나 아니면 성능 테스트 자체를 지원하지 않는다. 사이프러스 프레임워크가 성장하면서 이런 비기능 테스트도 기능 테스트와 동일한 비중으로 개선되기를 기대해본다.

사이프러스가 **클라우드 서비스사**와 협업해서 SDK를 개발하고 테스트를 클라우드상에서 실행할 수 있게 한 것은 좋은 시도이다. 이런 협업 관계를 더 돈독히 한다면 클라우드 서비스가 보고서나 확장 기능 등과 같은 사이프러스 생태계에 긍정적인 영향을 끼질 수 있을 것이다. 현재 사이프러스는 **제이유닛**junit이나 **TeamCity**(https://docs.cypress.io/guides/tooling/reporters) 등과 잘 연계된 보고서 기능을 제공하고 있다. 하지만 다른 기술 기업과 협업함으로써 훨씬 더 의미 있는 보고서 기능을 제공할 수 있게 될 것이라 생각한다.

마지막으로 사이버 공격이 늘어나고 있는 시대에 웹 애플리케이션의 보안 테스트 및 **DoS**Denial of Service 테스트에 더 투자한다면 사이프러스에 큰 도움이 될 것이다. 현재 사이프러스 사용자는 **Auth0** 인증 기능(https://docs.cypress.io/guides/end-to-end-testing/auth0-authentication#Auth0-Application-Setup)과 **옥타**Okta, **구글**, **그래프QL**GraphQL, **아마존** 등에 인증 솔루션을 제공하지만 여러 보안 요소 중 극히 일부에 불과해서 충분하지 못하다.

이러한 개선의 여지와 기회에 대한 얘기를 끝으로 이 장을 마무리하도록 하겠다.

10.5 요약

이 장에서는 사이프러스 프레임워크의 핵심 개념과 사용 방법에 대해 다뤘고, IDE 및 GUI 실행기에서 사이프러스 자바스크립트 테스트를 실행해보았다. 다음으로 사이프러스의 고급 기능을 예제 코드, 참고 문서와 함께 깊이 있고 다뤘으며, 실제 사용법과 어떤 이점이 있는지도 설명했다. 이 장에서 다룬 핵심 기능에는 네트워크 제어, CI 연동, 사이프러스 스튜디오, 컴포넌트 테스트, API 테스트 등이 있다. 또한, 현재 실험적으로 제공하는 기능과 부족한 기능, 다시 말하면 앞으로 있어야 할 기능 등에 대해서도 살펴보았고 마지막으로 사이프러스의 미래에 관해 얘기했다.

클록과 API 테스트 사용법을 알려주기 위해 사용한 두 개의 예제 코드는 다음 깃허브 리포지터리에서 찾을 수 있다(사이프러스 마스터 리포지터리에서 포크fork한 것이다).

- https://github.com/PacktPublishing/A-Frontend-Web-Developers-Guide-to-Testing/tree/master/Cypress_examples

이것으로 이 장을 마무리하고 다음 장에서는 사이프러스에서 했던 분석과 동일하게 플레이라이트 테스트 자동화 프레임워크에 대해 살펴보도록 하겠다.

11

플레이라이트 프레임워크 사용하기

3장 '대표적인 테스트 자동화 프레임워크'에서 언급했듯이 **플레이라이트**는 가장 최근에 등장한 최신 프런트엔드 테스트 자동화 프레임워크다. **CDP**Chrome DevTool Protocol를 기반으로 하고 있어서 모든 종류의 브라우저를 대상으로 깊이 있는 테스트를 할 수 있다. 프런트엔드 개발자는 CDP(https://chromedevtools.github.io/devtools-protocol/)를 사용해 웹 애플리케이션을 조사하고 디버그할 수 있으며 네크워트 및 성능을 모니터링하고 접근성과 PWA 규정을 검사할 수 있다. **사이프러스**나 구글의 **퍼피티어** 프레임워크는 자바스크립트와 타입스크립트만 지원하지만 플레이라이트는 파이썬이나 자바, 닷넷 등 다양한 언어를 지원한다.

마이크로소프트사가 이 프레임워크를 관리하고 있으며 구글 퍼피티어 프레임워크를 개발했던 팀이 플레이라이트의 개발을 이끌고 있다. 또한, 검사기inspector나 테스트 생성기, 시각적 테스트, 병렬 테스트, 샤딩sharding, API 테스트, 테스트 재시도, 페이지 객체 모델 등 풍부한 기능성을 갖고 있기 때문에 많은 프런트엔드 개발자들이 우선적으로 고려하는 프레임워크다.

이 장에서는 플레이라이트 프레임워크의 기술적 개요에 대해 고급 기능을 중심으로 다룬다. 바로 사용할 수 있는 예제를 통해 학습할 것이며 플레이라이트와 이 책에서 다루고 있는 다른 프레임워크 간의 주요 차이점에 대해서도 알아보도록 한다.

이 장에서 다루는 주제는 다음과 같다.

- 플레이라이트 시작하기 및 첫 테스트 시나리오 실행하기

- 프레임워크가 제공하는 가장 중요한 고급 기능들
- 프레임워크가 지향하고 있는 미래

이 장의 목표는 프런트엔드 개발자가 프레임워크가 제공하는 고급 기능(기본 기능이든 외부 기능이든 상관없이)을 사용해 테스트 자동화를 개선할 수 있도록 도움을 주는 것이다.

11.1 필요한 환경 및 코드

이 장에서 사용하는 코드 파일은 다음 깃허브에서 찾을 수 있다.

- https://github.com/PacktPublishing/A-Frontend-Web-Developers-Guide-to-Testing

11.2 플레이라이트 시작하기

3장 '대표적인 테스트 자동화 프레임워크'에서 설명한 것처럼 플레이라이트(https://playwright.dev/)를 시작하려면 다음 명령을 사용해 노드 패키지를 설치해야 한다.

```
npm install -D @playwright/test
npx playwright install
```

패키지와 지원 라이브러리를 설치했으면 이제 로컬 환경에서 첫 테스트를 작성할 준비를 마쳤다. 1장 '특정 브라우저에 종속되지 않는 테스트 방법론'에서 다룬 것처럼 **헤드**와 **헤드리스**로 테스트를 작성할 수 있다.

테스트 코드를 실행해보기 위해 다음과 같이 자바스크립트로 작성된 예제 코드를 사용해보겠다. 이 코드는 깃허브 웹사이트에 로그인하는 내용이다.

```
const { test, expect } = require('@playwright/test');
test('basic test', async ({ page }) => {
  await page.goto('https://github.com/login');
  await page.fill('input[name="login"]', 'USER NAME');
  await page.fill('input[name="password"]', 'PASSWORD');
  await page.click('text=Sign in');
});
```

세 개의 브라우저를 동시에 실행해서 깃허브에 로그인하게 하려면 아래에 있는 것처럼 설정 파일을 변경해줘야 한다. 이 설정 파일은 플레이라이트를 통해 세 개의 워커worker를 실행시켜 크롬과 파이어폭스, 엣지에서 로그인 시나리오를 검증한다. 설정 파일은 **tests** 폴더가 아닌 프로젝트의 루트root 폴더에 위치하고 있어야 한다는 것에 주의하자.

그림 11.1의 실행 결과에서 볼 수 있는 것처럼 테스트를 하나의 브라우저 또는 여러 브라우저를 사용해 병렬로 실행하기 위해 **워커**를 사용하고 있다. 워커는 테스트 시간을 단축하고 커버리지를 넓히기 위해 병렬로 실행되는 프로세스라고 생각하면 된다.

```js
// playwright.config.js
const { devices } = require('@playwright/test');

/** @type {import('@playwright/test').PlaywrightTestConfig} */
const config = {
  forbidOnly: !!process.env.CI,
  retries: process.env.CI ? 2 : 0,
  use: {
    trace: 'on-first-retry',
  },
  projects: [
    {
      name: 'chromium',
      use: { ...devices['Desktop Chrome'] },
    },
    {
      name: 'firefox',
      use: { ...devices['Desktop Firefox'] },
    },
    {
      name: 'edge',
      use: { ...devices['Desktop Edge'] },
    },
  ],
};
module.exports = config;
```

병렬 실행을 마치면 IDE 터미널에서 다음과 같은 결과를 볼 수 있다. 마지막 줄을 보면 전체 테스트를 4초(4s)만에 끝냈다는 것을 알 수 있다.

```
PS C:\Users\ekinsbruner\tests> npx playwright test --headed
Using config at C:\Users\ekinsbruner\tests\playwright.config.js

Running 3 tests using 3 workers

  ✓  [chromium] › PlayWrightExample.spec.js:2:1 › basic test (3s)
  ✓  [firefox] › PlayWrightExample.spec.js:2:1 › basic test (3s)
  ✓  [edge] › PlayWrightExample.spec.js:2:1 › basic test (3s)


  3 passed (4s)
```

그림 11.1 플레이라이트 명령줄 인터페이스의 병렬 테스트 결과

특정 브라우저에서 단일 테스트나 몇 개의 테스트만 실행하고 싶다면 --project를 사용해 테스트하고자 하는 브라우저명을 지정하면 된다. 예를 들어 앞서 작성한 테스트를 헤드 모드로 **파이어폭스** 브라우저에서 실행하고 싶다면 다음 명령을 입력한다.

```
npx playwright test --headed --project=firefox
```

병렬 테스트에서 언급한 **워커**말고도 테스트 어서션에 사용하는 expect라는 키워드도 있다. 또한, 특정 페이지에만 모든 처리를 적용하는 기능도 있다. 바로 플레이라이트의 Page 컴포넌트(https://playwright.dev/docs/api/class-page)로 웹 애플리케이션을 테스트할 때 브라우저상의 단일 탭과 상호작용할 수 있는 메서드를 제공한다. Page 외에도 **context**(https://playwright.dev/docs/test-configuration), **browser, browserName** 등도 지원한다.

예를 들어 깃허브 계정에 로그인한 것을 검증하기 위해서 **Pull requests**라는 탭을 클릭해서 생성된 풀 리퀘스트 목록을 얻고자 한다면, 다음과 같이 앞서 작성한 자바스크립트 코드에 두 줄만 추가해 주면 된다.

```
await page.click('text=Pull requests');
await expect(page.locator(
  'text=Created').first()).toBeVisible();
```

대부분의 플레이라이트 테스트 기능은 테스트 클래스와 그 API(https://playwright.dev/docs/api/class-test)를 사용하고 있다. 다음 절에서 개발자들이 알고 있으면 유용할 몇 가지 메서드들에 대해 다루도록 한다.

플레이라이트는 모든 테스트 실행을 동영상 파일로 기록할 수 있는 기능을 제공하고 있다. 이를 위해서 설정 파일에 다음 옵션을 추가한다.

```
Use: {
    Video: ' on',
},
```

마지막으로 사이프러스 프레임워크처럼 플레이라이트도 테스트 실패 시에 재실행할 수 있는 횟수를 3회까지 지정할 수 있다. 이는 앞서 본 설정 파일에 설정해도 되고 다음과 같이 명령줄 옵션을 사용해 설정할 수도 있다.

```
npx playwright test --retries=3
```

플레이라이트가 기본으로 제공하는 또 다른 강력한 기능이 바로 자동 대기auto-waiting 기능이다. 이는 테스트 일관성을 유지해주며 테스트 실행을 동기화시켜준다(https://playwright.dev/docs/actionability). 프레임워크는 특정 요소가 안정적으로 보일 때까지 자동으로 대기하고, **DOM**이 click, tap, check 등의 처리를 적용할 수 있는 상태가 될 때까지 기다린다.

또한, 사이프러스와 달리 플레이라이트는 웹 애플리케이션 내의 여러 프레임frame을 처리할 수 있다. page.frame() API의 frame.fill() 등을 사용해 특정 프레임의 특정 요소만 처리할 수 있다(https://playwright.dev/docs/frames).

이것으로 플레이라이트 설치와 자바스크립트로 작성한 단일 테스트 코드의 실행 과정에 대해 살펴보았다. 다음은 플레이라이트의 고급 기능에 대해 살펴보도록 하겠다.

11.3 플레이라이트 고급 테스트 자동화 기능

9장 '셀레늄 프레임워크 사용하기' 및 10장 '사이프러스 프레임워크 사용하기'에서 프런트엔드 개발자와 SDET가 사용할 수 있는 각각의 고급 기능에 대해 살펴봤던 것처럼 여기서는 플레이라이트의 고급 기능에 대해 살펴보도록 한다.

NOTE 코드 커버리지 측정(https://playwright.dev/docs/api/class-coverage)은 소프트웨어 테스트 자동화 분야에서 고급 기능으로 간주된다. 하지만 이미 8장 '웹 애플리케이션의 테스트 커버리지 측정'에서 이스탄불과 바벨을 사용한 코드 커버리지 측정 기능을 다뤘으므로 여기서는 건너뛰도록 한다. 참고로 **이스탄불**을 사용한 코드 커버리지 측정은 현재 **크로미엄** 기반 브라우저에서만 지원한다.

11.3.1 플레이라이트 검사기

플레이라이트 프레임워크는 테스트 자동화 생성 및 디버깅을 위한 GUI 툴을 제공한다. **검사기**라고 하는 툴로 DOM 요소를 확인하거나 중단점breakpoint과 테스트 중지 기능을 사용해 디버깅할 수 있다. 또한, **개발자 도구**DevTools 브라우저를 사용해서 테스트 중인 웹 애플리케이션을 추가적으로 분석하고 디버깅할 수 있다.

파워셸PowerShell에서 검사기를 실행하려면(https://code.visualstudio.com/docs/languages/powershell) 다음 명령만 실행하면 된다. 여기서 마이크로소프트 장비가 아니라면 파워셸을 별도로 설치해야 한다.

```
$env:PWDEBUG=1
```

다음과 같은 일반적인 플레이라이트 명령을 사용해 테스트를 실행할 수 있다.

```
npx playwright codegen wikipedia.org
```

검사기 전용 별도의 창이 브라우저와 함께 열리면서 그림 11.2와 같은 화면을 볼 수 있다. **검사기** 창에서 테스트 과정을 기록하고 코드를 단계별로 실행하면서 과정을 확인할 수 있다.

그림 11.2 **자바스크립트 테스트와 플레이라이트 검사기가 함께 실행된다.**

검사기를 통해서 테스트 코드를 줄 단위로 실행할 수 있으며 각 단계마다 웹 애플리케이션이 어떻게 동작하는지 확인할 수 있다. 다음 예에서는 사용자명(Username)을 입력하는 간단한 로그인 시나리오를 **파이어폭스** 브라우저에서 확인하고 있다.

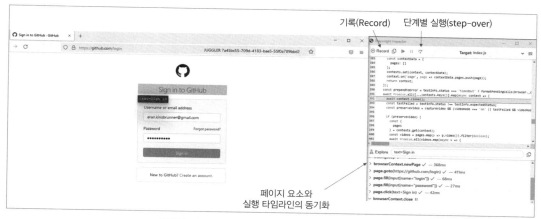

기록(Record)   단계별 실행(step-over)

페이지 요소와
실행 타임라인의 동기화

그림 11.3 **동기화된 페이지 요소 및 실행 타임라인**

GUI에서는 **단계별 실행**(step-over) 기능을 **기록**(Record) 버튼과 함께 제공해서 기존 테스트 시나리오에 과정을 추가할 수 있도록 한다. 검사기 화면의 아래를 보면 테스트가 사용하고 있는 요소들을 속성과 함께 볼 수 있다.

사용자가 검사기 아래의 **탐색**(Explore) 버튼을 클릭하면 마우스로 요소를 가리킬 수 있으며 앞서 언급한 개발자 도구를 실행할 수 있다.

검사기와 함께 테스트를 실행중에 있다면 기록 버튼을 클릭해서 **테스트 생성기**test generator(https://playwright.dev/docs/codegen)를 실행시킬 수 있다. 기록 버튼이 **켜진 상태**에서 웹 애플리케이션을 조작하면 해당 조작이 테스트 코드로 변환되어 기존 스크립트에 추가된다.

플레이라이트 프레임워크가 제공하는 아주 유용한 툴로 프런트엔드 개발자가 디버깅하는 과정에서 테스트 코드를 바로 생성할 수 있다.

11.3.2 모바일 장치 에뮬레이션하기

사이프러스 프레임워크가 현재 모바일과 친화적이지 못한 것과 달리 플레이라이트는 모바일 장치 에뮬레이션emulation 기능을 기본으로 제공한다. 이 기능을 사용하면 모바일 장치의 **뷰포트**viewport와 **컬러 스킴**color scheme을 적용해 모바일상에서 웹 애플리케이션이 어떻게 보여지고 동작하는지 검증할 수 있다. 실제 모바일 장치를 테스트할 수는 없지만 플레이라이트를 통해 모바일 장치를 흉내 냄으로써 테스트 커버리지를 확장할 수 있다. 이 외에도 모바일 장치의 현재 위치나 시간대, 지역/국가 locale 등을 테스트할 수도 있다.

다음 테스트 코드는 현재 지역/국가를 **독일**(de-DE)로 설정한 아이폰13 프로에서 구글 웹사이트에 접속하는 내용이다.

```
const { webkit, devices } = require('@playwright/test');
const iPhone = devices['iPhone 13 Pro'];
(async () => {
  const browser =
    await webkit.launch({headless: false, slowMo: 300});
  const context = await browser.newContext({
    ...iPhone,
    locale: 'de-DE'
  });
  const page = await context.newPage();
  await page.goto('https://www.google.com/');
  // other actions...
  await page.screenshot({path: 'DE-Google.png'})
  await browser.close();
})();
```

다음 명령을 입력해 테스트를 실행하면 아이폰13 프로의 뷰포트 크기로 구글 웹사이트에 접속한다.

```
npx playwright test tests/PlayWright_MobileDevice.spec.js —headed
```

이 명령은 앞의 테스트 코드를 PlayWright_MobileDevice.spec.js라는 파일에 저장하고 이 파일을 tests 폴더 안에 저장했다고 가정한다.

그림 11.4 플레이라이트 에뮬레이션 테스트 실행 결과. 아이폰13 프로에서 독일 지역으로 설정한 다음 구글에 접속한 예

플레이라이트는 다양한 뷰포트와 모바일 장치를 에뮬레이션할 수 있으며 여러 뷰포트상에서 웹 애플리케이션의 반응도 어느 정도 테스트할 수 있다.

11.3.3 플레이라이트 테스트 애너테이션

플레이라이트는 애너테이션annotation(https://playwright.dev/docs/test-annotations), 즉 테스트 건너뛰기나 그룹 테스트, 태깅, 조건부로 그룹 테스트 건너뛰기 등도 지원한다. 이를 통해 테스트를 더 잘 제어하고 관리할 수 있다. 플레이라이트가 제공하는 고유하면서 독특한 애너테이션 중 하나가 text.fixme()다. 이 애너테이션은 계속 실패하는 테스트를 인지해서 자동으로 제외시킨다. 결과적으로 실패 테스트 목록에서도 제외된다.

앞서 본 깃허브 로그인 테스트에 이 fixme 애너테이션을 추가하면 어떻게 동작하는지 살펴보도록 하자.

```
const { test, expect } = require('@playwright/test');
test.fixme('basic test', async ({ page }) => {
await page.goto('https://github.com/login');
await page.fill('input[name="login"]', 'EMAIL ADDRESS');
await page.fill('input[name="password"]', 'PASSWORD');
await page.click('text=Sign in');
});
```

코드를 보면 .fixme를 테스트 시작 지점에 추가했다. 이 테스트를 실행시키면 해당 테스트를 건너뛴다.

```
PS C:\Users\ekinsbruner\tests> npx playwright test --headed --project=firefox
Using config at C:\Users\ekinsbruner\tests\playwright.config.js

Running 1 test using 1 worker

 -  [firefox] › PlayWrightExample.spec.js:2:6 › basic test


 1 skipped
```

그림 11.5 **플레이라이트의 fixme 애너테이션의 예와 IDE 터미널 출력**

테스트에 세 개의 케이스가 있고 특정 케이스만 .fixme 애너테이션을 추가했다면, 두 개의 케이스는 실행되고 애너테이션이 있는 것은 건너뛴다. 그림 11.5를 보면 건너뛴 것은 **skipped**라고 표기된다.

.fixme 애너테이션에는 조건을 추가할 수도 있다. 예를 들어 웹 애플리케이션이 지원하지 않는 특정 브라우저만 건너뛰게 할 수 있다(https://playwright.dev/docs/api/class-test#test-fixme-1).

11.3.4 플레이라이트 API 테스트

사이프러스처럼 플레이라이트도 API 테스트를 지원한다. 10장 '사이프러스 프레임워크 사용하기'에서도 언급했지만 API 테스트는 테스트 피라미드의 한 축을 담당하며, 테스트 커버리지 관점에서도 추가적인 테스트 계층으로 없어서는 안 될 중요한 테스트다. 플레이라이트에서는 프런트엔드 개발자 및 SDET가 웹 애플리케이션용 API 테스트를 개발할 수 있다(https://playwright.dev/docs/test-api-testing). 사이프러스처럼 GET, POST, DELETE 등의 API 메서드를 사용해 API 요청을 전송하고 응답을 검증할 수 있다. 플레이라이트가 지원하는 자동화 관점의 RESTful API 메서드와 실제 API 테스트 서비스의 결과가 어떻게 다른지 다음 URL을 통해 확인할 수 있다.

- https://www.restapitutorial.com/lessons/httpmethods.html

API 테스트를 플레이라이트를 사용해 개발할 때 사용할 수 있는 메서드로 `request.get()`, `request.post()`, `request.delete()` 등이 있다. 또는 요청 컨텍스트_{context}를 사용해 다음과 같은 코드를 작성할 수도 있다. 요청 컨텍스트를 사용하면 `const` 사용으로 새롭게 생성한 컨텍스트를 통해 모든 API 메서드를 호출할 수 있다. 대표적인 메서드로는 `context.get()`, `context.post()` 등이 있다.

```
const context = await request.newContext({
  baseURL: 'https://api.github.com',
});
```

이렇게 생성한 HTTP 요청용 컨텍스트를 기반으로 깃허브 API **POST** 테스트 시나리오를 만들 수 있다.

```
await context.post('/user/repos', {
  headers: {
    'Accept': 'application/vnd.github.v3+json',
    // 깃허브 개인 액세스 토큰 추가
    'Authorization': 'token ${process.env.API_TOKEN}' },
  data: {
    name: REPO
  }
});
```

이 코드는 앞 코드에서 본 baseURL을 기반으로 사용자 API 토큰을 깃허브상에 새로운 리포지터리의 형태로 생성한다.

깃허브 웹사이트를 대상으로 **POST** 메서드를 구현했지만, 플레이라이트는 이외에도 다른 API 메서드들의 예제 코드까지 제공한다.

깃허브의 제어 기능 테스트 예제를 하나 더 보겠다. 다음 코드는 깃허브의 특정 리포지터리에 새로운 **기능 요청**feature request을 이슈issue로 생성한다. 코드를 보면 알겠지만, 이 테스트는 **API POST** 요청을 특정 사용자(${USER})가 가진 특정 리포지터리(${repository})를 대상으로 실행하고 있으며 이 값들은 환경 변수를 사용해 설정할 수 있다. 반면 타이틀title이나 바디body는 고정된 값을 사용한다.

```
test('should create a feature request', async ({ request })
  => {
  const newIssue = await request.post(
    '/repos/${USER}/${REPO}/issues', {
    data: {
      title: '[Feature] request 1',
      body: 'Feature description',
    }
  });
```

이 코드는 앞의 코드에서 제공한 baseURL을 기반으로 사용자 API 토큰을 통해 GitHub에 새 리포지터리를 생성한다.

11.3.5 플레이라이트 어서션

다른 테스트 자동화 프레임워크와 마찬가지로 플레이라이트도 어서션assertion 기능을 내장하고 있다. 어서션은 테스트 시나리오에서 긍정positive 또는 부정negative 케이스를 검증할 때 사용한다. 예를 들어 대상 웹페이지에 도달했을 때 해당 페이지가 적절한 타이틀과 텍스트를 포함하고 있는지 검증하고 싶다면 expect(), assert.equal() 등의 프레임워크 어서션을 사용하면 된다. 또한, 시각적 어서션을 위해서 expect(await page.screenshot()).toMatchSnapshot('image name'); 구문을 사용할 수 있다.

어서션 기능에 대해 더 알고 싶다면 플레이라이트가 제공하는 예제 코드를 참고하면 된다. 이 코드에서 플레이라이트의 홈페이지로 이동해 페이지 타이틀과 텍스트를 expect 메서드를 통해 검증할 수 있다.

이렇게 페이지 URL로 이동한 다음 어서션 메서드를 사용해 원하는 페이지로 이동했는지 검증할 수 있다.

```
const { test, expect } = require('@playwright/test');
test('my test', async ({ page }) => {
  await page.goto('https://playwright.dev/');
  // 타이틀이 지정한 텍스트를 포함하고 있을 것을 기대(expect)한다.
  await expect(page).toHaveTitle(/Playwright/);
  // 지정한 속성 값과 정확히 같은 속성을 기대한다.
  await expect(page.locator('text=Get Started')
    .first()).toHaveAttribute('href', '/docs/intro');
  // 지정한 요소가 보일 것을 기대한다.
  await expect(page.locator('text=Learn more')
    .first()).toBeVisible();
  await page.click('text=Get Started');
  // 페이지상에 지정한 텍스트가 보일 것을 기대한다.
  await expect(page.locator(
    'text=Introduction').first()).toBeVisible();
});
```

URL 어서션 대신에 사전에 저장해둔 화면과 테스트를 통해 캡처한 화면을 비교해 원하는 웹페이지에 있는지 시각적으로 검증할 수도 있으며, expect()를 구체적인 웹페이지 위치 지정자locator와 함께 사용하는 방법도 있다.

11.3.6 플레이라이트 네트워크 목

10장 '사이프러스 프레임워크 사용하기'에서 네트워크 목과 네트워크 제어 기능을 다뤘으며 구체적으로는 cy.intercept(), cy.clock() 등을 사용했다. 플레이라이트도 네트워크 테스트 기능을 내장하고 있으며(https://playwright.dev/docs/test-configuration#network), 네트워크 목, 프록시proxy 설정, 테스트 중 HTTPS 오류 무시 등의 기능을 제공한다.

간단한 예로 다음 명령을 beforeEach() 메서드에 추가하면 테스트 파일 내의 모든 CSS 요청을 중단할 수 있다. 참고로 beforeEach() 메서드는 플레이라이트에 포함된 모카Mocha 테스트 실행기에서 가져온 기능이다(https://mochajs.org/). **모카** 프레임워크의 핵심 예제와 기능은 다음 URL을 통해 확인할 수 있다.

• https://www.tabnine.com/code/javascript/functions/mocha/beforeEach

```
await context.route(/.css/, route => route.abort());
```

플레이라이트의 또 다른 네트워크 기능인 네트워크 요청 감시 기능을 테스트에 추가하거나 waitForResponse() 메서드를 특정 처리 전에 추가하는 방법이 있다. 이 메서드와 유사한 것으로

watiForRequest()도 있다.

```
page.waitForResponse('SOME RESPONSE')
page.click('ACTION')
```

이 외에도 API 문서를 보면 추가적인 기능과 예제 코드를 찾을 수 있다(https://playwright.dev/docs/test-api-testing#configuration).

11.3.7 플레이라이트 POM

이 책 전반부에서 다뤘듯이 최신 테스트 자동화 프레임워크는 POMpage object model 디자인 패턴을 지원한다. POM을 사용하면 모든 웹 애플리케이션의 페이지 요소를 코드 기반 클래스로 저장하고 이를 모든 테스트에서 사용할 수 있는 허브로 사용하므로 테스트 개발 및 유지관리를 단순화할수 있다. 플레이라이트도 이 POM을 만들어서 전체 웹 요소를 저장하고 관리할 수 있으며, 모든 테스트에서 이를 사용할 수 있다. 플레이라이트가 제공하는 이 링크(https://playwright.dev/docs/pom)에서는 자바스크립트 클래스를 통해 간단하게 POM을 만들 수 있는 예를 볼 수 있다. playwright-dev-page.js라는 예제(https://playwright.dev/)로 홈페이지 요소를 정의하고 별도의 클래스 파일(example.spec.js)에 저장해 테스트 시나리오와 분리시키고 있다. 이를 통해 테스트 코드는 더 간결하게 만들어진다. 이 디자인 패턴은 소스 코드 관리 관점에서 프런트엔드 웹 개발자의 업무를 줄여준다. 요소 위치 지정자가 바뀐 경우 메인 POM 클래스의 속성만 변경하면 되고, 모든 상속 테스트 클래스는 이 변경 내용을 자동으로 반영한다.

11.3.8 플레이라이트 테스트 보고서

사이프러스나 셀레늄은 훌륭한 보고서 기능을 얼루어Allure 등과 같은 플러그인이나 자체 대시보드로 제공한다. 하지만 플레이라이트는 현재 시점에서 그다지 뛰어난 기능을 제공하고 있지 않다. 여러 테스트 보고서 기능이 있지만 콘솔상에 성공 또는 실패로 테스트 결과를 출력하거나 JUnit 테스트 보고서 기능을 사용하는 것이 전부다. JUnit을 사용하려면 마이크로소프트 파워셸상에서 다음과 같이 환경 변수를 설정해주면 된다.

```
$env:PLAYWRIGHT_JUNIT_OUTPUT_NAME="results.xml"
```

마이크로소프트 윈도우가 다른 OS를 사용한다면 $env:PLAYWRIGHT 부분을 env=PLAYWRIGHT으로 변경해야 한다.

테스트를 `--reporter=junit`으로 설정해서 실행하면 보고서가 `results.xml`이라는 파일에 저장된다.

```
npx playwright test --reporter=junit
```

```
▼<testsuites id="" name="" tests="3" failures="0" skipped="0" errors="0" time="5.653">
  ▼<testsuite name="PlayWrightExample.spec.js" timestamp="1642373192921" hostname="" tests="1" failures="0" skipped="0" time="3.122" errors="0">
    ▼<testcase name="basic test" classname="[chromium] › PlayWrightExample.spec.js:2:1 › basic test" time="3.122">
        <system-out> [[ATTACHMENT|test-results\PlayWrightExample-basic-test-chromium\4d3894382014bd47cf69be26ac67b466.webm]] </system-out>
      </testcase>
    </testsuite>
  ▼<testsuite name="PlayWrightExample.spec.js" timestamp="1642373192921" hostname="" tests="1" failures="0" skipped="0" time="3.423" errors="0">
    ▼<testcase name="basic test" classname="[firefox] › PlayWrightExample.spec.js:2:1 › basic test" time="3.423">
        <system-out> [[ATTACHMENT|test-results\PlayWrightExample-basic-test-firefox\699c0efe-efb8-4951-8b92-b2710eed9960.webm]] </system-out>
      </testcase>
    </testsuite>
  ▼<testsuite name="PlayWrightExample.spec.js" timestamp="1642373192921" hostname="" tests="1" failures="0" skipped="0" time="3.117" errors="0">
    ▼<testcase name="basic test" classname="[edge] › PlayWrightExample.spec.js:2:1 › basic test" time="3.117">
        <system-out> [[ATTACHMENT|test-results\PlayWrightExample-basic-test-edge\7cab657372608d6999f8c2e63a3137c9.webm]] </system-out>
      </testcase>
    </testsuite>
</testsuites>
```

그림 11.6 **JUnit XML 형식의 플레이라이트 테스트 보고서**

플레이라이트 프레임워크가 발전하면서 테스트 보고서 기능도 자체 기능이나 플러그인 연동 기능으로 향상될 것이라 기대해본다. 이렇게 되면 프런트엔드 개발자에게 좀 더 나은 테스트 데이터를 제공함으로써 품질 향상에 기여할 수 있을 것이다.

11.3.9 플레이라이트 테스트 실행기

셀레늄이나 사이프러스처럼 플레이라이트도 **모카, 제스트**Jest, **자스민**Jasmine, **AVA** 등과 같은 다양한 자바스크립트 테스트 실행기와 연동할 수 있다(https://playwright.dev/docs/release-notes#test-runner). 모카(https://mochajs.org/#getting-started)가 제스트와 함께 가장 많이 사용되고 있지만 플레이라이트도 자체적으로 테스트 실행기(https://playwright.dev/docs/intro)를 제공한다. 이 장 앞부분에서도 보았지만, 플레이라이트 초기 설치 시에 함께 설치된다. 이 내장 테스트 실행기를 사용하려면 자바스크립트 파일의 시작 부분에 다음과 같은 코드를 추가해야 한다.

```
const { test, expect } = require('@playwright/test');
```

expect()와 같은 메서드를 사용하기 위해 **제스트**와 **자스민**을 설정하고 싶다면 다음 코드를 테스트 파일 시작 부분에 추가해주면 된다.

```
const {chromium} = require('playwright');
const expect = require('expect');
```

before(), after(), beforeEach() 등의 기능을 사용하기 위해 **모카**를 자바스크립트 코드에 설정하고 싶다면 다음 코드를 시작 부분에 추가해주면 된다.

```
const {chromium} = require('playwright');
const assert = require('assert');
```

AVA(https://github.com/avajs/ava) 테스트 실행기를 플레이라이트 내에서 사용하고 싶다면 먼저 노드 패키지를 설치해야 한다.

```
npm install --save-dev ava
```

그리고 다음 코드를 자바스크립트 코드 시작 부분에 추가해준다.

```
Const test = require('ava').default
```

AVA(https://github.com/avajs/ava)를 추가하면 테스트 코드가 병렬로 빠르게 실행된다. AVA 테스트 실행기가 제공하는 독특한 기능으로 코드 단순화, 병렬성을 통한 테스트 속도 향상, **프로미스**promise 지원(https://github.com/avajs/ava/blob/main/docs/01-writing-tests.md#promise-support), 테스트 어서션 생성 등이 있다.

11.3.10 플레이라이트 추적 뷰어

플레이라이트는 프런트엔드 개발자를 위한 GUI 툴을 제공한다(https://playwright.dev/docs/trace-viewer). 이 툴은 테스트 실행이 끝난 후에 테스트 과정을 시각화해서 탐색하고 추적trace할 수 있게 해준다. 온라인 뷰어도 함께 제공해서 생성된 추적 파일을 바탕으로 더 자세한 분석이 가능하다(https://trace.playwright.dev/).

추적 파일은 IDE 터미널의 명령줄을 통해서 열 수 있다. 다음 명령을 사용하면 된다.

```
npx playwright show-trace trace.zip
```

테스트가 실행되는 동안 추적(트레이스) 내용을 저장하려면 플레이라이트의 자바스크립트 설정 파일에 다음을 추가하면 된다.

```
Use: {
  Trace: ' on',
},
```

테스트별로 추적 내용을 저장하거나 **on-first-retry**를 **on**으로 설정해서 테스트가 실패한 경우에만 추적 내용을 저장할 수도 있다.

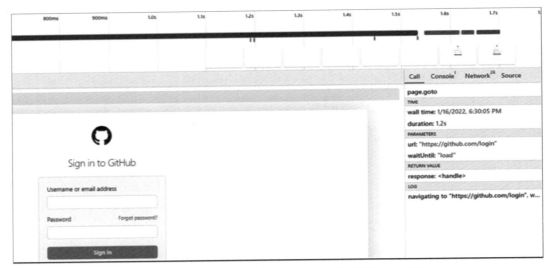

그림 11.7 **테스트 실행이 끝난 후에 실행되는 플레이라이트 추적 뷰어**

그림 11.7은 온라인 버전의 추적 뷰어 화면으로 실행 시간, 네트워크 분석 등을 테스트 단계별로 볼 수 있다. 생성되는 **trace.zip** 파일에도 디버그 및 테스트 분석에 도움이 되는 다양한 정보가 포함된다. 예를 들면 단계별 스크린숏이나 로그 파일, 모든 요청 및 응답을 포함하는 네트워크 추적 파일, 전후 스냅숏 등이 있다.

11.3.11 플레이라이트 고급 설정

플레이라이트 프레임워크는 사용자가 활용할 수 있는 다양한 테스트 설정 기능을 제공한다(https:// playwright.dev/docs/test-advanced). 플레이라이트의 **TestConfig** 객체를 사용하면 테스트 세트 및 테스트 연속 실행 등에 유용하면서 생산적인 변화를 줄 수 있다. 테스트 조건에 적합하도록 브라우저를 설정하거나 **ignoreHTTPSErrors**와 같은 보안 설정, 다양한 화면 해상도를 위한 뷰포트 설정, 테스트의 기본 URL, 테스트 재시도 횟수, 동시 실행을 위한 워커 수, 그리고 테스트 관련 테스트 환경 변수 등을 설정해 테스트를 효율적으로 병렬 실행할 수 있다. 이 모든 설정은 **TestConfig** 객체를 통해 할 수 있다.

다음의 문서를 참고해서 프레임워크가 제공하는 다양한 설정 항목을 확인해보자.

- https://playwright.dev/docs/test-configuration

앞서 사용했던 `playwright.config.js` 파일을 변경해 특정 테스트 시나리오에 `testMatch`나 `testIgnore` 옵션을 적용하면 단일 테스트 세트_{suite}의 일부 테스트만 실행하거나 일부 테스트만 제외할 수 있으며, 지정한 횟수만큼 재시도하도록 설정할 수도 있다.

그림 11.8은 자바스크립트 설정 파일을 보여준다. 모바일 크롬 플랫폼(예에서는 픽셀5 스마트폰)을 사용하는 경우에는 'Playwright'으로 시작하는 테스트 파일을 건너뛰도록 설정하고 있다. 또한, 모바일과 PC를 섞어서 5개의 플랫폼을 테스트하도록 설정하고 있다. 따라서 2개의 테스트 사양을 실행하면 총 10회의 테스트가 실행된다. 즉 2개 테스트×5개 플랫폼이 된다.

구체적으로는 PC용 크롬 브라우저, 파이어폭스, 픽셀5, 엣지, 아이폰12의 모바일 사파리를 테스트하고, 픽셀5의 모바일 크롬 설정에는 다음과 같은 코드가 추가돼 있다.

```
testIgnore: '/.*Playwright*.spec.ts/',
```

테스트 세트 내의 테스트가 'Playwright'으로 시작하는 경우 테스트 실행기가 해당 테스트를 실행하지 않게 하는 설정이다. 즉, 두 개의 테스트 사양이 있고 모두 'Playwright'으로 시작하는 파일명을 가지고 있다면 이 테스트들은 모바일 크롬을 제외한 나머지 4개의 플랫폼에서만 테스트한다.

```
1   // playwright.config.js
2   const { devices } = require('@playwright/test');
3
4   /** @type {import('@playwright/test').PlaywrightTestConfig} */
5   const config = {
6     retries:1,
7     use: {
8       trace: 'on',
9     },
10    projects: [
11      {
12        name: 'chromium',
13        use: { ...devices['Desktop Chrome'] },
14      },
15      {
16        name: 'firefox',
17        use: { ...devices['Desktop Firefox'] },
18        testMatch: '/.*Config*.spec.ts/',
19      },
20      {
21        name: 'edge',
22        use: { ...devices['Desktop Edge'] },
23      },
24      {
25        name: 'Mobile Chrome',
26        use: devices['Pixel 5'],
27        testIgnore: '/.*Playwright*.spec.ts/',
28      },
29      {
30        name: 'Mobile Safari',
31        use: devices['iPhone 12'],
32      },
33    ],
34  };
35
36  module.exports = config;
```

그림 11.8 **testMatch와 testIgnore를 사용한 플레이라이트의 고급 설정**

앞의 설정을 기반으로 `ConfigTestExample.spec.js`와 `PlayWrightExamples.spec.js` 테스트 사양을 실행하려면 다음과 같이 일반적인 테스트 실행 명령을 사용하면 된다.

```
npx playwright test
```

앞의 설정을 기준으로 두 개의 테스트 파일을 실행하면 다음과 같은 결과를 IDE 터미널을 통해서 확인할 수 있다. 이 그림은 **비주얼 스튜디오 코드**의 터미널 모습이다. 전체 10개의 테스트 중 **8개를 실행**한 것이다. 이는 `testIgnore`로 모바일 크롬 플랫폼의 2개 테스트를 실행하지 않았기 때문이다.

```
PS C:\Users\ekinsbruner\tests> npx playwright test
Using config at C:\Users\ekinsbruner\tests\playwright.config.js

Running 8 tests using 6 workers
  ✓  [chromium] › ConfigTestExample.spec.js:3:1 › New test (3s)
  ✓  [edge] › ConfigTestExample.spec.js:3:1 › New test (4s)
  ✓  [Mobile Chrome] › ConfigTestExample.spec.js:3:1 › New test (3s)
  ✓  [chromium] › PlaywrightExample.spec.js:3:1 › basic test (3s)
  ✓  [edge] › PlaywrightExample.spec.js:3:1 › basic test (3s)
  ✓  [Mobile Chrome] › PlaywrightExample.spec.js:3:1 › basic test (3s)
  ✓  [Mobile Safari] › ConfigTestExample.spec.js:3:1 › New test (2s)
  ✓  [Mobile Safari] › PlaywrightExample.spec.js:3:1 › basic test (2s)


  8 passed (7s)
```

그림 11.9 **고급 설정을 사용해 테스트를 실행한 결과**

두 개의 테스트 파일과 설정 파일은 깃허브상에 공개하고 있으니 필요하면 클론clone해서 사용하도록 하자.

• https://github.com/ek121268/PlaywrightExamples

TestConfig 클래스는 매우 다양한 기능을 제공하며 여기서 본 것은 극히 일부에 지나지 않는다. 이 외에도 testConfig.grep과 testConfig.reporter 등 유용한 설정이 많이 있다. 이 클래스의 세부 기능은 다음 URL에 잘 문서화돼 있으니 참고하도록 하자.

• https://playwright.dev/docs/api/class-testconfig

11.3.12 플레이라이트와 CI 연동

사이프러스나 셀레늄, 그리고 다음 장에 등장하는 퍼피티어를 포함해서 플레이라이트 프레임워크도 **지속적 통합**CI 서버(https://playwright.dev/docs/ci)와 연동해 테스트 및 피드백 적용을 신속하게 할 수 있다. 플레이라이트와 연동할 수 있는 CI 서버로 **깃허브 액션**GitHub Actions이 있다. 사이프러스처 럼 .yml 파일을 사용해 설정해야 한다. 이 파일은 플레이라이트 테스트 사양을 새로운 웹 애플리케 이션 빌드를 대상으로 설치 및 실행하게 해준다.

다음은 깃허브 액션 설정 파일을 위해 필요한 플레이라이트 지원 라이브러리를 설치한 후 배포가 성 공하면 플레이라이트의 종단 테스트(E2E)를 실행한다.

```
name: Playwright Tests
on:
  deployment_status:
```

```
jobs:
  test:
    timeout-minutes: 60
    runs-on: ubuntu-latest
    if: github.event.deployment_status.state == 'success'
    steps:
    - uses: actions/checkout@v3
    - uses: actions/setup-node@v2
      with:
        node-version: '14.x'
    - name: Install dependencies
      run: npm ci
    - name: Install Playwright
      run: npx playwright install --with-deps
    - name: Run Playwright tests
      run: npx playwright test
      env:
        # This might depend on your test-runner/language binding
          PLAYWRIGHT_TEST_BASE_URL:
            ${{ github.event.deployment_status.target_url}}
```

깃허브 액션 외에도 **도커**나 **애저 파이프라인**Azure pipeline, **Travis CI**Travis CI, **서클CI**CircleCI, **젠킨스**, **깃랩**GitLab, **비트버킷 파이프라인**Bitbucket pipeline 등을 사용할 수 있다.

깃허브 액션이 아닌 다른 CI 툴을 사용하고 있다면 다음 URL을 통해 각 툴에 맞는 설정 방법을 찾을 수 있다.

- https://playwright.dev/docs/ci

지금까지 플레이라이트 테스트 프레임워크의 고급 기능에 대해 살펴보았다. 이 절에서는 테스트 실행기와 재시도 기능, 고급 설정, POM 디자인 패턴, 검사기 사용법, API 테스트, 애너테이션, 보고서 등 다양한 기능에 대해 살펴보았고 웹 애플리케이션의 테스트 커버리지를 확장해주는 기능도 살펴보았다.

이것으로 고급 기능에 대한 설명은 마치고 다음 절에서 플레이라이트의 미래 비전과 사용자가 무엇을 기대하고 있는지 살펴보도록 하겠다.

11.4 플레이라이트 프레임워크의 미래

플레이라이트는 가장 최근에 등장한 오픈소스 테스트 프레임워크이지만 빠르게 성장하고 있으며 다른 프레임워크가 지원하지 않는 고유의 기능도 가지고 있다. 자바스크립트를 비롯하여 자바, 닷넷, 파이썬 등의 주요 개발 언어는 물론 모든 종류의 브라우저를 지원하고 있어서 어떤 종류의 웹 애플리케이션을 테스트하든 유연하게 대처할 수 있다. 또한 시각적 비교와 API 테스트, 네트워크 목 등을 사용해 종단 테스트를 완벽하게 수행할 수 있으며 검사기와 **코드젠**CodeGen 옵션을 사용해 다양한 언어로 테스트 코드를 생성할 수 있다. 프런트엔드 테스트 개발 관점에서 강력한 디버그 툴과 자동 대기, 재시도 기능 등 안정된 기능들을 바탕으로 테스트 코드 생성이 가능하다.

프런트엔드 개발자들은 플레이라이트의 미래를 매우 긍정적으로 보고 있다. 왜냐하면 셀레늄이나 사이프러스와 달리 **마이크로소프트**라는 큰 기업이 전적으로 지원하고 있기 때문이다. 다른 말로 말하면 거대한 커뮤니티 지원을 받을 수 있고, 풍부한 자금, 잠재적인 합병 또는 인수를 통해 프레임워크의 테스트 기능을 더 확장할 수 있다는 의미다.

플레이라이트는 다음과 같은 영역이 개선될 것으로 예상된다.

- **모바일 플랫폼을 위한 고급 테스트 기능**: 플레이라이트가 이미 모바일 뷰포트나 지역/국가, 위치 등을 에뮬레이션할 수 있지만, 빠르게 발전하는 디지털 시대에 아직 역부족이다. 모바일에 특화된 웹 애플리케이션 테스트 기능을 확장한다면 다른 경쟁자보다 우위에 설 수 있을 것이다. 현재 모바일 플랫폼상에서 웹 애플리케이션을 테스트할 수 있는 대안은 셀레늄 + 앱피움밖에 없다.

- **시각 및 사용자 경험 테스트**: 사용자 경험 테스트 기능을 구축할 수 있는 잠재력을 가지고 있는 프레임워크다. 네트워크 시각화를 통한 시각적 분석부터 성능 테스트 및 사용자 특화 커버리지 등을 개발해 이 테스트 분야를 주도할 것이다.

- **최신 웹 애플리케이션 테스트**: 이 책에서 다루는 어떤 프레임워크도 아직 **프로그레시브 웹 앱**PWA 또는 최신 **플러터**나 **리액트 네이티브**를 지원하지 않는다. 이런 앱을 테스트할 수 있는 전용 기능이 있다면 미래 지향적 프레임워크로 발전할 수 있을 것이다.

- **로코드와 지능형 테스트**: 검사기와 코드젠 기능을 통해 강조했듯이, 플레이라이트는 이미 로코드 생성 기능을 다음 단계로 끌어올릴 준비가 돼있다. 기록(레코드)이 끝나면 고급 테스트 시나리오를 자바스크립트나 다른 주요 언어 중심으로 자동으로 생성해주거나 이를 자동으로 다른 플랫폼으로 확장시켜준다면 이 분야의 독보적인 존재가 될 수 있을 것이다.

- **테스트 보고서**: 플레이라이트의 현재 테스트 보고서는 너무 기본적인 내용으로 사용자에게 충분한 정보를 제공해주지 않는다. 사이프러스 정도의 대시보드를 제공하거나 **얼루어**Allure 등의 훌륭한 테스트 보고 툴과 연동한다면 테스트 실행을 통해 적절한 피드백을 얻을 수 있고 테스트 실패 이유 등도 분석 가능하다.

- **성능 테스트**: 셀레늄이 **제이미터**라는 오픈소스 프레임워크와 연동해서 성능 테스트를 하고 있는

반면 플레이라이트는 아직 어려움을 겪고 있다. 플레이라이트의 내장 기능으로 구축하든 다른 툴과 연동하든 플레이라이트와 **마이크로소프트**도 이 기능에 투자하는 것이 중요하다고 본다.

- **정적 코드 분석**: 사이버 공격이 일상화돼 있는 시대에 웹 애플리케이션의 보안 테스트 강화에 투자하는 것은 플레이라이트의 큰 이점이 될 것이다. 플레이라이트는 현재 기본 사용자 인증 테스트 기능(https://playwright.dev/docs/auth)을 제공하고 있지만 **정적 애플리케이션 보안 테스트**static application security testing, SAST 기능은 아니다. 최근에 **퍼포스**Perforce **SAST**가 출시한 **Klocwork**(https://www.perforce.com/products/klocwork)는 자바스크립트 정적 코드 분석을 지원하며 IDE와 파이프라인에 연동해서 코드 품질을 분석할 수 있다. **SAST**(https://en.wikipedia.org/wiki/Static_application_security_testing)의 이점은 애플리케이션 개발 초기 단계에 코드 보안 커버리지를 제공할 수 있다는 것으로 로컬 개발 장비 또는 CI와 연동할 수 있다.

11.5 요약

이 장에서는 플레이라이트 프레임워크의 핵심 기능에 대해 다뤘으며 자바스크립트 플레이라이트 테스트를 IDE와 GUI 검사기를 사용해 실행하고 디버그하는 방법을 배웠다. 그리고 플레이라이트 프레임워크의 고급 기능과 관련 예제, 참고 문서, 사용 방법 및 이점 등을 다뤘다. 여기서 다룬 핵심 기능 중에는 API 테스트, 테스트 재시도, 애너테이션, 네트워크 제어, CI 연동, 코드젠 툴, 고급 설정, 자동 대기 등이 있다. 마지막으로 플레이라이트의 미래상에 대해 로코드 같은 최신 기술과 아직 제공하지 않고 있는 기능을 중심으로 살펴보았다.

이 장을 읽으면서 플레이라이트의 개요와 플레이라이트가 다른 프레임워크와 어떻게 다른지 이해할 수 있었다. 또한, 함께 제공된 유용한 예제 코드와 참고 문서 등을 바탕으로 자신의 웹 애플리케이션을 위한 테스트 코드를 작성할 수 있을 것이다.

이 장의 두 가지 주요 예제는 다음 깃허브 URL에서 찾을 수 있으며 실제 테스트 작성의 기본 코드로 사용하거나 학습 자료로 사용해도 좋다.

- https://github.com/ek121268/PlaywrightExamples

이것으로 이 장을 마무리하고 다음 장에서는 플레이라이트에서 했던 동일한 분석을 퍼피티어 테스트 자동화 프레임워크를 대상으로 실시한다. 그리고 퍼피티어를 마지막으로 이 책에서 다루는 모든 프레임워크의 고급 기능에 대한 설명을 마무리하도록 한다.

CHAPTER 12

퍼피티어 프레임워크 사용하기

3장 '대표적인 테스트 자동화 프레임워크'에서 언급했듯이, 구글 퍼피티어는 현재 마이크로소프트에서 플레이라이트를 개발한 팀이 만든 프레임워크다. 두 프레임워크 모두 CDP를 기반으로 한 노드 라이브러리로 어떤 종류의 웹 애플리케이션이든 테스트할 수 있는 넓은 커버리지와 기능을 제공한다. 플레이라이트는 대부분의 웹 브라우저와 개발 언어를 지원하지만 구글 퍼피티어는 **크로미엄**Chromium 기반 브라우저와 자바스크립트만 지원한다.

이 프레임워크는 헤드리스 모드가 기본 설정으로 되어 있지만 헤드 모드의 브라우저 UI로도 실행할 수 있다. 웹 페이지의 스크린숏 및 PDF 생성 기능을 기본으로 내장하고 있으며 네트워크 HAR 파일 생성, 웹사이트의 타임라인 추적 등 다양한 기능을 제공하므로 프런트엔드 개발자에게 훌륭한 테스트 툴이 될 수 있다.

이 장에서는 퍼피티어의 기술적 개요에 대해 알아보고 바로 실무에 사용할 수 있는 예제 코드와 함께 고급 기능에 대해 살펴보도록 한다. 또한, 이 프레임워크는 플레이라이트보다 오래되기는 했지만 플레이라이트의 기반이 된 프레임워크이므로 퍼피티어와 플레이라이트가 어떻게 다른지에 대해서도 알아본다.

이 장에서 다루는 주제는 다음과 같다.

- 퍼피티어 시작하기
- 퍼피티어의 고급 테스트 자동화 기능
- 퍼피티어 프레임워크가 지향하는 미래

이 장의 목표는 프런트엔드 개발자가 프레임워크가 제공하는 고급 기능(기본 기능인지 외부 기능인지 상관없이)을 사용해 테스트 자동화를 개선할 수 있도록 도움을 주는 것이다.

12.1 필요한 환경 및 코드

이 장에서 사용하는 코드 파일은 다음 깃허브에서 찾을 수 있다.

* https://github.com/PacktPublishing/A-Frontend-Web-Developers-Guide-to-Testing

12.2 퍼피티어 시작하기

3장 '대표적인 테스트 자동화 프레임워크'에서 설명했듯이, 퍼피티어 프레임워크를 시작하려면 다음 명령을 사용해 노드 패키지를 설치해야 한다.

```
npm install puppeteer
```

패키지와 지원 라이브러리를 설치했으면 헤드 또는 헤드리스 모드로 로컬에서 테스트를 실행할 수 있다. 참고로 다음의 퍼피티어 프레임워크 문서는 코드 예제와 API 설명, 릴리스 노트 등 다양한 정보를 제공한다.

* https://pptr.dev/

플레이라이트 프레임워크와 마찬가지로 퍼피티어도 **브라우저**browser 객체를 기반으로 자동화한다. 브라우저 객체는 **브라우저 컨텍스트**browser context를 세분화하며 이는 다시 **페이지**page, **확장툴**extension(https://pptr.dev/#?product=Puppeteer&version=v13.1.0&show=api-working-with-chrome-extensions), **프레임**frame으로 세분화된다.

그림 12.1 **구글 퍼피티어의 대략적인 아키텍처**

구글이 **프로그레시브 웹 애플리케이션**PWA의 선두 주자이므로 이 프레임워크도 PWA 애플리케이션 테스트를 위한 기능을 내장하고 있다. 그림 12.1의 아키텍처에서 **브라우저 컨텍스트** 컴포넌트 아래에 **서비스 워커**service worker가 있는 것을 볼 수 있다.

여기서는 3장 '대표적인 테스트 자동화 프레임워크'에서 다룬 퍼피티어 자바스크립트 클래스를 확장하도록 한다. 기억을 되살리기 위해 3장에서 다룬 코드를 다시 보도록 하자. 코드를 실행하려면 puppeteer-har 노드 모듈을 설치해야 한다.

```
npm install puppeteer-har
```

```
const puppeteer = require('puppeteer');
const PuppeteerHar = require('puppeteer-har');
(async () => {
  const browser = await puppeteer.launch();
  const page = await browser.newPage();
  const har = new PuppeteerHar(page);
  await har.start({ path: 'book_demo.har' });
  await page.goto('https://www.packtpub.com/');
  await har.stop();
  await browser.close();
})();
```

앞에서도 봤지만 이 코드는 팩트 웹사이트로 이동해 프런트엔드 개발자를 위한 HAR 파일을 생성한다. 이 테스트 코드는 다음 명령을 통해 실행할 수 있으며 성공적으로 실행된 경우 book_demo.har이라는 새로운 HAR 파일이 생성된다.

```
node [filename.js] // 작성한 코드의 파일명을 지정한다.
```

퍼피티어의 기본 노드 라이브러리(구글이 제공하는)를 설치하면 크로미엄의 최신 브라우저도 함께 설치된다. 단, puppeteer-core 패키지를 설치하면 기본 퍼피티어 프레임워크와 거의 동일하지만 브라우저를 로컬 장비에 설치하지 않는다.

기본 퍼피티어 설치 때와 마찬가지로 코어 패키지를 설치하려면 다음과 같은 명령을 입력한다.

```
npm install puppeteer-core
```

코어 패키지를 사용하려면 소스 코드의 첫 번째 줄을 다음과 같이 수정해야 한다.

```
const puppeteer = require('puppeteer-core');
```

자바스크립트나 퍼피티어가 지원하는 언어로 작성된 테스트 코드는 모두 **비동기식**으로 처리된다. 따라서 모든 동작 및 **프로미스**promise가 코드상에서 다음 단계로 진행할 수 있도록 작성돼야 한다 (https://web.dev/promises).

[NOTE] 프로미스: 자바스크립트에서 **프로미스**는 하나의 객체로 프레임워크 내에서 비동기식 처리를 관리하는 방법이기도 하다. 코드가 특정 처리나 단계에서 다음 단계로 넘어갈 수 있도록 프로미스가 **값**을 반환해서 **리졸브**돼야 한다. 리졸브가 안 된 경우에는 **오류**를 던져 처리를 멈춰야 하며, 리졸브된 후에만 다음 코드 블록을 실행할 수 있다. 참고로 프로미스는 **완료**, **거절**, **대기** 등 세 가지 상태를 가진다.

이 중요한 개념을 이해하기 위해서 짧은 자바스크립트 예제 코드 하나를 살펴보도록 하겠다.

다음 코드를 보면 웹 애플리케이션의 파일 선택 버튼을 사용해 파일을 업로드하고 있다. Promise.all() 메서드를 사용해 모든 코드가 순차적으로 실행되고 있다. 파일 선택 버튼(FileChooser)을 통해 파일 선택이 끝난 경우에만 파일 업로드 처리가 발생하는 것을 알 수 있다. 그리고 파일 업로드가 끝나면 브라우저를 닫는다.

이 코드를 실행하려면 다음과 같은 명령을 통해 selenium-webdriver 모듈을 설치해야 한다.

```
npm install selenium-webdriver
```

```
const puppeteer = require('puppeteer');
const { waitForUrl } = require('selenium-webdriver/http/util');

(async () => {
  const browser = await puppeteer.launch({headless:false,
    args: ['--window-size=1920,1080']});
  const page = await browser.newPage();
  await page.goto('https://uppy.io/examples/xhrupload/',
    {"waitUntil": 'networkidle2'});
  const [fileChooser] = await Promise.all([
    page.waitForFileChooser(),
    page.click('.uppy-FileInput-btn')
  ])
  await fileChooser.accept(['Packtpub.png']);
  await page.screenshot({ path: 'FileChooser.png' });
  await browser.close();

})();
```

코드를 실행하면 XHR 업로드 웹사이트로 이동해 팩트 출판사의 홈페이지 화면을 업로드한다. 실행 결과는 다음과 같다.

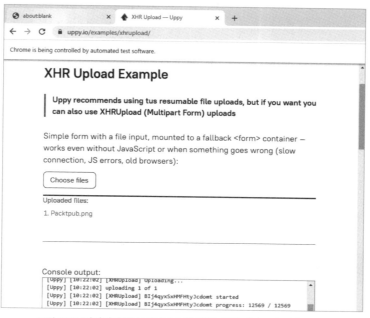

그림 12.2 퍼피티어에서 프로미스와 파일 선택 메서드를 사용한 예

다른 테스트 자동화 프레임워크에서도 강조했지만 퍼피티어도 **제스트**나 **모카** 같은 일반적인 자바스크립트 테스트 실행기를 지원한다(https://www.npmjs.com/package/mocha-puppeteer). 이 프레임워크들을 사용하면 expect(), assert() 등의 메서드를 사용해 테스트 시나리오를 확장할 수 있으며 이를 통해 코딩 유연성을 향상시킬 수 있다.

모카와 제스트를 설치해서 퍼피티어와 연동하려면 다음과 같이 노드 라이브러리를 설치해주면 된다.

```
npm install jest-puppeteer
npm install mocha-puppeteer
```

다음 절에서는 퍼피티어 프레임워크의 핵심 기능과 고급 기능에 대해 살펴보도록 한다.

12.3 퍼피티어의 고급 테스트 자동화 기능

11장 '플레이라이트 프레임워크 시작하기'에서와 마찬가지로 여기에서도 구글 퍼피티어의 고급 기능에 대해 좀 더 살펴보도록 하겠다.

코드 커버리지 측정(https://pptr.dev/#?product=Puppeteer&version=v13.1.0&show=api-class-coverage)도 소프트웨어 테스트 자동화 분야에서 고급 기능으로 간주된다. 하지만 8장 '웹 애플리케이션의 테스트 커버리지 측정'에서 이미 이스탄불과 바벨을 사용한 코드 커버리지 측정에 대해 다뤘으므로 여기서는 넘어가도록 한다. 플레이라이트와 마찬가지로 이스탄불을 사용한 퍼피티어 자바스크립트와 CSS 코드 커버리지 측정은 크롬 기반 브라우저만 지원한다(https://github.com/istanbuljs/puppeteer-to-istanbul).

12.3.1 퍼피티어 네임스페이스

퍼피티어 프레임워크에서 프런트엔드 웹 개발자는 장치의 기능과 네트워크 조건, 오류 처리 기능을 활용할 수 있다.

웹 애플리케이션 테스트를 모바일 뷰포트를 포함해 특정 장치에서 테스트하려면 puppeteer.devices ['DEVICE NAME'], page.emulateNetworkConditions(), page.emulate() 메서드 등을 사용하면 된다(https://pptr.dev/#?product=Puppeteer&version=v13.1.0&show=api-pageemulateoptions). 이 URL 에서 page.emulate() API와 관련된 모든 문서와 예제 코드를 찾아볼 수 있다.

다음 코드를 사용해서 팩트 웹사이트로 이동해보자.

```
const puppeteer = require('puppeteer');
const iPhone = puppeteer.devices['iPhone 11'];
(async () => {
  const browser =
    await puppeteer.launch({headless: false});
  const page = await browser.newPage();
  await page.emulate(iPhone);
  await page.goto('https://www.packtpub.com');
  await page.screenshot({path: 'packtpub.png'});
  await browser.close();
})();
```

이 코드는 퍼피티어 프레임워크가 제공하는 에뮬레이션 기능을 사용해 아이폰11이나 느린 3G 네트워크 환경을 가정해서 팩트 웹사이트에 접속한다. 다음은 이 테스트에서 사용한 3G 네트워크 프로파일이다.

```
'Slow 3g' {
  Download: ((500 * 1000) /8) *0.8,
  Upload: ((500 * 1000) / 8) * 0.8,
  Latency: 400 *5,
},
```

브라우저 세션을 닫기 전에 팩트 웹사이트의 스크린숏을 Packtpub.png 파일로 저장한다.

모바일 테스트에서는 page.setViewport() 메서드를 사용해 화면 해상도(너비와 높이)를 지정할 수 있다. 다음 URL에서 기본으로 내장된 모바일 장치의 사양을 볼 수 있다.

- https://github.com/puppeteer/puppeteer/blob/main/src/common/DeviceDescriptors.ts

예를 들어 앞의 예에서는 아이폰11이라는 느린 3G 네트워크 연결을 가진 아이폰 사양을 가상화하고 있다.

12.3.2 퍼피티어의 웹 요소 사용하기

웹페이지 요소와 상호작용하기 위해 퍼피티어에서는 page API를 사용해 텍스트를 입력하거나 클릭, 스크롤 등의 웹 애플리케이션 이벤트를 수행할 수 있다.

다음 코드에서는 여전히 팩트 웹사이트상에서 책 검색 창을 클릭한 후 자바스크립트 책 페이지를 캡처해서 저장한다. type 메서드와 waitForNavigation 메서드를 사용해 화면을 캡처하기 전에 검색한 페이지가 전부 로딩되기까지 기다린다(그림 12.3 참고).

```
const puppeteer = require('puppeteer');
const { waitForUrl } =
  require('selenium-webdriver/http/util');
(async () => {
  const browser = await puppeteer.launch({headless:false});
  const page = await browser.newPage();
  await page.goto('https://www.packtpub.com');
  const searchElement = await page.$('#search');
  await searchElement.type("JavaScript");
  await page.type('#search',String.fromCharCode(13));
  await Promise.all([
    await page.waitForNavigation({waitUntil: 'load'})
  ]);
  await page.screenshot({ path: 'Packtpub.png' });
  await browser.close();
})();
```

다음 그림이 자바스크립트 책을 검색한 화면을 캡처한 것이다.

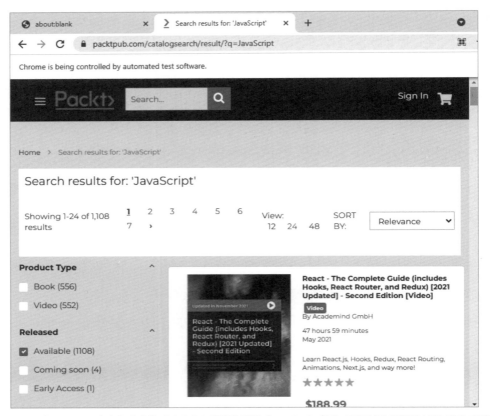

그림 12.3 테스트 코드 마지막 단계에 퍼피티어가 캡처한 화면. 'JavaScript'라는 검색어를 사용해 나온 결과 페이지

퍼피티어의 활용도를 한 단계 더 끌어올리고 싶다면 구글이 제공하고 있는 무료 데모 코드를 참고하자. 이 코드는 온라인 팩맨 게임을 테스트하는 코드다.

```javascript
const readline = require('readline');
const puppeteer = require('puppeteer');
(async() => {
const browser = await puppeteer.launch({
  headless: false,
  args: ['--window-size=800,500']
});
const page = await browser.newPage();
await page.setViewport({width: 800, height: 500,
  deviceScaleFactor: 2});
await page.goto(
  'https://www.google.com/logos/2010/pacman10-i.html');
process.stdin.on('keypress', async (str, key) => {
  // In "raw" mode, so create own kill switch.
  if (key.sequence === '\u0003') {
    await browser.close();
    process.exit();
  }
  if (['up', 'down', 'left', 'right'].includes(key.name)) {
    const capitalized =
      key.name[0].toUpperCase() + key.name.slice(1);
    const keyName = 'Arrow${capitalized}';
    console.log('page.keyboard.down('${keyName}')');
    await page.keyboard.down(keyName);
  }
});
readline.emitKeypressEvents(process.stdin);
process.stdin.setRawMode(true);
})();
```

이 코드를 보면 우선 구글 팩맨 게임 사이트로 이동한 후 지정한 뷰포트로 화면을 변경한다. 화면이 변경되면 사용자가 방향 키를 이용해서 게임을 플레이할 수 있다.

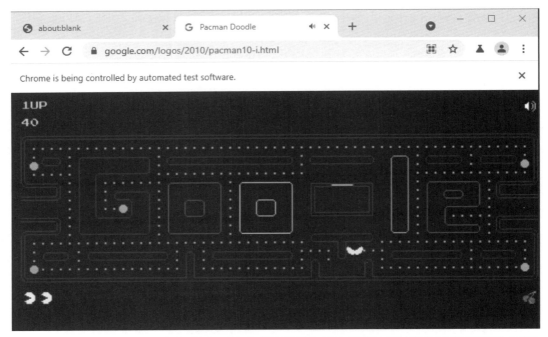
그림 12.4 **퍼피티어 테스트 코드를 통해 실행된 브라우저 기반 구글 팩맨 게임으로 방향 키를 이용해 게임을 플레이할 수 있다.**

키보드 API를 활용한 웹 요소 처리에 대해 더 알고 싶다면 **탭나인**Tabnine 웹사이트가 제공하는 예제 코드를 참고하자(https://www.tabnine.com/code/javascript/functions/puppeteer/Page/keyboard).

12.3.3 퍼피티어 부하 테스트

구글 퍼피티어는 자바스크립트 테스트에서 다중 인스턴스를 병렬로 실행하는 노드 라이브러리(별도로 설치 필요)를 제공한다. 이를 사용해서 웹 애플리케이션의 부하 테스트를 실시할 수 있다(https://github.com/svenkatreddy/puppeteer-loadtest).

다음과 같이 간단한 명령을 통해 설치할 수 있다.

```
npm install -g puppeteer-loadtest
```

설치가 끝나면 자바스크립트 테스트 코드에 require를 사용해 해당 라이브러리를 추가해야 한다.

```
const startPuppeteerLoadTest =
  require('puppeteer-loadtest');
```

부하 테스트는 다음과 같이 다양한 명령줄 옵션을 사용할 수 있다.

- --file: 자바스크립트 테스트 파일의 경로를 지정한다.
- --s 와 --c: 부하 정도를 지정한다. 예를 들어 --s=100 --c=25는 전체 100개의 테스트 스크립트를 25개의 크롬 헤드리스 인스턴스와 동시에 사용해 실행한다는 의미다.

이 명령줄 옵션을 적용해서 다음과 같이 부하 테스트를 실행할 수 있다.

```
npx puppeteer-loadtest --file=./test/sample.js --s=100 --c=25
```

다음 깃허브 리포지터리에서 샘플 JSON 성능 테스트 보고서를 볼 수 있다.

- https://github.com/svenkatreddy/puppeteer-loadtest/blob/master/test/performance.json

12.3.4 퍼피티어와 큐컴버 BDD

사이프러스와 셀레늄처럼 퍼피티어도 Gherkin의 feature와 자바스크립트 과정 정의step-definition 파일을 사용해 BDD 테스트를 구현할 수 있다.

퍼피티어에서 큐컴버를 사용하려면 다음과 같이 cucumber-js용 노드 라이브러리를 설치해야 한다.

```
npm install @cucumber/cucumber
```

설치가 끝나면 다음과 같이 과정 정의 파일과 Gherkin feature 파일로 구성된 폴더를 만들 수 있다.

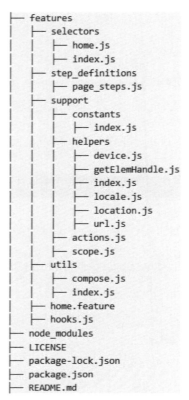

```
├── features
│   ├── selectors
│   │   ├── home.js
│   │   ├── index.js
│   ├── step_definitions
│   │   ├── page_steps.js
│   ├── support
│   │   ├── constants
│   │   │   ├── index.js
│   │   ├── helpers
│   │   │   ├── device.js
│   │   │   ├── getElemHandle.js
│   │   │   ├── index.js
│   │   │   ├── locale.js
│   │   │   ├── location.js
│   │   │   ├── url.js
│   │   ├── actions.js
│   │   ├── scope.js
│   ├── utils
│   │   ├── compose.js
│   │   ├── index.js
│   ├── home.feature
│   ├── hooks.js
├── node_modules
├── LICENSE
├── package-lock.json
├── package.json
├── README.md
```

그림 12.5 **퍼피티어와 큐컴버 BDD 디렉터리 구조 예**[1]

BDD와 퍼피티어 관련 전체 오픈소스 프로젝트의 내용은 다음 깃허브 리포지터리를 통해 확인할 수 있다.

- https://github.com/mlampedx/cucumber-puppeteer-example

이 리포지터리에 있는 예제 코드를 통해 쉽게 BDD 테스트를 구현할 수 있다.

12.3.5 퍼피티어 접근성 테스트

퍼피티어와 디큐 엑스Deque axe라는 오픈소스 접근성 분석 라이브러리를 사용해 접근성 테스트를 만들 수 있다(https://www.deque.com/axe/). 다음 명령을 사용해 axe-puppeteer 노드 라이브러리를 설치하고 테스트 코드에 추가해주면 된다. AxePuppeteer.analyze API와 콘솔에 출력되는 보고서를 활용해 접근성 분석 결과와 발견된 문제들을 파악할 수 있다.

---

1   https://github.com/mlampedx/cucumber-puppeteer-example

```
npm install axe-puppeteer
```

다음 예제 코드는 팩트 출판사 웹사이트에 대한 접근성을 분석해 콘솔에 출력해준다.

```
const puppeteer = require('puppeteer');
const { waitForUrl } =
    require('selenium-webdriver/http/util');
const {AxePuppeteer} = require ('axe-puppeteer');
  (async () => {
    const browser = await puppeteer.launch({headless:false,
      args: ['--window-size=1920,1080']});
    const page = await browser.newPage();
    await page.setBypassCSP(true);
    await page.goto('https://www.packtpub.com');
    const accessibilityResults =
      await new AxePuppeteer(page).analyze();
    console.log(accessibilityResults);
    await page.close();
    await browser.close();
})();
```

이 코드의 실행 결과는 다음과 같이 콘솔에 출력된다.

```
{
  id: 'table-duplicate-name',
  impact: null,
  tags: [Array],
  description: 'Ensure that tables do not have the same summary and caption',
  help: 'The <caption> element should not contain the same text as the summary attribute',
  helpUrl: 'https://dequeuniversity.com/rules/axe/3.5/table-duplicate-name?application=axe-puppeteer',
  nodes: []
},
{
  id: 'td-headers-attr',
  impact: null,
  tags: [Array],
  description: 'Ensure that each cell in a table using the headers refers to another cell in that table',
  help: 'All cells in a table element that use the headers attribute must only refer to other cells of that same table',
  helpUrl: 'https://dequeuniversity.com/rules/axe/3.5/td-headers-attr?application=axe-puppeteer',
  nodes: []
},
```

그림 12.6 **퍼피티어와 엑스를 사용해 팩트 웹사이트의 접근성을 분석한 결과**

이 외에도 퍼피티어가 내장하고 있는 기본 접근성 API를 사용할 수 있다(https://pptr.dev/#?product=Puppeteer&version=v13.1.0&show=api-class-accessibility). accessibility.snapshot() 기능을 사용해 접근성을 분석할 수 있는데, 엑스가 제공하는 보고서에 비해 아주 간단한 것만 분석한다.

12.3.6 퍼피티어 웹 애플리케이션 추적

이미 har.start()와 har.stop()을 사용해 HAR 파일을 생성하는 기능에 대해 살펴보았다. 이외에도 tracing.start()와 tracing.stop() API를 사용해 웹 애플리케이션의 추적trace 파일을 JSON 형식으로 생성할 수 있는 기능도 있다. 이를 사용하면 프런트엔드 개발자가 페이지 로딩 시간이나 성능 문제, 즉 특정 페이지에서 어떤 리소스의 로딩 속도가 느린지 등을 분석할 수 있다.

다음 코드는 trace_demo.har 파일과 traceDemo.json 파일을 생성한다. 프런트엔드 개발자는 이 파일들을 통해 네트워크 트래픽이나 성능, 그리고 기타 처리 등을 분석하고 디버그할 수 있다.

```
const puppeteer = require('puppeteer');
const PuppeteerHar = require('puppeteer-har');
(async () => {
  const browser = await puppeteer.launch({headless:false});
  const page = await browser.newPage();
  const har = new PuppeteerHar(page);
  await har.start({ path: 'trace_demo.har' });
  await page.tracing.start({path: 'traceDemo.json'});
  await page.goto('https://www.packtpub.com/');
  await har.stop();
  await page.tracing.stop();
  await browser.close();
})();
```

생성된 두 개 파일은 다음 URL에 있는 구글이 제공하는 온라인 GUI 툴을 사용해 열 수 있다.

* https://chromedevtools.github.io/timeline-viewer/

12.3.7 퍼피티어 API 테스트

10장 '사이프러스 프레임워크 시작하기'와 11장 '플레이라이트 프레임워크 시작하기'에서 다뤘듯이, 퍼피티어도 API 테스트 기능을 내장하고 있다. API 테스트는 httpRequest()와 httpResponse() 메서드를 사용하는데, 자세한 사용법은 구글 문서 포털에 잘 정리돼 있다(https://devdocs.io/puppeteer/index#class-httprequest). 네트워크 인터셉션interception이나 http 응답 목 등의 고급 기능도 지원한다. 또한, 페이지 헤더 요청 추출이나 웹사이트 캐시에서 응답 받기 등 다양한 기능을 테스트 코드에 적용할 수 있다.

12.3.8 퍼피티어 구글 개발자 도구

구글 크롬 브라우저에 **개발자 도구**DevTool가 있다는 것은 모두 알고 있을 것이다. 이 도구를 사용해 웹 애플리케이션을 디버그하거나 라이트하우스Lighthouse를 실행하여 성능 및 접근성 등을 측정할 수 있다. 퍼피티어는 사용자가 쉽게 개발자 도구와 연동할 수 있게 해줌으로써 테스트 활동을 최적화시 켜준다. https://developers.google.com/web/tools/puppeteer/debugging에 접속하면 **개발자 도구**를 사용해서 디버그하는 방법과 테스트 실행 속도를 늦춰 웹 애플리케이션을 자세히 분석하는 방법 등을 배울 수 있다.

테스트 코드에서 개발자 도구를 사용하려면 puppeteer.launch() 메서드를 호출해서 devtools 옵션을 true로 설정하면 된다.

```
const browser = await puppeteer.launch({ devtools: true });
```

이 설정을 통해 page.evaluate() 메서드나 개발자 도구 디버거 등도 사용할 수 있게 된다.

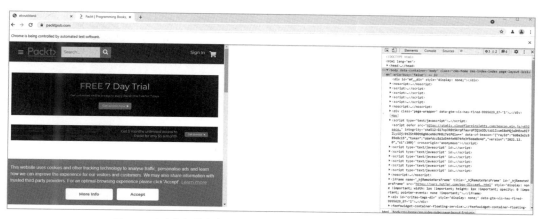

그림 12.7 **퍼피티어 개발자 도구를 사용해 팩트 홈페이지를 디버깅하는 화면**

크롬 브라우저의 개발자 도구는 라이트하우스라는 자동화된 검사 툴을 제공한다. 라이트하우스는 오픈소스 자동화 툴로 단독으로 사용하거나 퍼피티어와 같은 테스트 자동화 프레임워크와 함께 사용할 수 있다. 이 툴을 통해 웹 개발자나 테스터가 웹 애플리케이션의 접근성이나 성능, PWA 규칙, 네트워크 콜 등을 검증할 수 있다.

라이트하우스는 명령줄 인터페이스상에서도 사용할 수 있다(https://developer.chrome.com/docs/lighthouse/overview/#cli). 명령줄을 통해 구글 라이트하우스 검사 기능을 실행해 원하는 웹 애플리케이션을 테스트할 수 있다. 명령줄에서 사용하려면 설치가 필요하다.

```
npm install -g lighthouse
```

설치가 끝났다면 다음 명령을 사용해 특정 웹 애플리케이션을 대상으로 라이트하우스를 실행시킨다.

```
lighthouse <url>
```

구글 개발자 도구를 퍼피티어 프레임워크와 함께 사용하려면 다음 문서를 참고하자.

- https://github.com/GoogleChrome/lighthouse/blob/main/docs/puppeteer

12.3.9 퍼피티어와 CodeceptJS 연동

퍼피티어와 연동할 수 있는 유용한 외부 툴 중에 **CodeceptJS**라는 것이 있다(https://codecept.io/). 이 프레임워크는 웹 애플리케이션의 종단 테스트를 자바스크립트를 사용해 쉽게 작성할 수 있게 해준다(https://codecept.io/puppeteer/#setup).

CodeceptJS를 테스트 환경에 추가하려면 다음과 같이 노드 라이브러리만 설치해주면 된다.

```
npm install codeceptjs
npx codeceptjs init
```

이 라이브러리와 퍼피티어를 함께 사용하면 CodeceptJS 고유의 이해하기 쉬운 구문을 사용해 종단 테스트를 구축할 수 있다.

Init 명령을 실행한 후에는 자바스크립트 테스트 파일의 경로와 연동할 프레임워크를 지정해야 한다. 여기서는 퍼피티어를 선택하고 있지만 그림 12.8에서 볼 수 있듯이 플레이라이트 등 다른 프레임워크도 선택할 수 있다.

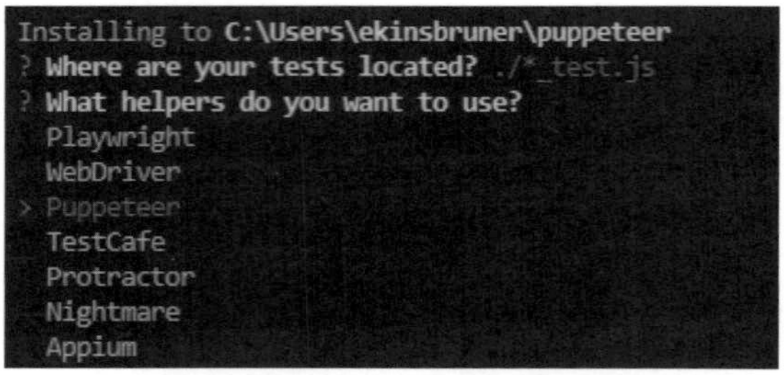

```
Installing to C:\Users\ekinsbruner\puppeteer
? Where are your tests located? ./*_test.js
? What helpers do you want to use?
  Playwright
  WebDriver
> Puppeteer
  TestCafe
  Protractor
  Nightmare
  Appium
```

그림 12.8 CodeceptJS의 초기화 화면으로 테스트 파일 경로와 퍼피티어 프레임워크를 지정하고 있다.

CodeceptJS 초기화 프로세스가 끝나면 간단한 자바스크립트 설정 파일과 테스트 코드가 생성된다. 이 테스트 코드를 기반으로 원하는 테스트를 작성하면 된다.

다음 코드에서는 CodeceptJS 구문을 사용해 드리블Dribble 웹사이트에 접속하지만 틀린 계정 정보를 사용해서 로그인에 실패한다. 참고로 이 코드는 codecept.conf.js에 정의한 확장자를 사용해 저장해야 한다. 기본 설정에서는 다음과 같이 '*_test.js'(또는 *.test.js)를 사용한다.

```
tests: './*_test.js'
Feature('login');
Scenario('Login to dribble page', ({ I }) => {
    I.amOnPage('https://dribbble.com/')
    I.click('Sign in');
    I.fillField('login', "erank@email.com");
    I.pressKey('Tab');
    I.fillField('password', "pass12345");
    pause();
    I.pressKey('Enter');
    I.see('We could not find an account matching');
});
```

코드를 보면 알겠지만 I.amOnPage()와 I.see()처럼 단순하면서 의미 있는 구문을 사용하고 있다. 이 코드를 실행하려면 다음 명령을 사용한다.

```
npx codeceptjs run --steps
```

명령을 실행하면 퍼피티어 브라우저가 열리면서 테스트 코드가 실행된다.

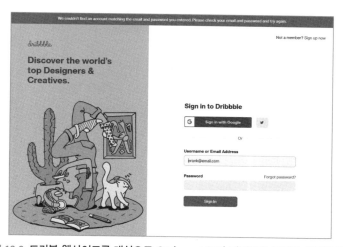

그림 12.9 드리블 웹사이트를 대상으로 CodeceptJS와 퍼피티어 코드를 실행한 화면

12.3.10 퍼피티어 테스트와 CI 연동

퍼피티어 자바스크립트 테스트를 **서클CI**, **깃랩**(https://medium.com/touch4it/ui-testing-using-puppeteer-and-gitlab-ci-9dcf8527dc65), **깃허브 액션, 젠킨스, 애저 데브옵스** 등 다양한 CI 서버와 연동할 수 있다. 여기서는 퍼피티어와 깃허브 액션의 연동을 예로 들어보도록 하겠다.

여기서는 필자의 퍼피티어 예제가 있는 깃허브 리포지터리를 사용해서 **Node.js**용 액션 설정 파일을 만들도록 한다. 이때 깃허브가 제공하는 웹 UI를 사용할 수 있으며 `.yml`이라는 설정 파일이 생성된다. 이 파일을 퍼피티어 테스트 실행을 위한 CI 트리거나 스케줄로 사용하면 된다.

새로운 깃허브 액션을 커밋하면 지정한 파일명으로 `.yml` 파일이 생성되며 리포지터리의 `.github/workflows` 디렉터리에 저장된다. 그림 12.10은 생성된 깃허브 액션 파일을 보여주고 있다. 처리 흐름(액션 워크플로우)과 순서가 정의돼 있다.

```
name: Node.js CI

on:
  push:
    branches: [ main ]
  pull_request:
    branches: [ main ]

jobs:
  build:

    runs-on: ubuntu-latest

    strategy:
      matrix:
        node-version: [12.x, 14.x, 16.x]
        # See supported Node.js release schedule at https://nodejs.org/en/about/releases/

    steps:
    - uses: actions/checkout@v2
    - name: Use Node.js ${{ matrix.node-version }}
      uses: actions/setup-node@v2
      with:
        node-version: ${{ matrix.node-version }}
        cache: 'npm'
    - run: npm ci
    - run: npm run build --if-present
    - run: npm test
    env:
          CI: true
```

그림 12.10 **퍼피티어 리포지터리에 생성된 깃허브 액션 .YML 파일 예**[2]

---

2   https://github.com/ek121268/PuppeteerExamples

이 설정 파일에서 리포지터리에 변경이 발생하면(예를 들면 마스터 브랜치에 머지 등) 깃허브 액션 (https://docs.github.com/en/actions/quickstart)을 실행한다. 그림 12.11은 소스 코드가 변경될 때 액션이 실행되는 화면을 보여주고 있다.

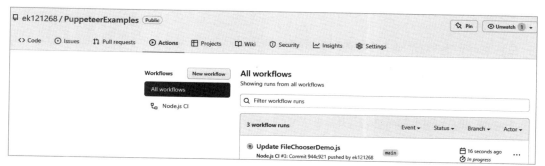

그림 12.11 깃허브 액션 실행 예

성공적인 데브옵스 팀은 테스트 자동화 과정을 CI/CD 프로세스로 옮기고 있다. 깃허브나 젠킨스 등의 툴을 사용하므로 팀은 코드 변경에 집중할 수 있으며 사용자 피드백을 빠르게 반영하고 문제점을 빨리 발견할 수 있다. 또한, 이런 CI/CD 연동을 통해 새롭고 혁신적인 기능을 빠르게 자주 출시할 수 있다.

지금까지 퍼피티어의 고급 기능에 대해 알아보았다. 여기서 다룬 다양한 API와 기능, 그리고 외부 툴 연동 등은 다음 페이지에 잘 정리돼 있다.

* https://pptr.dev/

다음 절에서는 퍼피티어 프레임워크의 미래 비전과 기회, 그리고 사용자들이 기대하고 있는 새로운 기능이나 개선 기능에 대해 알아보도록 하겠다.

12.4 퍼피티어 프레임워크의 미래

구글의 퍼피티어는 2018년 1월에 공개돼 현재 성숙기에 들어선 프레임워크다(https://github.com/puppeteer/puppeteer/releases/tag/v1.0.0). 이 장의 맨 앞에서도 언급했듯이 플레이라이트의 기반이 되기도 했다. 하지만 플레이라이트나 사이프러스보다 오래되었다는 것이 기능적으로 더 성숙되었다는 것을 뜻하지는 않지만, 이 장에서 살펴보았듯이 CDP 기반 프레임워크로 유용하면서 독특한 기능들을 제공하고 있다. 추적trace 및 **HAR** 파일 생성, 스크린숏, 개발자 도구 API와 연동, 라이트하우스와 연동한 웹사이트 고급 분석, BDD 연동, CI 툴과 CodeceptJS와 같은 외부 툴 연동 등이 이에 해당

한다. 모두 훌륭한 기능으로 프런트엔드 개발자가 웹사이트를 테스트하고 디버그할 수 있도록 도움을 준다. 하지만 중요한 기능들이 누락돼 있어서 구글이 뒤에 없었더라면 시장에서 상위 그룹에 속하기 어려웠을 것이다.

이 책 집필 시점에 퍼피티어에서 아직 구현되고 있지 않은 기능들은 다음과 같다.

- **모든 브라우저에 대한 테스트 지원**: 퍼피티어는 크로미엄 브라우저(크롬과 엣지)만 지원한다. 파이어 폭스나 사파리 같은 다른 브라우저들을 지원하지 않는다면 개발자들은 다른 툴을 선택할 것이다.

- **제한된 언어 연동**: 자바스크립트가 웹 애플리케이션 개발의 주요 언어이기는 하지만 테스터가 가진 기술 때문에 자바나 파이썬, C# 등 다른 언어를 선택하기도 한다. 플레이라이트와 셀레늄은 더 많은 언어를 지원해서 테스터에게 좀 더 많은 선택권을 주고 있다.

- **모바일 테스트**: 웹 애플리케이션과 네트워크 조건으로 다양한 모바일 플랫폼을 대상으로 테스트 하려면 셀레늄 기반의 앱피움을 사용한다. 퍼피티어에서는 기본적인 네트워크 조건과 매우 제한된 수의 모바일 플랫폼만 테스트할 수 있다. **플러터**나 **PWA** 등 구글이 개발한 것이므로 모바일 테스트를 위한 좀 더 나은 기술 스택이 제공될 것이라 기대해본다.

- **로코드 지원**: 대부분의 테스트 프레임워크는 테스트 코드 생성 기능을 내장하고 있다. 셀레늄은 셀레늄 IDE을 제공하며, 사이프러스는 사이프러스 스튜디오를, 플레이라이트는 **검사기**를 제공한다. 퍼피티어는 이런 기능을 내장하고 있지 않으며 개발자 도구와 라이트하우스 등의 외부 자동화 툴에 의존한다.

- **테스트 보고서**: 이 프레임워크가 제공하는 보고서 기능은 의미 있는 정보를 제공하지 못한다. 특히 사이프러스 대시보드나 셀레늄의 얼루어 연동과 비교하면 너무 부족하다. 퍼피티어도 다른 프레임워크와 경쟁하기 원한다면 테스트 보고서 기능을 개선해서 좀 더 손쉽게 보고서를 생성하고 유용한 정보를 제공하도록 해야 한다.

개발자들이 다른 프레임워크 대신 퍼피티어를 선택하게 만들려면 미래를 생각해서 이런 부족한 점을 개선하고 최신 기능을 제공할 수 있도록 투자해야 한다.

퍼피트리Puppetry라는 프로젝트를 통해 코딩 없는 지능형 테스트를 개발하고 있는 것은 인상적이다 (https://puppetry.app/). 이 프로젝트는 코딩 없는 퍼피티어 기반의 종단 테스트 자동화를 목표로 하고 있으며 단 한 줄의 자바스크립트 코드도 작성할 필요가 없다. 이런 툴을 퍼피티어 프로젝트와 연동시켜 퍼피티어의 부족한 점을 개선한 테스트 자동화를 개발한다면 개발자 및 비개발자에게 좋은 대안이 될 수 있을 것이다. 퍼피트리를 시작하려면 다음 깃허브 리포지터리를 참고하자.

- https://github.com/dsheiko/puppetry/releases

이 프로젝트는 파이어폭스 또한 지원한다. 기록된(레코딩된) 테스트를 **제스트** 자바스크립트 코드로 내보내기 해서 테스트 코드를 생성할 수 있다.

이것으로 이 절을 마무리하고 이 장 전체를 정리하도록 하겠다.

12.5 요약

이 장에서는 퍼피티어 프레임워크의 기본 개념과 자바스크립트 테스트 실행 방법에 대해 배웠다. 또한, 퍼피티어의 핵심 기본 기능과 고급 기능에 대해서도 살펴보았다. API 테스트, 네트워크 목, BDD, 접근성, 개발자 도구, CI 연동, 웹 요소 사용, 모바일 플랫폼 에뮬레이션 등등 다양한 기능을 다뤘다.

그리고 퍼피티어의 미래 비전과 퍼피티어의 부족한 기능, 요구되는 새로운 기능 등을 언급했다. 이외에도 코딩 없는 개발, PWA와 플러터를 연동한 웹 테스트 확장, 테스트 보고서 등 필요한 최신 기술도 살펴보았다.

이 장에서 소개한 핵심 기술을 바탕으로 자바스크립트 기반 퍼피티어 프로젝트를 만들 수 있을 것이다. 웹 애플리케이션 어서션을 만들고 네트워크 트래픽 추적, 라이트하우스 분석, 성능 테스트 실행 등을 할 수 있고 구글이 제공하는 다양한 퍼피티어 API도 활용할 수 있을 것이다.

다음 장에서는 모든 브라우저를 대상으로 한 지능형 테스트 자동화를 집중적으로 다루고 4개의 주요 테스트 프레임워크가 제공하는 지능형 기능에 대해 배운다. 또한, 유료 버전의 로코드 툴과 AI 기반 툴도 함께 살펴보도록 한다.

13

로코드 테스트 자동화로
코드 기반 테스트 보완하기

오픈소스 커뮤니티는 이 책에서 본 것처럼 다양한 테스트 프레임워크를 제공한다. 이 외에도 기록하고 재생하기record-and-playback 기능과 **머신러닝**machine learning, ML에 기반한 기능형 테스트 솔루션을 제공하고 있다. 이 장에서는 현재 시장에 어떤 도구들이 있는지 배우고 개발 파이프라인에 어떻게 적용할 수 있는지, 그리고 고려해야 할 장단점은 무엇인지 알아본다.

지금까지 **셀레늄, 사이프러스, 퍼피티어, 플레이라이트**를 학습했으며 각각 기본적인 로코드(노코드) 기능을 지원하고 있다는 것을 알았다. 이 장에서는 이 기능들에 대해 더 깊이 있게 살펴보고, 특히 웹 애플리케이션을 위한 지능형 코드리스 테스트 자동화에 집중하도록 한다. 구체적으로는 **퍼펙토 스크립트리스**Pecfecto scriptless(https://www.perfecto.io/products/scriptless)와 **테스팀**Testim (https://www.testim.io/), **메이블**Mabl(https://www.mabl.com/) 등 새롭게 주목받고 있는 최신 툴을 다루도록 한다.

이 장에서 다루는 주제는 다음과 같다.

- 웹 애플리케이션용 로코드 테스트 툴의 핵심 기능
- 오픈소스 프레임워크로 제공되는 주요 코드리스 툴의 기술적 개요
- 유료로 제공되는 **인공지능**artificial intelligence, AI 기반의 코드리스 웹 애플리케이션 테스트 툴
- 코드 기반 대신 로코드 기반을 사용해야 할 때와 각각의 장단점

이 장의 목표는 프런트엔드 개발자와 테스터가 전반적인 테스트 커버리지 목표를 달성할 수 있도록 도와주는 추가 툴을 소개하고, 어떤 경우에 이 추가 툴이 일반적인 오픈소스 테스트 툴보다 유용한지 안내하는 것이다.[1]

13.1 로코드/코드리스 테스트 툴의 핵심적인 기능

최근 몇 년간 코드리스 및 로코드 소프트웨어 테스트 툴에 대한 엄청난 투자와 비약적인 발전이 있었다. 이런 움직임은 **셀레늄 IDE, 플레이라이트 코드젠 검사기** 등과 같은 오픈소스 커뮤니티는 물론이고 셀레늄 유료 버전의 지능형 툴에서도 활발히 이루어지고 있다.

어떤 툴들이 있는지 보기 전에 먼저 코드리스와 로코드 테스트 툴을 기능 관점에서 살펴보고 어떻게 모든 종류의 브라우저에 적용할 수 있는지 살펴보자.

이 책 전반에 걸쳐 언급하고 있지만 최신 웹 애플리케이션을 모든 브라우저 설정과 모바일 뷰포트를 대상으로 제대로 테스트하려면 방대한 범위를 테스트해야 하며 철저한 테스트 계획도 필요하다. 기능 테스트, 비기능 테스트(성능, 보안, 접근성 등), 시각적 **UI** 테스트, **API** 테스트, 목 기능, 확장 및 병렬 테스트, **지속적 통합**CI 등이 모두 웹 애플리케이션 테스트 계획에 포함돼야 할 주요 사항이다. 이 책에서 다룬 대부분의 오픈소스 테스트 자동화 프레임워크는 이 사항(기능)들을 내장 기능 또는 외부 툴과 연동해서 제공한다. 코드리스 테스트 툴도 이런 테스트 프레임워크와 경쟁하기 위해서는 동등한 기능을 제공해야 하며 높은 안정성과 효율적인 유지관리 기능도 제공해야 한다.

웹 애플리케이션은 자주 변경될 뿐만 아니라 소스 코드를 변경하는 것도 그다지 어렵지 않다. 코드는 **버전 관리 시스템**version control system, VCS에 의해 관리되므로 변경 내역과 코드 기반을 비교적 쉽게 관리할 수 있다. 하지만 코드리스 툴은 코드 자체가 없는 경우도 있어서 변경 시마다 테스트 시나리오의 버전을 관리하고 확장하는 것이 매우 중요하다. 또한, 버전 관리 시스템처럼 사용하기도 쉬워야 한다.

다음 다이어그램을 보자.

---

1   옮긴이 이 장에서는 로코드, 노코드, 코드리스 등의 용어가 자주 등장한다. 로코드는 코딩을 최소화한 솔루션으로 툴이 어느 정도의 코드를 생성해주면 개발자가 이를 바탕으로 수정 또는 추가하는 것이다. 노코드와 코드리스는 코딩이 전혀 필요 없는 것으로 툴이 완벽한 테스트를 만들어서 실행해주는 것을 말한다.

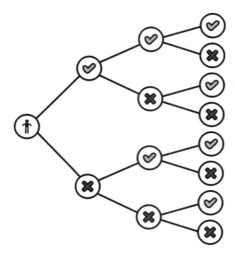

그림 13.1 **의사 결정 트리 시각화**

다음은 로코드/코드리스 웹 테스트 툴에서 기대할 수 있는 대략적인 기능과 그 분류이다.

- **테스트 방법론 커버리지**
    - 기능 테스트
    - API 테스트와 목 기능
    - 시각적 테스트
    - 접근성 테스트
    - 성능 테스트

- **테스트 확장 및 병렬화**
    - 그리드 실행
    - 클라우드 연동
    - CI 서버 연동(깃허브 액션, 젠킨스 등)

- **테스트 개발 기능**
    - 고급 시나리오 지원(**인라인 프레임**iFrame, 멀티 탭, 동적 위치 지정자, 다양한 인증 옵션 등)
    - 테스트 스크립트 간 웹 요소 처리
    - 애자일 테스트 방법 지원(예를 들면 **행위 주도 개발**BDD)
    - 테스트 시나리오 편집 및 관리

- **코드리스를 사용해 코드 기반 테스트의 보완**
    - 코드리스 테스트를 코드로 변환

- 고급 테스트 케이스를 위해서 코드리스 테스트를 코드 모듈로 변환

- **테스트 보고서 및 분석**
    - 테스트 결과 산출물
    - 트렌드 및 분석
    - 테스트 보고서를 코드 기반 보고서 대시보드와 연동

- **쉬운 사용법 및 지원**
    - 쉬우면서도 가장 발전된 테스트 시나리오를 단시간 내에 구축
    - 추천 사례와 예제를 포함하고 있는 잘 정리된 문서
    - 지속적인 지원 및 온라인 지원

- **소유 비용**
    - 오픈소스와 비교해서 얼마만큼의 비용이 더 드는가?
    - 오픈소스와 비교해서 얼마만큼의 **투자자본수익률**return on investment, ROI을 얻을 수 있는가?

이 리스트에서도 볼 수 있듯이 실무자나 관리자가 웹 애플리케이션 테스트를 위한 기술을 선택할 때 고려해야 할 사항이 꽤 많다. 코드 기반 오픈소스 프레임워크의 경우 오히려 선택하기가 좀 더 수월하다. 모두 자바스크립트 기반이고 큰 커뮤니티의 지원을 받고 있으며 여러 해 동안 실사용자에 의해 검증됐기 때문이다. 또한, 테스트 자동화 생성 및 실행 관점에서도 분명한 이점을 제공한다. 반면 로코드/코드리스의 경우 시장에 등장한지 얼마 되지 않았으며 프로젝트에 맞추어 수정하기가 쉽지 않다. 수정을 위한 비용이 들고 테스트 커버리지 관점에서 제약이 있을 수 있기 때문이다.

[NOTE] 이런 단점을 알고 나서 다음과 같은 질문을 할 수 있다. '그렇다면 왜 코드리스 지능형 테스트 툴이 필요할까?'

다음 절에서는 웹 애플리케이션용 주요 코드리스 테스트 툴의 핵심 기능에 대해 다루고 기존 코드 기반 프레임워크에 비해 어떤 장점이 있는지 살펴본다. 이 코드리스 툴들은 아직 시작 단계에 있는 새로운 기술이라는 것을 인식하는 것이 중요하며 팀이 코드리스 툴을 검토할 때 이 부분도 고려해야 한다.

13.2 오픈소스 코드리스 툴의 개요

이 절에서는 오픈소스 프레임워크를 통해 무료로 사용할 수 있는 주요 코드리스 테스트 툴에 대해 살펴보도록 한다.

13.2.1 오픈소스 코드리스 툴의 종류

셀레늄, 플레이라이트, 사이프러스, 퍼피티어는 모두 기록과 재생 기능을 기반으로 하는 기본적인 코드리스 테스트 기능을 제공한다.

여기서는 오픈소스 코드리스 툴의 대략적인 개요에 대해 살펴보도록 한다. 먼저 셀레늄부터 시작하겠다.

셀레늄 IDE 코드리스 툴 개요

셀레늄은 브라우저 플러그인으로 셀레늄 IDE(https://github.com/SeleniumHQ/selenium-ide/releases)를 제공한다. 셀레늄을 통해 기본적인 기록-재생 기능을 사용할 수 있게 하는 툴이다. 이 툴이 발전하면서 크롬과 파이어폭스와 같은 여러 브라우저를 지원하게 됐으며 내장 위치 지정자와 훌륭한 기록, 그리고 이를 코드로 변환해주는 기능 등을 갖추고 있다. 코드리스 AI 기반 테스트 툴이라기에는 매우 부족하지만 셀레늄을 위한 기초적인 테스트 생성 기능을 제공한다고 볼 수 있다.

셀레늄 IDE를 크롬 브라우저에서 사용하려면 다음과 같이 확장 툴을 설치해주면 된다.

* https://chrome.google.com/webstore/detail/selenium-ide/mooikfkahbdckldjjndioackbalphokd

셀레늄 IDE 브라우저 확장 툴을 설치했다면 다음 화면과 같이 웹 애플리케이션을 대상으로 바로 테스트 시나리오를 기록할 수 있다.

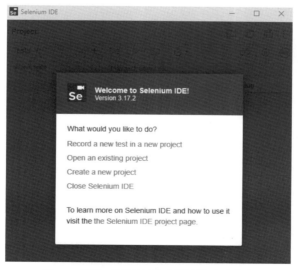

그림 13.2 **셀레늄 IDE 브라우저 확장 툴의 메인 화면**

예를 들어 팩트 웹사이트로 이동해서 자바스크립트 책을 검색하는 과정을 기록하면 그림 13.3과 같이 해당 과정이 테스트 스크립트로 생성되는 것을 볼 수 있다.

그림에서 볼 수 있듯이, IDE는 웹 애플리케이션 상에서 실행한 명령command과 무엇을 대상target으로 명령을 내렸는지 기록한다. 대상에는 위치 지정자와 값이 함께 저장된다. 모든 셀레늄 IDE 프로젝트는 `*.side`라는 파일 형식(셀레늄의 명령줄 실행기)으로 저장된다(https://www.selenium.dev/selenium-ide/docs/en/introduction/command-line-runner). 저장된 셀레늄 IDE 프로젝트(`.side` 파일)는 명령줄을 통해서 실행할 수 있다.

이를 위해서 먼저 다음과 같이 노드 라이브러리를 설치해야 한다.

```
npm install -g selenium-side-runner
```

설치가 끝나면 다음과 같이 생성된 `.side` 파일을 지정해서 실행하면 된다.

```
npx selenium-side-runner [*.side 테스트 파일의 경로]
```

그림 13.3은 셀레늄 IDE 브라우저 플러그인을 사용해 기록한 간단한 테스트 시나리오다. 팩트 웹사이트로 이동한 후 실행된 몇 가지 처리를 기록하고 있다.

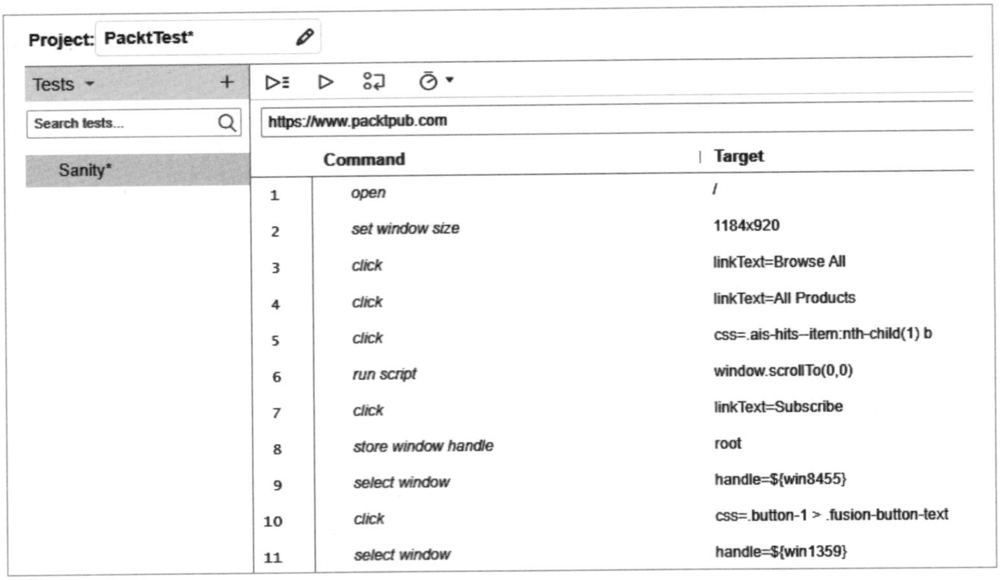
Project: PacktTest*
Tests
Search tests...
Sanity*
https://www.packtpub.com
Command
Target
1 open /
2 set window size 1184x920
3 click linkText=Browse All
4 click linkText=All Products
5 click css=.ais-hits--item:nth-child(1) b
6 run script window.scrollTo(0,0)
7 click linkText=Subscribe
8 store window handle root
9 select window handle=${win8455}
10 click css=.button-1 > .fusion-button-text
11 select window handle=${win1359}

그림 13.3 셀레늄 IDE로 생성한 테스트 시나리오의 예

사용자는 **Target** 메뉴 아래에 있는 값을 다른 위치 지정자, 즉 ID나 Name, CSS, XPATH 등을 사용해 변경할 수 있다. 객체가 제공하는 속성이라면 아무것이나 사용할 수 있다.

IDE를 통해 코드리스 셀레늄 테스트를 생성했다면 셀레늄이 지원하는 언어로 해당 테스트를 저장할 수 있다. 왼쪽에 있는 테스트 이름에 마우스 포인트를 이동하면 오른쪽에 세 점으로 표시된 옵션 버튼이 보인다. 여기서 Export 버튼을 선택한다.

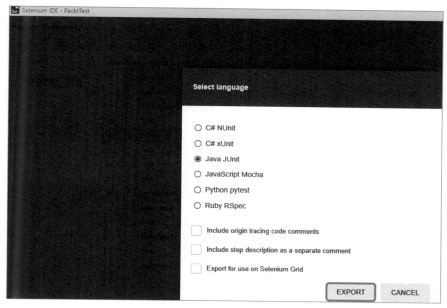

그림 13.4 **셀레늄 IDE의 코드리스 테스트 시나리오를 특정 언어로 내보낸다.**

자바스크립트를 선택했다면 다음과 같은 코드를 볼 수 있다. 상단에 셀레늄 IDE를 통해 생성된 코드라고 표시돼 있다.

```
// Generated by Selenium IDE
const { Builder, By, Key, until } = require('selenium-webdriver')
const assert = require('assert')

describe('Exploratory', function() {
  this.timeout(30000)
  let driver
  let vars
  beforeEach(async function() {
    driver = await new Builder().forBrowser('chrome').build()
    vars = {}
  })
  afterEach(async function() {
    await driver.quit();
  })
  async function waitForWindow(timeout = 2) {
    await driver.sleep(timeout)
    const handlesThen = vars["windowHandles"]
    const handlesNow = await driver.getAllWindowHandles()
    if (handlesNow.length > handlesThen.length) {
      return handlesNow.find(handle => (!handlesThen.includes(handle)))
    }
    throw new Error("New window did not appear before timeout")
  }
  it('Exploratory', async function() {
    await driver.get("https://www.packtpub.com/")
    await driver.manage().window().setRect({ width: 1184, height: 920 })
    await driver.findElement(By.id("search")).click()
    await driver.findElement(By.id("search")).sendKeys("JavaScript")
    await driver.findElement(By.css(".magnifying-glass > .fa")).click()
    await driver.findElement(By.css(".ais-hits--item:nth-child(1) b")).click()
    vars["windowHandles"] = await driver.getAllWindowHandles()
    await driver.findElement(By.linkText("Free Learning")).click()
    vars["win9595"] = await waitForWindow(2000)
    vars["root"] = await driver.getWindowHandle()
    await driver.switchTo().window(vars["win9595"])
    await driver.close()
    await driver.switchTo().window(vars["root"])
    await driver.close()
    await driver.switchTo().window(vars["undefined"])
  })
})
```

그림 13.5 셀레늄 IDE가 생성한 자바스크립트 기반 테스트 코드

앞에서 언급했듯이 셀레늄 IDE는 셀레늄 스크립트를 생성하기 위한 매우 기본적인 툴이다. 하지만 코드리스 테스트를 매우 빠르게 생성해주고 이를 원하는 언어로 저장할 수 있다는 장점이 있다.

플레이라이트 코드젠 검사기의 개요

11장 '플레이라이트 프레임워크 사용하기'에서 언급했듯이, 이 프레임워크도 GUI 기반의 플레이라이트 코드젠 검사기를 사용해 웹 애플리케이션 테스트를 기록하고 코드로 변환해주는 기초적인 코드리스 기능을 제공한다(https://playwright.dev/docs/codegen).

명령줄이나 **비주얼 스튜디오 코드**VS Code 등의 IDE 터미널에서 다음 명령을 실행해 툴을 실행한다.

```
npx playwright codegen [테스트하고자 하는 웹사이트 URL, 예를 들면 packtpub.com]
```

플레이라이트가 설치된 폴더에서 이 명령을 실행하면 브라우저가 실행되면서 지정한 URL로 이동한다. 해당 웹페이지에서 하는 클릭과 같은 조작은 모두 기록되며 실시간으로 자바스크립트로 변환된다. 그림 13.6에서 볼 수 있듯이 셀레늄에서 했던 것처럼 수동으로 코드를 내보내기 하지 않아도셀레늄 화면상에 코드가 바로 생성되는 것을 알 수 있다. 이런 기능은 좀 더 유연한 코드 관리나 편집 환경을 제공한다.

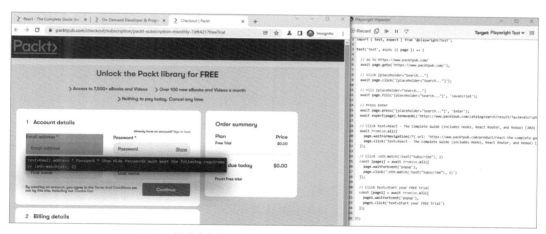

그림 13.6 **플레이라이트 코드젠 검사기가 생성한 테스트 코드의 예**

기본 설정에서는 테스트가 **플레이라이트의 테스트** 구문을 따른 자바스크립트 코드로 생성되지만 오른쪽 상단에 있는 메뉴를 통해 플레이라이트가 지원하는 다른 언어로 생성할 수 있다. 그림 13.7에서 볼 수 있듯이 자바, 자바스크립트, 파이썬, C# 등을 선택할 수 있다.

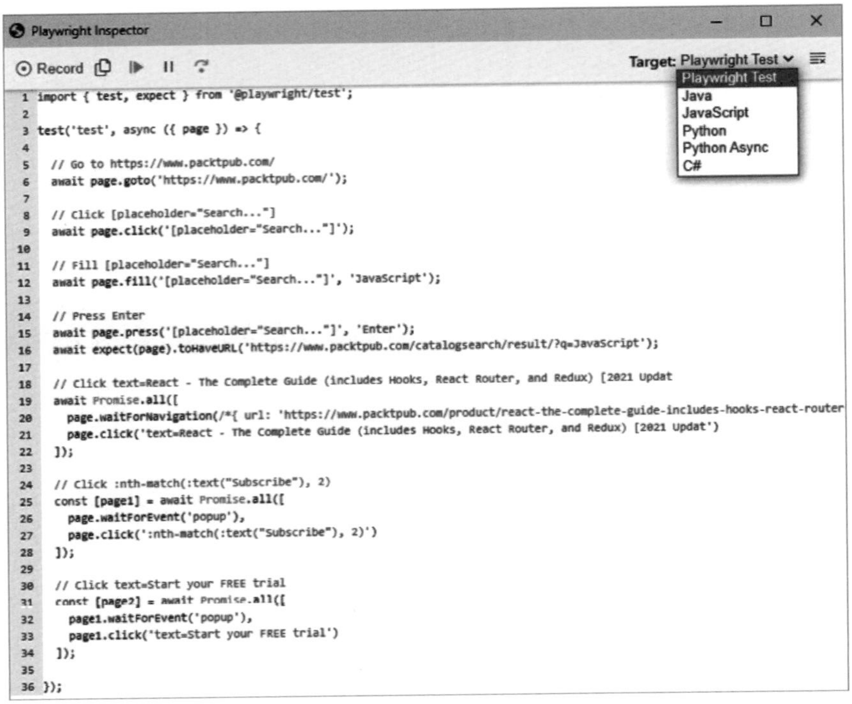

그림 13.7 **플레이라이트가 생성한 코드로 변환시킬 언어를 선택할 수 있다.**

셀레늄 IDE와 비교해서 플레이라이트 코드젠 툴이 좀 더 세련되고 프런트엔드 개발자 친화적이다. 또한, 복잡한 웹사이트나 다중 탭, 그리고 어려운 웹 요소 등을 쉽게 테스트할 수 있다. 자가 복구나 고급 AI 기능을 사용하지는 않지만 플레이라이트 오픈소스 툴과 함께 설치되며, 무료로 제공되는 강력한 코드리스 툴이다.

사이프러스 스튜디오 코드리스 툴의 개요

10장 '사이프러스 프레임워크 시작하기'에서 언급했듯이 사이프러스 프레임워크 사용자도 **사이프러스 스튜디오**라는 코드리스 툴을 사용할 수 있다(https://docs.cypress.io/guides/references/cypress-studio). 사이프러스 스튜디오를 실행하려면 cypress.config.js(또는 cypress.json) 파일에 다음 설정을 추가하면 된다.

```
{
  "experimentalStudio": true
}
```

이 기능을 활성화시킨 후 **사이프러스**를 GUI 모드로 실행하면 왼쪽 패널의 기존 테스트 코드 근처에서 **Edit** 버튼을 찾을 수 있다(신규 버전에서는 **Add commands to test** 버튼). 이 버튼을 통해 사이프러스 스튜디오의 테스트 기록 기능을 실행하거나 자바스크립트 테스트 파일을 사이프러스 연동 폴더(cypress/integration)에 저장해 실행시킬 수 있다(https://docs.cypress.io/guides/references/cypress-studio#Using-Cypress-Studio).

다음 화면은 예제 폴더(cypress/e2e/1-getting-started)의 자바스크립트 테스트를 실행한 화면으로 사이프러스 스튜디오를 사용해 기존 테스트에 시나리오를 추가했다. 화면에서 볼 수 있듯이 .check(), .click(), .select(), .type(), .uncheck() 등의 명령을 지원한다.

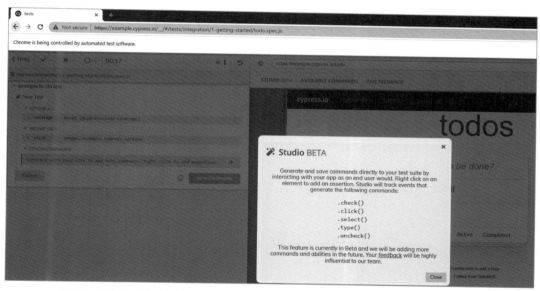

그림 13.8 **사이프러스 스튜디오(베타 버전)를 사용해 기존 자바스크립트 테스트 파일을 열고 있다.**

단순히 기존 테스트 코드를 열어서 몇 가지 조작을 추가하면 다음과 같은 코드가 기존 자바스크립트 파일에 추가된다.

```
144  /* ==== Test Created with Cypress Studio ==== */
145  it('ChangedStudioCode', function() {
146      /* ==== Generated with Cypress Studio ==== */
147      cy.get(':nth-child(1) > .view > label').click();
148      cy.get(':nth-child(1) > .view > .toggle').check();
149      cy.get('.filters > :nth-child(2) > a').click();
150      /* ==== End Cypress Studio ==== */
151  });
```

그림 13.9 사이프러스 스튜디오가 생성한 자바스크립트 코드

이런 툴은 짧은 시간에 테스트 커버리지를 늘릴 수 있고 자바스크립트로 코드를 작성하는 시간을 줄여준다. 이 툴은 아직도 발전하고 있으며, 이후에 어떤 기능이 추가될지 개인적으로도 기대가 크다. 셀레늄과 플레이라이트 프레임워크에 포함된 다른 툴처럼 이 툴도 무료이며 사이프러스 오픈소스 프레임워크에 포함돼 있다.

지금까지 오픈소스 계열의 주요 코드리스 툴에 대해 살펴보았다. 다음은 현재 시장에 나와 있는 유료 버전의 코드리스 웹 테스트 툴에 대해 살펴보도록 하겠다.

13.3 웹 애플리케이션용 주요 코드리스 테스트 툴

유료 버전 중에는 프런트엔드 개발자 및 **소프트웨어 테스트 엔지니어**SDET 사이에서 유명한 몇 가지 툴이 존재한다. 여기서는 3가지만 다루지만 이밖에 카탈론 스튜디오Tricentis Tosca나 트리센티스 토스카Katalon Studio 등의 툴도 있다.

여기서 다루는 유료 버전의 툴은 다음과 같다.

- **퍼펙토 스크립트리스 웹**Perfecto scriptless web(인수한 테스트크래프트TestCraft를 기반으로 하고 있다)
- **테스팀**Testim: 웹용 코드리스 테스트 툴
- **메이블**Mabl: 웹용 코드리스 테스트 툴

이 툴들은 기능 및 특징이 상당히 다르며 각 회사의 비전도 다르다.

13.3.1 퍼펙토 스크립트리스 웹의 개요

퍼펙토 스크립트리스 툴은 AI 기반 코드리스 웹 테스트 툴로 퍼펙토를 개발한 퍼포스Perforce(https://www.perforce.com/press-releases/perforce-expands-portfolio-testcraft)라는 회사가 매수했다. 원래는 테스트크래프트라는 회사가 개발한 것이지만 퍼펙토에 의해 매수된 후 퍼펙토 클라우드 기반인 지속적 테스트 플랫폼과 통합됐다(https://www.perfecto.io/products/scriptless). 이 툴을 사용하면

어떤 종류의 웹 애플리케이션이라 하더라도 테스트를 생성할 수 있으며 단 한 줄의 코드를 작성하지 않고서도 키워드 기반으로 테스트 시나리오를 작성해준다. 참고로 퍼펙토 스크립트리스는 **셀레늄** 프레임워크를 활용해서 웹 애플리케이션을 자동 조작한다. 또한, 다음과 같은 다양한 테스트 기능도 제공한다.

- 테스트 생성 및 기록

- 테스트 관리 및 복사

- 자가 복구 및 요소 위치 지정자 가중치

- CI 및 스케줄러 기반 테스트 실행 및 병렬 실행

- **셀레늄 기반 확장 모듈**Selenium-Based Extended Module, SBEM이라는 독특한 기능을 사용해 코드를 코드리스 툴로 불러오기

- 코드/코드리스 보고서 및 웹 애플리케이션 수동 테스트 등 퍼펙토 플랫폼의 기존 기능과 완벽하게 통합됨

다음 화면은 퍼펙토 스크립트리스의 테스트 시나리오의 예를 보여준다.

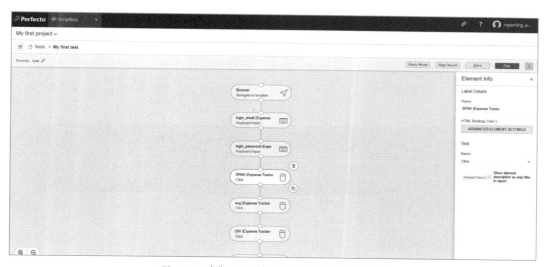

그림 13.10 **퍼펙토 스크립트리스 테스트 시나리오의 예**

이 화면에서는 웹 기록이 끝난 후에 생성되는 키워드 기반으로 구성된 대략적인 테스트 시나리오를 볼 수 있으며 편집도 할 수 있다. 개발자는 순서를 바꾸거나 추가할 수 있으며 스크립트에서 사용된 요소 위치 지정자를 변경할 수 있다. 또한, 코드리스 툴이 지원하는 기능 이상의 테스트가 필요한 경우에는 SBEM을 사용해 자바스크립트 코드를 툴로 불러올 수 있다. 다음 그림처럼 이 기능을 사용하

면 GUI 기록기에 원하는 명령을 추가하고 테스트 흐름을 확장할 수 있다.

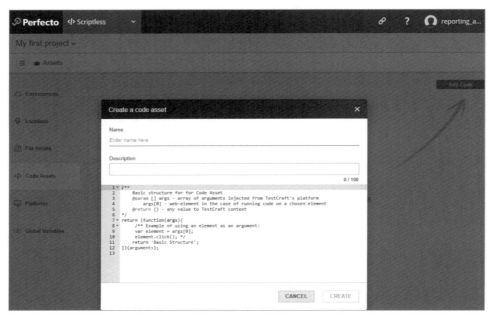

그림 13.11 **퍼펙토 스크립트리스 SBEM 확장 기능의 예**

또한 퍼펙토 스크립트리스는 자가 복구 기능을 제공한다. 웹 애플리케이션의 DOM을 지속적으로 학습하고 분석하므로 페이지상 각 요소의 가중치를 계산하며 가장 높은 점수를 받은 요소를 테스트 실행 시에 사용한다(그림 13.12 참고).

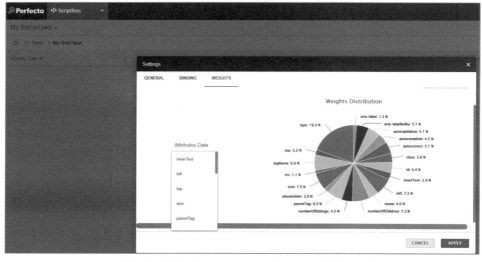

그림 13.12 **퍼펙토 스크립트리스의 요소 위치 지정자 가중치 알고리즘**

이 화면에서는 type 속성이 19.3%로 가장 높은 가중치를 가지고 있다. 사용자가 수동으로 다른 요소를 지정하지 않는 한 툴은 이 요소를 스크립트에 사용한다. 테스트를 하나씩 실행해 나갈 때마다 알고리즘이 학습하며 이를 통해 가장 사용될 확률이 높은 요소에 높은 가중치를 부여하는 것이다.

애자일 테스트에서 테스트를 확장하고 병렬로 실행하는 기능이나 CI와 연동하는 기능은 매우 중요하다. 퍼펙토 스크립트리스는 내장 스케줄러와 CI 연동 기능을 제공하며 테스트를 퍼펙토 클라우드에서 실행할 수도 있다(그림 13.13).

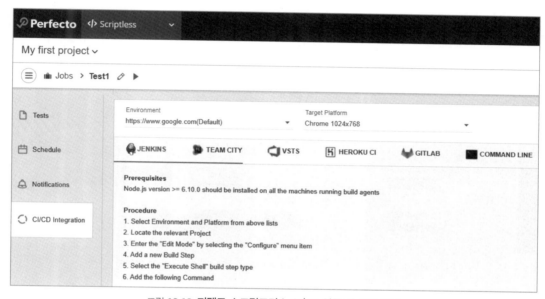

그림 13.13 **퍼펙토 스크립트리스 CI/CD 연동 및 설정 화면**

이처럼 퍼펙토 스크립트리스는 테스트 생성부터 실행, 관리, 그리고 CI/CD 연동까지 테스트 전과정을 완벽하게 커버하는 프레임워크다.

퍼펙토 스크립트리스의 또 다른 기능으로 웹 애플리케이션을 대상으로 한 **API** 테스트 생성 및 실행 기능이 있다. 이 장 뒤에서도 나오지만 메이블 또한 API 테스트를 제공한다. 이 툴이 어떻게 발전할지, 어떤 식으로 모바일 앱 테스트 기능을 확장하고 자가 복구 기능 이상의 AI 기능을 제공할지 개인적으로 기대가 크다.

13.3.2 테스팀 코드리스 웹 툴의 개요

테스팀Testim은 웹 애플리케이션 테스트를 위한 훌륭한 코드리스 기능을 제공한다. 퍼펙토 스크립트리스가 완벽한 클라우드 기반의 툴로 퍼펙토 플랫폼과 잘 연동되는 반면, 테스팀(https://www.testim.

io/)은 브라우저 확장 툴로 제공된다. 사용자가 플러그인을 켜 놓은 상태에서 특정 웹 애플리케이션을 지정하면 처리를 기록하는 방식이다. 테스트 시나리오는 키워드 세트로 구성된 명령으로 순차적으로 변환된다. 회사 계정이나 본인의 깃허브 계정을 등록하면 테스트팀 확장 툴 다운로드 페이지로 이동할 수 있다(https://chrome.google.com/webstore/detail/testim-editor/pebeiooilphfmbohdbhbomomkkoghoia). 확장 툴을 설치한 후에는 아무 웹 애플리케이션이나 선택해서 신규 테스트 시나리오를 생성할 수 있다.

트리센티스가 이 툴을 매수했으므로(https://www.tricentis.com/news/tricentis-acquires-ai-based-saas-test-automation-platform-testim), 어떤 식으로 발전할지, 그리고 트리센티스의 기존 툴과 어떤 식으로 통합될지 기대가 크다.

다음은 테스트팀이 생성한 테스트 시나리오의 예를 보여준다.

그림 13.14 팩트 출판사 웹페이지를 대상으로 테스트팀 테스트를 생성한 예

각 단계별 테스트 과정이 기록되며 화면도 함께 저장된다. 그리고 각 화면은 위치 지정자 속성과 옵션, 조건 정보를 가지고 있다. 예를 들어 언제 테스트가 실패했다고 표시할지, 또는 특정 요소가 보일 때만 테스트를 실행하게 하는 등 조건을 지정할 수 있다.

다음은 테스트 과정을 기록한 구체적인 예를 보여준다.

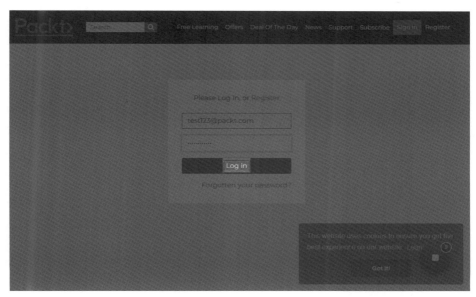

그림 13.15 테스팀이 생성한 캡처 화면으로 특정 기록 단계에서 특정 요소를 강조하고 있다.

테스트 기록이 끝나면 메뉴에서 export to code를 클릭해 테스트 시나리오를 소스 코드로 변환할 수 있다. 이때 사용되는 툴이 **개발 키트**Dev Kit다. 테스팀이 가진 또 다른 훌륭한 기능은 기록한 테스트 그룹을 브랜치branch로 나누거나 기존 테스트를 간단하게 복사하고 붙여넣기할 수 있다는 것이다.

이 툴은 또한 잘 정리된 화면을 제공해 단일 테스트나 테스트 그룹, 테스트 계획, 테스트 케이스별 레이블(예를 들면 **매일 야간**) 등을 쉽게 관리할 수 있으며 다른 테스트 시나리오에서 공유해 사용할 수 있는 테스트도 별도로 관리할 수 있다. 다음 그림에서 이 구조를 볼 수 있다.

그림 13.16 테스트 케이스와 그룹을 관리할 수 있는 테스팀 GUI 화면

테스팀에서는 스프레드시트나 **JSON**JavaScript Object Notion 파일, 또는 다른 데이터 형식을 기반으로
데이터 기반 테스트를 할 수 있다. 이를 통해 부정형 시나리오나 경계 테스트, 행복 경로 테스트happy
path testing 등을 포함한 테스트 커버리지를 극대화할 수 있다.

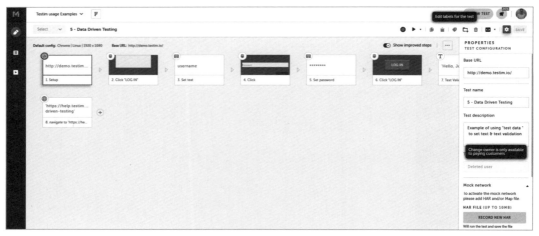

그림 13.17 **테스팀 테스트 데이터 기능**

테스팀은 앞서 본 사이프러스, 플레이라이트, 퍼피티어처럼 네트워크 목 기능도 제공한다. 목 기능을
제공하려면 **HTTP Archive**HAR 파일을 기록해서 시스템에 업로드해야 한다. 다음 화면은 이 기능의
예를 보여준다.

그림 13.18 **테스팀 프로젝트의 네트워크 목 설정 및 사용**

테스팀 GUI를 통해서 실행했든 CI를 통해 실행했든 사용자는 툴 내에 있는 전용 보고서 포털을 통
해서 모든 테스트 결과를 볼 수 있으며 원하는 테스트 데이터를 추출할 수도 있다. 또한, 브라우저

버전이나 **OS**, 화면 해상도, 타임아웃 등 테스트 설정을 생성하거나 변경할 수도 있다.

테스팀이 새롭게 선보인 기능으로 테스트옵스TestOps 대시보드가 있다(https://www.testim.io/testops/). 이 대시보드는 애자일 팀 내에서 관리할 수 있도록 자세한 정보를 제공하며 테스트 관점에서 추가적인 관리 계층을 제공한다. 또한, 개발자 및 테스터가 테스트 경향과 실패 이유 등을 더 효율적으로 분석할 수 있다.

이 외에도 알아두면 좋은 테스팀 신규 기능으로 다음과 같은 것이 있다.

• 테스팀 개발 키트
• 플레이라이트와 퍼피티어 프레임워크용 테스트 기록기

테스팀 개발 키트(https://help.testim.io/docs/index)는 프런트엔드 개발자가 테스트 코드를 생성하고 편집할 수 있도록 자바스크립트 API를 제공한다.

이 툴을 사용하려면 다음 명령을 사용해서 전용 노드 라이브러리를 설치해야 한다.

```
npm install -g @testim/testim-cli
```

이 라이브러리는 테스팀 툴의 계정 정보를 사용해 연결시킬 수 있다.

라이브러리를 설치해 초기화하면 자바스크립트 테스트 케이스의 뼈대를 생성해주고, 이 뼈대를 편집 및 확장해서 테스트를 작성하면 된다(https://help.testim.io/docs/getting-started). 코딩을 끝냈으면 로컬 또는 CI를 통해 실행시킬 수 있다. 또한, 테스팀 GUI를 통해 기록된 테스트는 개발 키트 프레임워크로 내보내기도 할 수 있으며 웹 테스트 자동화를 초석으로 사용할 수 있다.

플레이라이트와 퍼피티어용으로 사용할 수 있는 **테스팀 기록기**Testim recorder를 **플레이그라운드**Playground라고 한다. 테스팀 계정을 만들고 브라우저 확장 툴을 설치한 후에 https://www.testim.io/playground/에 접속하기만 하면 된다. 웹사이트에 접속하면 플레이라이트와 퍼피티어라는 두 개의 탭을 볼 수 있다. 원하는 탭을 선택해 종단E2E 시나리오를 기록하면 백그라운드에서 코드가 생성된다. 이 코드를 자신의 IDE(VC 코드, 인텔리J 등)에 복사해서 원하는 대로 편집하면 된다. 이 툴은 **테스팀**이 제공하는 무료 툴이다.

테스팀의 좋은 점은 웹 애플리케이션 테스트 자동화의 하이브리드 모델을 제공한다는 것이다. 즉, 시각적 레이어를 사용한 자가 복구 요소, 자동 대기, 스마트 위치 지정자 등을 기반으로 한 AI형 코드리스 기능뿐만 아니라 **개발 키트**와 **플레이그라운드**를 기반으로 한 코드 기반 기능도 제공한다.

테스팀에 대해 더 알고 싶거나 자격증에 관심이 있다면 다음 URL을 통해 등록하면 된다.

- https://www.testim.io/education/

13.3.3 메이블 코드리스 웹 애플리케이션 툴 개요

세 번째이자 마지막으로 볼 코드리스 툴은 **메이블**Mabl(https://www.mabl.com/)이다. 메이블의 무료 트라이얼 계정을 등록하면 **메이블 트레이너**Mabl trainer라는 툴을 다운로드할 수 있는 URL을 받을 수 있다. 이 툴은 웹 애플리케이션 동작을 기록해 테스트 시나리오를 코드리스로 생성해준다. 메이블은 **트레이너**와 웹 플랫폼으로 구성된 두 가지 뷰를 제공한다. **트레이너**는 테스트를 기록하고 생성해주며 웹 뷰는 테스트를 로컬 또는 **구글** 클라우드상에서 실행할 수 있게 해준다. 테스트는 **헤드** 또는 **헤드리스** 모두 실행할 수 있다.

실행 보고서에서는 자동 생성된 HAR 파일을 다운로드하거나 테스트 로그를 다운로드할 수 있다. 다음은 메이블 트레이너의 메인 화면이다.

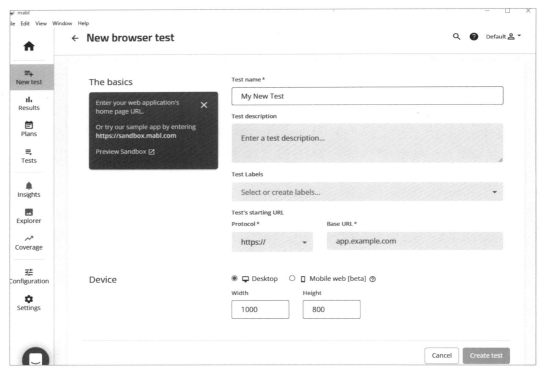

그림 13.19 메이블 트레이너 PC 애플리케이션의 메인 GUI

PC에서 애플리케이션 초기 상세 정보를 입력한 후에 테스트 흐름을 기록할 수 있다. 그림에서 볼 수 있듯이 웹 애플리케이션 URL과 PC용 화면 해상도를 설정할 수 있다. 또한, 초기 단계이기는 하지만 모바일 웹도 지원한다.

Create test 버튼을 클릭하면 크롬 브라우저가 실행되면서 모든 사용자 동작을 기록하기 시작한다 (그림 13.20).

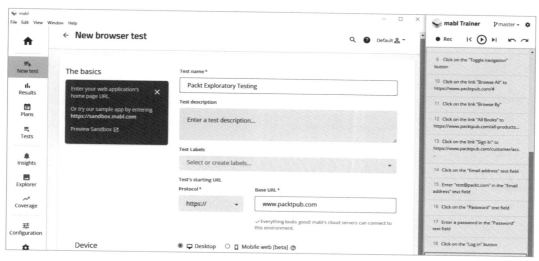

그림 13.20 메이블 트레이너 화면과 생성된 테스트 스크립트

기록이 끝나면 트레이너 애플리케이션을 통해 테스트를 편집하거나 어서션을 추가할 수 있다. 새롭게 생성된 테스트 시나리오를 저장한 후에는 애플리케이션 GUI를 통해 확인할 수도 있다. 또한, 기본 내장된 속도 스피드 인덱스speed index(https://help.mabl.com/docs/speed-index)를 통해 단일 사용자를 가정한 성능 테스트를 할 수 있으며, 웹 애플리케이션을 대상으로 테스트 커버리지 분석도 할 수 있다. 참고로 다음 콘솔 화면에서도 볼 수 있듯이 메이블 실행 엔진은 플레이라이트를 사용해 테스트를 실행한다.

그림 13.21 런타임 시의 메이블 테스트 실행 콘솔

다음은 키워드 기반 구문을 사용해 생성된 테스트 시나리오를 보여준다. 이 테스트는 테스트 계획에 추가하거나 CI 또는 스케줄러를 통해 실행할 수도 있다.

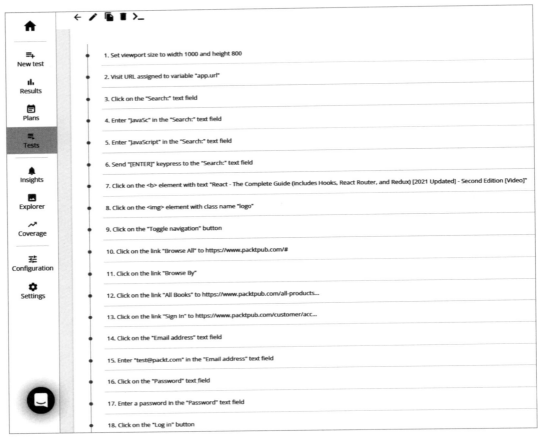

그림 13.22 **메이블이 생성한 테스트 흐름의 예**

앞에서도 언급했지만 메이블 애플리케이션의 테스트 실행은 로컬에 할 수도 있지만 구글 클라우드에서도 가능하다(그림 13.23). 사용자는 반복문(https://help.mabl.com/docs/using-loops)이나 조건문, 마우스오버, 페이지 새로고침, 환경 변수 등을 테스트 시나리오에 추가할 수 있다.

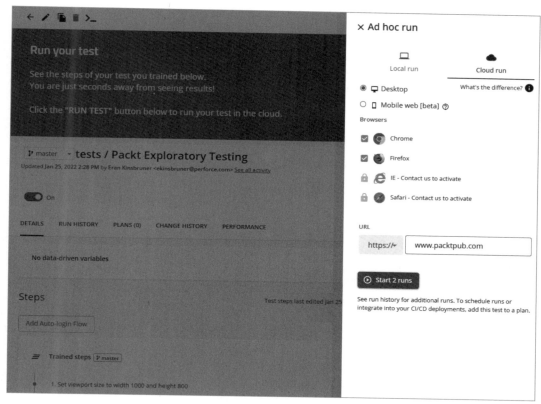

그림 13.23 **메이블 테스트 실행 설정에 대한 GUI 화면**

또한, 메이블은 기능 종단 테스트와 함께 API 테스트 생성 및 실행도 지원한다. API 호출을 정의해 테스트 그룹과 전체 테스트 커버리지 분석에 사용할 수 있다. 다음 그림이 API 테스트를 보여준다.

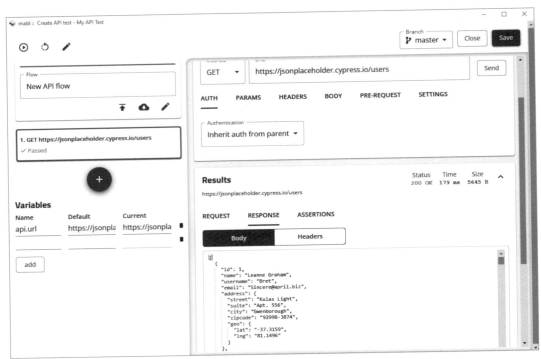

그림 13.24 메이블 API 테스트 생성 화면 및 지원 기능

메이블은 기능 테스트, API 테스트, 단일 사용자 성능 테스트, 시각적 테스트 등 다양한 기능을 지원하는 툴이다(https://help.mabl.com/docs/visual-testing-and-monitoring). 또한, **젠킨스, 애저 파이프라인, 깃랩, 서클CI, 슬랙, 지라, 마이크로소프트 팀즈** 등 다양한 CI 툴 및 **데브옵스**DevOps 툴과 연동시킬 수 있다.

메이블도 테스팀이나 퍼펙토 스크립트처럼 AI 알고리즘을 기반으로 한 요소 위치 지정자와 자가 복구 기능을 제공한다(https://www.mabl.com/auto-healing-tests). 하지만 다른 툴과 달리 기록한 스크립트를 코드로 변환할 수 없다는 것이 단점이다.

모바일 웹 테스트 기능이 강화되면서 이 책에서 다룬 주요 코드 기반 테스트 프레임워크를 보완할 수 있는 훌륭한 툴이 될 것이라 기대한다.

이것으로 현재 시장에 나와 있는 주요 코드리스 툴을 모두 살펴보았다. 이 장의 내용을 정리하면서 마무리하도록 하겠다.

13.4 요약

이 장에서는 오픈소스 및 유료 버전의 코드리스 테스트 툴에 집중했다. 각 툴의 기능과 툴을 통해 무엇을 얻을 수 있는지도 살펴보았다. 또한, 각 툴의 실행 방법도 알아보았다. 세 개의 유료 코드리스, AI 기반 툴에 대해 자세히 알아보고 핵심 기능도 다뤘다. 이런 툴들이 시장을 바꾸는 중요한 전환점이 되고 있지만 아직 초기 단계로 활용성 관점에서 부족한 점이 있다. 오픈소스 코드리스 툴과 달리 유료 버전 툴은 돈을 지불해야 하는 툴로 기대감이 높다. 필자가 이 유료 툴들을 평가해본 결과 훌륭한 가치를 가져다 주며 기본 단계부터 중간 정도의 복잡도를 가진 테스트를 생성해서 코드 기반 테스트 툴을 잘 보완할 수 있을 것이라 생각한다. 하지만 테스트 시나리오가 복잡해지면 테스트 재생도 어려워져서 테스트 일관성이 떨어지게 된다. 또한, 퍼펙토 스크립트를 제외한 대부분의 툴에서 테스트 실행을 확장하는 것이 쉽지 않으며 추가적인 클라우드 라이선스나 별도의 유료 패키지를 요구하고 있다.

세 개의 유료 툴을 하나의 표로 정리 및 비교해보았다.

기능	퍼펙토 스크립트리스	테스팀	메이블
스마트 위치 지정자를 사용한 자가 복구	✕	✕	✕
종단 기능 테스트(반복문, 어서션, 데이터 주도 테스트 등)	✕	✕	✕
스크립트를 코드로 변환	✕	✓	✕
코드를 코드리스 툴로 불러오기	✓	✓	✕
API 테스트 지원	✓	✕	✓
병렬/클라우드 테스트	✓	✓	✓

단일 사용자 성능 테스트	✕	✕	✓
문서 및 기술 지원	✓	✓	✓
고급 시나리오 처리	📋	📋	📋
시각적 테스트 지원	✕	✕	✓

이 표를 참고하면 세 가지 유료 툴의 장단점과 공통점을 이해할 수 있을 것이다. PC와 모바일에 걸쳐 있는 웹 애플리케이션 테스트의 미래는 긍정적이다. 오픈소스 코드 기반 테스트 프레임워크를 코드리스 유료 툴과 함께 사용하므로 테스트 커버리지와 안정성을 최대화하고 테스트 자산의 유지관리를 최적화할 수 있다.

이 장을 끝으로 이 책의 여정도 거의 마무리되었다. 다음 장에서는 이 책 전체를 정리하고 미래에 대한 약간의 예상과 역동적으로 변하는 시장에 대해 논의하도록 한다.

마치며

웹 애플리케이션의 프런트엔드 개발자를 대상으로 한 이 책에서는 높은 품질과 성능의 웹 애플리케이션을 유지하기 위해 필요한 테스트 관련 내용을 모두 다뤘다. 이 책은 크게 세 파트로 나눌 수 있으며 각 파트는 이전 파트와 이어진다.

지속적으로 소프트웨어를 배포하려면 프런트엔드 개발자와 SDET가 함께 테스트 시나리오를 평가하고 결과를 분석하고 테스트를 관리해야 한다. 또한, 시장에 나와 있는 오픈소스 툴과 유료 버전 툴을 모두 알고 있어야 테스트 커버리지와 기능을 향상시키기 위한 좋은 의사 결정을 할 수 있고 다양한 기술을 결합할 수 있다.

1부에서는 웹 애플리케이션의 테스트 유형과 프런트엔드 개발자와 테스터를 위한 테스트 툴의 상황, 주요 테스트 목표, 테스트와 연관된 주요 역할 등을 다뤘다. 또한, 다양한 웹 애플리케이션 종류를 전통 방식과 신규 방식(PWA, 플러터, 리액트 네이티브, 반응형)으로 분류해서 살펴보았다.

2부에서는 프런트엔드 개발자의 세계로 깊이 들어가서 테스트 계획을 효율적으로 세우기 위한 방법을 다뤘으며 웹 애플리케이션의 지속적인 테스트가 성공했음을 판정할 수 있는 툴에 대해 살펴보았다. 그리고 주요 자바스크립트 테스트 프레임워크의 핵심 기능을 세부적으로 살펴보았고 시각적 테스트, 접근성 테스트, API 테스트 등을 다뤘다. 2부의 마지막에서는 웹 애플리케이션의 테스트 커버리지 분석과 테스트 코드를 설명했다.

3부에서는 4개의 오픈소스 테스트 프레임워크(셀레늄, 사이프러스, 플레이라이트, 퍼피티어)의 고급 기능에 대해 집중적으로 다뤘다. 그리고 로코드와 코드리스 툴을 기반으로 한 지능형 웹 테스트 툴(오픈소스와 유료 버전)을 설명하면서 마무리했다. 구체적으로는 시장을 선도하고 있는 세 개의 주요 코드리스 툴(퍼펙토 스크립트리스, 테스팀, 메이블)과 그 사용 방법을 간단히 살펴보았다.

이 책 전체에 걸쳐서 기본 및 고급 코드 예제를 **깃허브** 리포지터리와 다른 참고 문서를 통해 함께 제공했다. 이를 통해 실무자의 수준에 상관없이 테스트 기술과 지식을 바로 적용하거나 향상시킬 수 있을 것이다.

14.1 이 책을 통해 얻을 수 있는 것

이 책을 집필하는 동안 웹 애플리케이션용 오픈소스 테스트 프레임워크에 대한 필자의 믿음이 더 견고해졌다. 시장에는 **로봇**Robot(https://robotframework.org/)이나, **테스트카페**TestCafe(https://testcafe.io/), **웹드라이버IO**WebdriverIO(https://webdriver.io/), **CodeceptJS**(https://codecept.io/)와 같은 훌륭한 툴들이 존재하지만, 프런트엔드 개발자에게 가장 가치 있고 풍부한 기능을 제공하는 프레임워크는 이 책에서 다룬 4개의 프레임워크라는 것이다.

이 4개 프레임워크에서 기억해야 할 것은 다음과 같다.

- 웹 애플리케이션 테스트 시장은 **세 가지 아키텍처 기반 프레임워크로** 나뉜다.
  - **크롬 개발자 도구 프로토콜**Chrome DevTool Protocol, CDP 기반: 플레이라이트와 퍼피티어
  - **웹드라이버 프로토콜 프레임워크**: 셀레늄, 웹드라이버IO
  - **브라우저 내장 자바스크립트 테스트**: 사이프러스

- 4개의 프레임워크는 **많은 공통점을 가지지만 각각의 고유 기능도 제공**한다. 따라서 **테스트 계획 시 하나 이상의 프레임워크를 고려하는 것이 더 생산적인 결정**이 될 수도 있다. 다양한 기술을 보유한 팀이라면 더 많은 연동 언어를 제공하는 플레이라이트를 고려하고, API 테스트나 내장 코드 커버리지, 쉬운 디버그, 강력한 코드리스 생성 기능 등의 추가 기능을 원한다면 플레이라이트나 사이프러스를 고려하면 된다.

- 웹 애플리케이션 테스트의 미래는 **새로운 기술 기반의 유료 버전 코드리스 툴과 오픈소스 프레임워크가 어떻게 상생하는지**에 달려 있다. 각각 서로 보완 관계에 있고 테스트 커버리지와 안정성, 쉬운 유지관리의 균형을 적절히 유지할 수 있다면 두 가지 유형을 모두 채택하는 것이 성공의 지름길이 될 수 있다.

- 웹 애플리케이션의 지속적 테스트는 반드시 전체 디지털 동향을 고려해야 한다. 이는 웹과 모바일 플랫폼 모두 지원해야 함을 의미하고, PWA, 플러터, 리액트 네이티브 등의 최신 애플리케이션 유형을 포함한다. 헬스케어, 보험, 금융 등의 다양한 산업에 걸쳐 경쟁력을 유지하려면 팀이 강력하고 넓은 범위의 커버리지를 구축해야 하며, **보안, 접근성, API, 성능 등 모든 유형을 테스트해야 한다.**

웹과 디지털 앱, 그리고 모바일 및 IoT(사물인터넷)를 위한 소프트웨어 테스트 세계는 지속적으로 발전하고 있다. 개인적으로 모든 개발자와 테스터에게 추천하고 싶은 것은 디지털 전환digital transformation과 관련된 동향을 주시하면서 업종별로 특화된 기술을 파악하라는 것이다. 이를 배우고 적용함으로써 일상 업무를 개선하고 애플리케이션의 품질 향상에 크게 기여할 수 있을 것이다.

웹 애플리케이션 테스트와 이 책에서 다룬 주요 테스트 프레임워크에 대한 추가 참고자료와 링크들을 다음 절에 수록하고 있으니 참고하도록 하자. 여러분이 소프트웨어 개발 주기에서 사용하고 있는 테스트 기술 향상에 이 책이 도움이 됐으면 한다.

참고로 깃허브 메인 리포지터리는 다음과 같다.

- https://github.com/PacktPublishing/A-Frontend-Web-Developers-Guide-to-Testing

14.2 유용한 참고문서 및 북마크

추가적인 예제와 모범 사례 등을 찾을 수 있는 웹페이지를 공유하도록 한다. 즐겨찾기에 추가해서 필요할 때마다 참고하도록 하자.

14.2.1 사이프러스 프레임워크 관련

- 사이프러스 앰배서더스ambassadors: https://www.cypress.io/ambassadors/
- 사이프러스 기터Gitter: https://gitter.im/cypress-io/cypress#
- 글렙 바무토브Gleb Bahmutov: https://glebbahmutov.com/blog/
- 필립 릭Filip Hric의 블로그: https://filiphric.com/
- 글렙 바무토브의 사이프러스 강의: https://cypress.tips/courses

14.2.2 플레이라이트 프레임워크 관련

- 마이크로소프트 플레이라이트 공식 문서: https://docs.microsoft.com/en-us/microsoft-edge/playwright/
- 플레이라이트 커뮤니티 문서: https://playwright.tech/
- 기본적이지만 유용한 **플레이라이트 실행 안내서**: https://dev.to/leading-edje/automate-your-testing-with-playwright-1gag
- C#을 사용한 플레이라이트 테스트 확장: https://medium.com/version-1/playwright-a-modern-end-to-end-testing-for-webapp-with-c-language-support-c55e931273ee
- 플레이라이트를 사용한 웹 자동화 테스트, 유튜브 영상: https://www.youtube.com/watch?v=2_BPIA5RgXU

14.2.3 셀레늄 프레임워크 관련

- 온라인 셀레늄 튜토리얼: https://artoftesting.com/selenium-tutorial
- 모질라 제공 셀레늄 테스트 안내서: https://developer.mozilla.org/en-US/docs/Learn/Tools_and_testing/Cross_browser_testing/Your_own_automation_environment

14.2.4 퍼피티어 프레임워크 관련

- 구글 개발자 퍼피티어 문서:
  - https://developer.chrome.com/docs/puppeteer/get-started/
  - https://pptr.dev/

- 퍼피티어 공식 문서: https://devdocs.io/puppeteer/
- 퍼피티어 시작하기(깊이 있는 내용의 블로그): https://codoid.com/puppeteer-tutorial-the-complete-guide-to-using-a-headless-browser-for-your-testing/

찾아보기 ───────────────